U0938771

经治
财法

投服中心系列丛书
China Securities Investor Services Center

纠纷调解案例评析

2019年

郭文英◎主编

Cases Review of Dispute Mediation

法律出版社
LAW PRESS · CHINA

编辑委员会

主　　编：郭文英

副 主 编：黄　勇　刘　磊

执行主编：李国俊

本辑主编：姜　皓　王　博　赵柏松

撰稿人员：（按姓氏笔画排序）

史伟东　吕佳垚　李国玺

杨　晖　吴广芬　余万彪

沙　洵　张　新　沈竹莺

沈宇锋　范黎红　金桐羽

周俐君　封文丽　赵柏松

胡海平　姚新战　徐晓骁

郭伟清　曹赫男　熊　杰

本辑编辑：胡海平　汤　沸

纠纷调解案例评析

Cases Review of Dispute Mediation

总 序

2018年金秋，中证中小投资者服务中心（以下简称投服中心）主编的“投服中心系列丛书”终于与大家见面了。投服中心是中国证监会直属的证券金融类公益机构，成立3年来，不忘初心，始终坚守保护中小投资者合法权益的使命，积极探索投资者保护新路径，努力引导投资者理性投资、全面知权、积极行权、依法维权。“投服中心系列丛书”的出版是对“知权、行权、维权”工作的一个总结，希望借此契机能凝聚一批法学学者、市场实务人士等专家对资本市场的热点难点问题进行长期的探讨研究。

自2014年成立以来，投服中心在中国证监会党委的领导和部署下，在证监会投资者保护局的指导和相关部门、各派出机构的支持下，在证监会系统兄弟单位和社会各界的大力支持下，从中小投资者权益保护和救济诉讼的实际需求出发，创新了一套适合我国资本市场中小投资者保护的机制和实现路径——以投资者教育工作为基础，通过事前持股行权、事中纠纷调解、事后支持诉讼来切实维护广大中小投资者的合法权益。投资者是资本市场发展的重要基石，培育良好的投资者群体，保护好广大中小投资者合法权益，是促进资本市场健康发展的重要一环，直接关系维护社会的公平正义，直接关乎亿万人民群众的切身利益。但中国资本市场的中小投资者既是数量上的多数，又是专业知识、投资理念、维权能力等方面的“弱势少数”，因此，中小投资者合法权益时常受到漠视甚至侵害。长期以来，中小投资者权益保护问题既是资本市场的一个宏观问题，又是要落实到每位投资者身上的微观问题。如何从立法层面更细致地规定中小投资者保护的内容，形成法律、行政法规、部门规章及操作性指引；如何从司法层面推动示范判决制度、探索强制调解机制等制度的建设；如何从监管层面创新机制，加大对侵害中小投资者合法权益的违法违规行为的打击和惩罚力度,更多地保护中小投资者的合法权益;如何帮助中小投资者树立权利意识,建立长期投资、价值投资理念,强化风险意识,提高维权能力。这些问题的解决都不是一蹴而就的,我们需要扎根于中国资本市场的土壤,需要政策、法律的研究,需要投保机制的创新,需要与广大中小投资者面对面的交流。为此,投服中心出版系列丛书,以投服中心工作为蓝本,研究了一些热点问题,探索了一条"投服模式"的投资者保护道路,积累了一些经验分享给读者。

"投服中心系列丛书"由《投资者权益知识读本》《持股行权案例评析》《纠纷调解案例评析》《支持诉讼案例评析》《投服研究》等书组成。其中《投资者权益知识读本》登载的"权益360"系列文章,根据我国资本市场和广大投资者的实际情况,接地气、聚人气,本着知识性、实用性、趣味性的宗旨,为投资者普及权益知识。《持股行权案例评析》《纠纷调解案例评析》《支持诉讼案例评析》汇集了投服中心持股行权、纠纷调解及支持诉讼工作中具有代表性的实际案例,旨在进一步发挥投服中心示范引领作用,唤醒广大中小投资者的股东意识,督促上市公司提高依法运营水平;以及进一步探讨在全国范围内的建立调解合作、小额速调、诉调对接、证券支持诉讼示范判决等机制。《投服研究》选取了投服中心课题中较为突出的研究报告,包含投资者交易行为研究、上市公司章程反收购条款效力研究、证券市场投资者保护条例等一系列资本市场热点、难点问题的研究。"投服中心系列丛书"综合了普及性、专业性及学术性的特点,面向广大投资者、上市公司及专家学者等群体,期望与其一道共同推动中小投资者权益保护工作。

我们希望,"投服中心系列丛书"是一涓细流,能不断汇集中国资本市场土壤上的经验与创新机制,不断丰富学术理论,不断普及权益知识。我们相信,中国中小投资者保护事业能在资本市场各方的努力下,共同谱写新的篇章。

2018年8月

目　录

第二篇　多元化解证券期货纠纷协调对接机制研究

Cases Review of Dispute Mediation

第一篇

纠纷调解案例

前　言

“用严谨、周密的语言、专业知识、技巧等剖析矛盾产生的根源，从而达到案结事了”，“能用手解开的结不要用刀割断”，这些说法都很好地诠释了调解的定义及内涵。我国有调解的优良传统，调解制度的源头可以追溯到古代中国的儒家文化，具有“东方经验”的美誉。定分止争不仅是我国传统纠纷解决文化的最高境界，也是世界法治文化思想的瑰宝。在新的历史时期，我们应当发扬优良传统，确立多元证券纠纷解决机制，充分发挥调解方式化解证券期货市场矛盾的优势。

截至2019年7月底，我国资本市场投资者已达1.55亿人，其中超过95%为中小投资者，他们风险识别和自我保护能力较弱。加之多层次资本市场快速发展、规模不断扩大、新业务大量增加，投资者与市场主体之间的纠纷持续增多。一方面，投资者习惯采用的向监管部门投诉解决纠纷的方式不仅面临监管资源有限的问题，更关键的是监管部门直接处理民事纠纷于法无据，以行政手段解决民事纠纷很难有效满足投资者的诉求。另一方面，投资者通过诉讼、仲裁解决纠纷存在门槛高、成本高、耗时长的问题，有限的资源也难以满足纠纷解决的需要。通过调解的方式化解上述纠纷既促进了监管转型也节约了司法资源，提高了纠纷解决的效率，有效地保护了投资者特别是广大中小投资者的利益。

我国多元化纠纷解决机制所追求的善治和法治目标与各国替代性纠纷解决(Alternative Dispute Resolution，ADR)运动完全一致，共同构成了“全球调解趋势”，将多元化纠纷解决机制作为国家发展战略，正是回应了社会需求和国际趋势。同时，我国的多元化纠纷解决机制与西方ADR的概念有所不同，是一种适应我国法治和社会可持续发展的需求，兼顾诉讼与非诉讼均衡发展的理念与实践。因此，党的十八届三中全会提出要改进社会治理方式，创新有效预防和化解社会矛盾体制，党的十八届四中全会提出要健全依法维权和化解纠纷机制。“国办九条”提出了“支持自律组织、市场机构独立或者联合依法开展证券期货专业调解,为中小投资者提供免费服务”的要求。党的十九大报告更是明确提出了打造共建、共治、共享的社会治理格局,发挥社会组织作用的要求。纠纷调解是监管工作的有效延伸,是投资者保护工作的重要抓手,中国证监会对此项工作十分重视。中证中小投资者服务中心(以下简称投服中心)是依据国务院办公厅《关于进一步加强资本市场中小投资者合法权益保护工作的意见》(国办发〔2013〕110号),由中国证监会批准设立并直接管理的资本市场投资者保护公益机构。根据中国证监会批复,投服中心的主要职责是面向投资者开展公益性宣传和教育;公益性持有证券等品种,以股东身份或证券持有人身份行权;受中小投资者委托,提供调解等纠纷解决服务;为投资者提供公益性诉讼支持及其相关工作;中国投资者网站的建设、管理和运行维护;调查、监测投资者意愿和诉求,开展战略研究与规划;代表投资者,向政府机构、监管部门反映诉求;中国证监会委托的其他业务等。其中,受中小投资者委托,提供调解等纠纷解决服务是核心职责之一。2016年5月,最高人民法院、中国证券监督管理委员会联合发布的《关于在全国部分地区开展证券期货纠纷多元化解机制试点工作的通知》(法〔2016〕149号)将投服中心列为全国证券期货纠纷试点调解组织。2018年11月,最高人民法院、中国证券监督管理委员会联合发布了《关于全面推进证券期货纠纷多元化解机制建设的意见》(法〔2018〕305号),在全国范围内全面推进证券期货纠纷多元化解机制建设。

投服中心的调解范围包括投资者与上市公司之间的纠纷、投资者与证券期货经营机构之间的纠纷、投资者与资本市场其他主体之间的纠纷、投资者之间的纠纷、投服中心认为可以受理的其他纠纷等。目前,投服中心在全国范围内聘请了451名兼职调解员,主要包括退休法官、资深律师、业内专家学者等,为纠纷调解工作提供了专业保障。为适应证券期货市场纠纷调解的特殊需要,秉承依法、中立、专业、便捷的原则,投服中心初步建立了申请便捷、程序简化、专业权威、效力保证的新型纠纷调解机制:一是构建便捷的纠纷受理承办机制,依托中国投资者网站平台及遍布全国的工作站,为投资者解决纠纷提供便利,有效解决调解“入门难”;二是创设小额速调、单边承诺调解机制,凡加入该机制的证券期货经营机构、资本市场其他主体等与投资者之间的纠纷,投服中心可组织调解员提出调解建议,在投资者认可的情况下，机构一方应当自觉接受，有效解决纠纷"调成难"；三是建立诉、仲、证调对接机制，双方当事人调解达成协议的，可以通过诉调、仲调、证调对接机制，赋予调解协议执行效力，有效解决调解"生效难"；四是依托诚信监管协作机制和强制执行机制，对不履行调解协议的主体纳入资本市场诚信监管范围，依法予以诚信约束，对已经司法确认、公证确认、仲裁确认的调解协议，协助当事人申请强制执行，有效解决调解"履行难"。

截至2019年11月底，投服中心共登记纠纷案件12,258件，正式受理8275件，调解成功5715件，争议金额72.97亿元，投资者和解获赔金额达20.33亿元，逐渐成为资本市场纠纷化解的主渠道。本书选取了投服中心在调解二作开展过程中比较典型的15个案例进行剖析研究，旨在通过案例分析来阐明法律适用、剖析交易规则、交流调解技巧、提示投资风险等。案例类型覆盖证券虚假陈述纠纷、私募基金纠纷、融资融券纠纷以及新三板投资纠纷等各领域，希望对中小投资者维权、经营主体规范经营以及以后案件的调解工作具有一定的借鉴作用。由于编者及水平有限，本书难免出现错漏之处，敬请各位读者、同行及专家批评指正。

案例1:代销资管产品纠纷调解案例

沈宇锋*

一、案情简介

2016年6月A基金公司发起设立了“A基金——某某精选定增1号资产管理计划”(以下简称资管产品),该资管产品主要投资上市公司非公开发行股票项目(定增项目),存续期为1年半,于2017年12月28日到期清算。B证券公司为该资管产品的代销机构和资产托管人,自然人C当时系B公司某营业部(以下简称B营业部)的理财总监,负责该资管产品的销售推介工作。通过C的销售推介,投资者D有意认购该资管产品,而D曾于2015年4月10日接受B公司的线上《投资者风险承受能力评估问卷》测评,其风险承受能力评级为稳健型,但该资管产品风险等级为高风险,D的风险承受能力等级与产品风险等级并不匹配,但D通过以电子形式勾选“我已阅读并同意签署《不适当风险警示书》”的方式选择继续购买该资管产品。2016年6月24日D认购了该资管产品100万元,并与A公司、B公司签订了《A基金——某某精选定增1号资产管理计划资产管理合同》,同时D还签署了《特殊风险揭示函》《投资期货风险揭示函》《B公司代销金融产品投资者风险揭示书》《合格投资者承诺函》《资金合法合规承诺函》等相关配套文件,同时在上述文件中分别手写“以上特殊风险揭示的内容,本人已阅读并完全理解。”“以上期货投资风险揭示函的各项内容,本人已阅读并完全理解。”“本人作为认购人签署本风险申请书,表示B公司已经安排专人向本人详细介绍了该产品的结构、规则和风险

* 浙江五联律师事务所律师。

等，本人也认真阅读并理解所有的产品文件，承诺属于合格投资者，并愿意依法承担相应的投资风险。”“本人符合上述规定，确认为合格投资者，特此承诺。”“本人符合上述规定，资金来源及用途完全合法，特此承诺。”等声明，2016 年 6 月 27 日 D 在《代销金融产品客户回访问卷》中对问题“我们的营销人员是否在您购买前清晰地向您阐述了产品的风险和收益特征”也勾选了“是”的选项并签字确认。

2016 年 6 月 29 日该资管产品成立，期限为 18 个月，至 2017 年 12 月 28 日到期，成立规模为 1.55 亿元，此后 A 公司共计投资了 16 个定增项目，于 2016 年 9 月 14 日建仓完成。2017 年 5 月 26 日中国证监会发布并实施了《上市公司股东、董监高减持股份的若干规定》，该规定第 9 条第 3 款规定：股东持有上市公司非公开发行的股份，在股份限售期届满后 12 个月内通过集中竞价交易减持的数量，还应当符合证券交易所规定的比例限制（股票解禁后 12 个月内通过竞价交易减持的股票数量不得超过其持有的该次非公开发行股份总数的 50%）。根据上述监管规定，该资管产品所持有的定增项目股票即使限售期满也无法到期（2017 年 12 月 28 日）全部减持退出清算。根据 A 公司就该资管产品向投资者披露的《A 基金——某某精选定增 1 号资产管理计划 2017 年度 3 季度产品运营情况报告》显示，截至 2017 年 9 月 30 日，该资管产品单位净值为 0.909 元，当时该资管产品所投资的所有定增项目均已解禁，其中仅 1 只股票处于停牌状态。2017 年 12 月 28 日该资管产品到期后，由于定增项目股票不能按期全部退出，结合同期市场结构化行情及具体定增项目个股基本面业绩下滑因素，导致该资管产品单位净值不断走低。同时，在该资管产品运营期间，C 从 B 营业部离职。

2018 年 6 月 D 持有的资管产品份额的价值已跌至 68 万元左右，造成其损失约 32 万元。D 认为 B 营业部对其损失负有赔偿责任，因此投诉至中国证监会宁波监管局称 B 营业部在销售推介该资管产品时未进行风险提示，存在虚假宣传以及到期未全部清盘的违规事项，要求 B 营业部赔偿损失。中国证监会宁波监管局在受理 D 的投诉后，经专项核查并未发现 B 营业部存在未进行风险提示或虚假宣传的违规行为，该资管产品到期未完成全部清算不违反法律法规规定。因此，建议 D 通过协商、调解或民事诉讼等途径解决要求 B 营业部赔偿损失的诉求。

此后，针对上述纠纷双方进行了协商。D 提供了由 C 于 2018 年 6 月 15 日出具的《情况说明》，证明 D 在 2016 年 6 月中下旬参加 A 公司在 B 营业部举办的该资管产品路演会时,曾向A公司工作人员提出三个问题:(1)该资管产品内股票如在持有1年后到期可上市流通,是否在上市首日即全部卖出?(2)该资管产品封闭期最长为1.5年,如产品内最后一个股票可上市流通,上市首日全部卖出后,是否可以提前清盘?(3)产品内所持股票如全部卖出,是否马上进入清盘期?针对上述问题,A公司工作人员均明确予以了肯定回答。2016年6月底D在B营业部签订该资管产品合同前再次向C提出上述三个问题,C均明确回答A公司会这样执行。D表示由于C的明确回答使其误认为该资管产品肯定可以按期清算,且C未向其提示包括政策风险在内的各种产品风险,其在不了解产品风险的情况下认购了该资管产品。如今监管政策变动导致了资管产品不能按期清盘,且产品价值下跌,B营业部及C应赔偿其全部投资损失;B营业部及C则主张,针对该资管产品可能面临的政策风险,其在推介过程中已向D进行口头提示,同时在资产管理合同、投资者风险揭示书等配套文件中均设有明示政策风险的相关条款,且以上文件均经D本人亲笔抄写确认声明并签字确认,D对于产品存在包含政策风险在内的各类风险应属明知,B营业部及C对该资管产品的推介、销售不存在违法违规的情形,故不应承担任何赔偿责任。

由于对于是否赔偿的争议较大,各方经多次协商仍未能达成一致。为了解决纠纷,各方当事人于2018年8月28日到中证中小投资者服务中心宁波调解工作站(以下简称宁波调解工作站)申请调解。

二、调解过程及结果

鉴于该案件案情相对复杂,涉及资管产品代销及定向增发监管新规等法律专业问题,为了确保调解案件的专业性和公正性,需要由具有资管专业知识和实务经验的调解员参与本案调解。为此,宁波调解工作站通过中证中小投资者服务中心(以下简称投服中心)找到笔者,希望本人担任该案的调解员,进行跨区域调解。同时,宁波调解工作站还安排了一名券商资深高管作为该案调解员与笔者共同参与调解。

2018年9月3日笔者和另一位券商资深高管被中证中小投资者服务中心指定为该案调解员,各方当事人对上述调解员的选定表示认可。此后,笔者查阅分析了由宁波调解工作站提供的该案件的相关基础材料，初步了解了该案件的基础事实和各方争议焦点。

2018 年 9 月 11 日下午笔者受邀前往宁波调解工作站组织各方进行现场调解。经核对确认各方身份后，正式进入调解程序。

（一）事实调查

调解员通过询问各方当事人确认了本案件的下列基础事实：

1. 2016 年 6 月 24 日 D 在 C 的推介下购买了由 A 公司管理、由 B 公司代销的案涉资管产品 100 万元。案涉资管产品合同由 D 本人签署，相关配套文件中的风险提示条款均经 D 亲自抄写并签字确认。

2. C 在向 D 推介案涉资管产品的过程中，承认针对政策风险和流动性风险只是作出了概述性说明，具体条款并未向 D 说明。同时，C 承认其于 2018 年 6 月 15 日出具的《情况说明》内容属实，其当时对 D 所提出的三个问题，均给予了明确肯定的答复，特别是资管产品到期即清盘退出的问题。

3. 2017 年 5 月 26 日中国证监会发布并实施了《上市公司股东、董监高减持股份的若干规定》，其中规定针对股东持有上市公司非公开发行的股票，在股票解禁后 12 个月内通过竞价交易减持的股票数量不得超过其持有的该次非公开发行股份总数的 50%。该规定直接导致了该资管产品到期无法清盘退出，同时截至调解时该资管产品仍持有部分定增项目股票无法退出。

（二）调解意见

依据上述客观事实，调解员发表了如下调解意见供各方参考：

1. 案涉资管产品仍在运营过程中，目前并未向投资者进行最终的清算分配，D 就该资管产品产生的投资损失实际上只是浮亏，客观损失并未实际发生，若发生该资管产品在最终清算分配时超过投资本金的极端情况，则 D 就不存在投资损失，因此，目前 D 并不具有法律意义上的主张赔偿损失的事实基础。

2. 该资管产品涉及多个主体，除到场参与调解的各方外，还包括该资管产品的管理人 A 公司，由于本次调解 A 公司并不是当事人，因此，此次调解的范围应仅限于投资者与代销机构之间的纠纷，而并不涉及投资者与管理人之间的纠纷，如果 D 认为 A 公司作为管理人在运营资管产品过程中存在问题，可以另行向 A 公司进行主张。

3. 导致D就该资管产品产生浮亏的原因,应包括多方面的因素,其中既有监管规定发生重大变化和市场行情等客观因素,也有A公司(管理人)、B营业部(代销机构)及其员工C和D(投资者)等的主观因素,从法律上分析,应当是上述各方的混合过错导致了目前浮亏的产生,因此,需要根据本案的实际情况来厘清上述各方就该浮亏所应承担的责任。而D要求B营业部及C就该资管产品产生的浮亏承担全部赔偿责任,而不考虑客观因素、A公司及其自身的主观过错,明显缺乏事实依据和法律依据,因此,希望D能够根据各方的实际过错程度提出合理的调解要求。

(三)单独调解("背靠背"调解)

尽管调解员提出了上述调解意见,但各方仍不能达成一致,特别是D仍坚持要求全额赔偿,认为B营业部存在过错,应负全部责任。考虑各方继续当面调解的效果有限,笔者决定启动"背对背"调解模式,分别对各方当事人进行了单独调解。

1. 对D进行单独调解

笔者与D进行了以下几方面的沟通:第一,笔者提醒其应客观分析该纠纷,厘清其中的主客观原因。虽然C在推介产品的过程中存在一定瑕疵即口头上未明确提示D具体的政策风险,但是该资管产品的合同及配套文件中均有明确的风险提示条款,且经D亲自抄写下确认声明并签字确认,C的推介行为并未违反法律法规和行业自律规范,因此,即便其存在过错其程度也相对较轻;同时,根据D以往的证券市场交易记录,其应该具有丰富的证券投资经验,应以对专业投资者的要求判断其投资决策,按照监管对于资管产品"卖者有责,买者自负"的定位,D作为专业投资者在认购该资管产品时也应充分考虑政策风险的因素,因此,其也存在一定的主观过错;另外,还需要考虑客观因素和A公司的责任分配问题。第二,目前从法律上分析D就该资管产品的投资损失并未实际发生,所谓的损失仅仅是该资管产品净值的浮亏。因此,若各方无法达成调解,D目前也无法通过诉讼途径向B营业部及C主张赔偿责任,而必须要等该资管产品清算分配确定损失基数后才能主张权利,而这将大大增加D解决该损失问题的时间成本和精力投入。

2. 对B营业部及C进行单独调解

此后,笔者又对B营业部及C进行了单独调解,根据调查中所查明,确认的事实及相关证据材料显示,C在推介过程中确实未充分尽到风险提示义务,对D提出的相关问题的确定性回答更强化了D对该资管产品能按期清算退出的心理预期,致使D在对产品运行有误解和对相关风险不清楚了解的情形下购买了该资管产品。因此,C在推介过程中存在过错,应承担一定的责任,而C的上述行为均属于职务行为,因此,B营业部也应就C的职务行为承担相应的责任,同时,基于C在销售推荐过程中的不当行为,B营业部在对外承担责任后可以向C主张部分损失赔偿责任。

(四)调解结果

在笔者完成上述"背对背"调解工作后,各方态度均有所缓和。最终,通过笔者与另一位调解员的共同努力,各方当事人协商后达成一致,同意由B营业部和C共同向D补偿10万元,D确认就该资管产品产生的所有损失与B营业部及C已处理完毕,各方针对该资管产品再无任何争议。在调解结束后,各方当事人根据达成的调解结果在宁波调解工作站的组织下签订了《调解协议书》。同时,为了避免该纠纷出现反复,在宁波调解工作站的引导下,各方当事人共同向宁波市鄞州区人民法院提交了司法确认申请书。法院审查后依法出具了民事裁定书,裁定该《调解协议书》有效,各方当事人应当按照调解协议的约定自觉履行义务。一方当事人拒绝履行或者未全部履行调解协议书所约定的义务的,对方当事人可以向人民法院申请强制执行。

最终,B营业部及C在调解协议约定的期限内向D支付了全部补偿款,各方当事人均对该起纠纷的调解结果表示满意,至此,该调解案件得到了妥善解决,而笔者作为调解员的专业工作也得到了各方当事人及投服中心的认可。

三、焦点问题法律分析

(一)本案中代销机构B营业部与投资者D的法律关系

本案中一共涉及四个法律主体,分别为资管产品管理人A公司、代销机构B营业部、B营业部的理财总监C与投资者D。上述主体构成三组重要的法律关系(B营业部与C之间的劳动合同关系并非本案重点,因此未被列入本案的重要法律关系范畴内),分别为A公司与B公司之间的委托代理关系、B营业部与D之间的金融服务关系、A公司与D之间的信托关系(见图1)。本案中主要涉及的是第二组法律关系,即B营业部与D之间的金融服务关系。

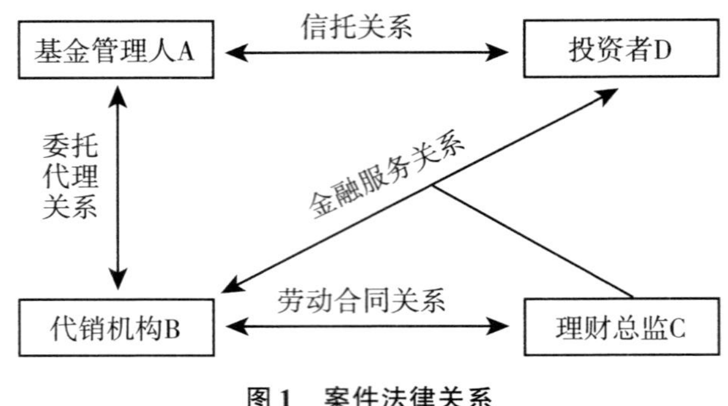

图 1　案件法律关系

(二)D 在认购过程中是否存在过错

根据本案案情,B 营业部及 C 在推介该资管产品的过程中虽未口头向 D 全面、准确提示产品风险,但在 D 购买该产品时,B 营业部按照监管要求,向其出具了《特殊风险揭示函》《B 公司代销金融产品投资者风险揭示书》等风险提示资料。在上述资料中,有多项条款明确提示了该资管产品存在的各项风险,且相关风险提示性文字均由 D 亲自抄写并签字确认。尽管 D 称上述资料均为格式合同中的一部分,其仅仅是按照 C 的指引进行签名、书写要求的内容,对具体风险并不知晓。但根据 D 以往的证券市场交易记录,其应该具有丰富的证券投资经验,应以对专业投资者的要求予以判断其投资决策。按照监管对于资管产品"卖者有责,买者自负"的定位,D 作为专业投资者在认购该资管产品时也应充分考虑政策风险的因素,因此,D 的上述陈述显然与其作为专业投资者的身份、行为不匹配。即便 D 陈述属实,作为一名合格投资者,其应该仔细阅读并审慎签署相关协议,对于其自己签名确认的内容应视为其已接受并认可,并承担签名确认后的相关法律后果,不得事后随意推翻。鉴于此,D 在购买该资管产品的过程中自身存在重大过错,应承担主要责任。

(三)B 营业部及 C 在推介销售过程中是否存在过错

判断 B 营业部及 C 的行为是否存在过错,应根据监管层对于证券公司代销行为的相关监管规定进行分析。从目前来看,监管层针对证券公司代销金融产品或资管产品的主要监管规定如下:《证券公司代销金融产品管理规定》(2012 年 11 月 12 日施行)第 13 条第 1 款规定:"证券公司应当采取适当方式,向客户披露委托人提供的金融产品合同当事人情况介绍、金融产品说明书等材料,全面、公正、准确地介绍金融产品有关信息,充分说明金融产品的信用风险、市场风险、流动性风险等主要风险特征，并披露其与金融合同当事人之间是否存在关联关系"；《证券期货投资者适当性管理办法》(2017年7月1日施行)第3条规定："向投资者销售证券期货产品或者提供证券期货服务的机构应当遵守法律、行政法规、本办法及其他有关规定，在销售产品或者提供服务的过程中，勤勉尽责，审慎履职，全面了解投资者情况，深入调查分析产品或者服务信息，科学有效评估，充分揭示风险，基于投资者的不同风险承受能力以及产品或者服务的不同风险等级等因素，提出明确的适当性匹配意见，将适当的产品或者服务销售或者提供给适合的投资者，并对违法违规行为承担法律责任"；《关于规范金融机构资产管理业务的指导意见》(2018年4月27日施行)第6条第2款规定："金融机构发行和销售资产管理产品，应当坚持'了解产品'和'了解客户'的经营理念，加强投资者适当性管理，向投资者销售与其风险识别能力和风险承担能力相适应的资产管理产品。禁止欺诈或者误导投资者购买与其风险承担能力不匹配的资产管理产品。金融机构不得通过拆分资产管理产品的方式，向风险识别能力和风险承担能力低于产品风险等级的投资者销售资产管理产品。"

根据上述监管规定，证券公司在向投资者销售(包括代销)金融产品或资管产品时，主要具有两项义务，即适当性义务和风险揭示义务。结合本案案情，虽然在本案中D在资管合同及配套文件中均亲自抄写了风险提示条款并签字确认，但根据相关的司法裁判观点，投资者签字同意购买、接受风险的行为与代销机构之间仅形成一种形式化的合意，不能仅仅依据此种形式上的合意就认定代销机构实际上已充分履行风险揭示义务。而B营业部及C作为专业金融机构和专业从业人员，较之于个人投资者D，具有专业知识、信息资源等方面的优势，在D不了解该资管产品运行规则及各类风险的情况下，C却明确答复D该资管产品可以按期甚至提前清盘退出，致使D对该资管产品到期后能清盘退出产生确信，并据此作出了认购该资管产品的决定。因此，B营业部和C在向D推介销售该资管产品的过程中存在未向D全面履行风险揭示义务的情形，应承担相应的责任。同时，由于C当时担任B营业部的理财总监，而C具体推介销售该资管产品的行为性质上应属于职务行为，而并非其个人行为。因此，由C职务行为导致的过错，应由B营业部承担相应的责任。

四、调解案例启示

(一)对代销机构的启示

作为代销机构,应在代销金融产品或资管产品过程中严格履行监管机构要求的适当性义务和风险揭示义务,做好代销合规工作。首先,应根据相关监管规定的要求完善和落实内部管理制度,将代销合规要求落实到具体负责投资者推介工作的理财经理个人层面;其次,应避免将代销合规工作流于书面形式,避免仅要求投资者抄写和签署相关风险提示文件,而不向投资者进行实质性的风险揭示;最后,代销机构及其理财经理在向投资者进行实质性的风险揭示时,应尽量通过录音或录像固定证据,确保该行为留痕。一旦日后发生纠纷,代销机构也能够拿出履行风险揭示义务的合规证据,避免风险产生。

(二)对投资者的启示

由于金融产品的专业性和风险性,加上市场行情和监管政策的动态变化,投资者若不具备一定的专业能力和风险识别能力,在投资类似金融产品时确实存在较大的投资风险。因此,本案对于金融产品的投资者具有一定的借鉴意义:一方面,投资者应提高自身的风险识别能力与投资判断能力,避免轻信代销机构人员的客观形势判断,应尽可能对金融产品的重要信息(运作模式、投资标的、风险收益、退出条件等)进行充分了解,同时,要考虑自身风险承受能力和流动性安排等因素,并在此基础上理性作出投资决定;另一方面,投资者应保留好与代销机构工作人员沟通、操作时的证据,如体现投资建议,获利或保底承诺的文件资料,对话录音、邮件、短信、QQ或微信等社交软件的聊天记录等。若日后发生纠纷,则可以通过上述证据还原事实,以便更客观地界定过错和厘清责任。

案例2:定向增发纠纷调解案例

李国玺*

一、引　言

“定向增发”,作为资本市场再融资的一种主要方式,是资本市场的高频词汇。但是,“定向增发”并没有清晰的法律定义,从法源意义上来对其进行界定时,多数文章均指向2006年5月8日生效(后于2008年10月9日修改)的《上市公司证券发行管理办法》中第3条的规定,即“上市公司发行证券,可以向不特定对象公开发行,也可以向特定对象非公开发行”。

投资者通常认为,购买定向增发的股票或者产品,因存在折扣率,应当是稳赚不赔的;但若在定向增发后,公司业绩不好,投资者发生浮亏,则极容易引起人们关于关联交易、利益输送等怀疑和质疑,从而产生较大争议,导致公司的运营团队疲于应付,不能聚焦于公司的发展运营,从而引发公司股票价格的下跌。

新三板挂牌公司,虽然不是上市公司,但因属于非上市公众公司,其采用的运行模式和监管规则也会参照上市公司的逻辑,同时叠加自身的特点。此外,部分新三板公司由于自身资产体量大、营业收入多的缘故,其定向增发的资金数额往往较大,发生争议时也会因涉及的人数较多而极易引发群体性纠纷,从而在一定程度上影响了社会的安定和谐。

但是,新三板挂牌公司勇于直面因公司定增引发的纠纷,在投服中心的积极介入调解协调下,定增前的老股东本着“做大蛋糕”的积极心态,积极与定增后的新股

* 北京高众律师事务所律师。

东进行多轮沟通,终于在双方互谅互让的基础上达成一致意见,以股权补偿的模式开启了定增纠纷调解的新模式。

二、纠纷简介

2015年10月30日新三板挂牌公司(以下简称该公司)发布股票发行情况报告书,对30名投资者(以下简称定增后新股东)发行了1.02亿股,募集资金30.7亿元。2016年4月26日该公司实施了2015年年度权益分派,以资本公积金向全部股东每10股转增20股。2016年10月28日该公司又实施了2016年半年度权益分派,向全体股东每10股派0.8元现金;2018年8月该公司向全体股东每10股派1元现金。经过转增、分红后,定增后新股东的实际成本为每股9.82元。

虽然持股成本在不断下降,但是由于资本市场的运行规律、投资者的期望值等缘故,定向增发实施时,市场处于上行趋势,投资者对于新三板市场也比较看好,对其估值是比较高的;随着资本市场的规律性下行,定增后新股东的持股成本要远远高于该股的市场成交价。

在这种情况下,定增后新股东于2017年开始就向全国中小企业股份转让系统、中国基金业协会和北京证监局举报,以求得快速的获得预期本息收益。但因定增协议中并未明确约定业绩承诺或者业绩对赌协议,仅就法律角度而言,定增后新股东并未掌握充分的法律依据和事实依据以支持其诉求;也因此,X新三板挂牌公司及定增前老股东也认为自己不应该承担责任,从而使纠纷处于僵持状态。

在定增后新股东里,有22家是新增的机构方股东,随着基金或者资管计划产品到期后,由于产品的份额持有人存有不同意见,有的希望尽快变现退出,有的希望能够继续持股,择机变现。从而,部分机构方采取根据不同投资者的需求将相应的股份和(或)现金按照投资者持有的基金份额比例分割至每位投资者名下,虽然仍有机构方继续集合性地管理持有,但由于部分机构方的清算,使直接与X新三板挂牌公司发生纠纷的投资者达到100多人。

纠纷的继续发酵,没有妥善的解决方案,群体性人数规模不断上升,种种负面消息使X新三板挂牌公司的股价持续走低,从2017年纠纷初步发生到2018年4月12日公司股票停牌,X新三板挂牌公司的股价已经降到了每股1.05元,并有进一步下探的趋势。

2018 年 4 月 12 日 X 新三板挂牌公司发布公告，因存在《全国中小企业股份转让系统业务规则（试行）》第 4.4.1 条第 2 项“涉及需要向有关部门进行政策咨询、方案论证的无先例或存在重大不确定性的重大事项”，可能对股票转让价格产生较大影响，为维护投资者利益，避免公司股价异常波动，根据《全国中小企业股份转让系统业务规则（试行）》《全国中小企业股份转让系统挂牌公司暂停与恢复转让业务指南（试行）》等有关规定，经本公司向全国中小企业股份转让系统申请，本公司股票自 2018 年 4 月 13 日开市时暂停转让，公司预计股票恢复转让日期不晚于 2018 年 7 月 12 日。

三、调 解 过 程

在 X 新三板挂牌公司公告暂停转让前，关于公司与定增后新股东的关系处理已经是该公司两年来的重点工作之一，管理层和定增前老股东也曾经提出多套解决方案，但由于种种原因不能落地。投服中心介入该纠纷调解后，结合以往涉众型纠纷调解的经验，确定了一个方案、一个原则、一支队伍、一条流水线的“四个一”工作方案，以求扎实稳步推进该起涉众型纠纷的化解：

1. 一个方案。在涉众型矛盾纠纷化解中，不能制定不同的工作方案，首先，不利于矛盾纠纷的高效化解，纠纷当事人对于纠纷调处结果存在不可预见性和较高期望值，从而会使纠纷化解时间延长；其次，有违纠纷处理的公平原则。同样的纠纷，不同的人有不同的调解结果，和法律所要求的公平原则不符，同时容易产生新的纠纷，案结事不了。这就要求在纠纷调解过程中，在纠纷化解方案的设计上体现不带有选择性、不受任何外来因素影响的精神。

2. 一个原则。我国《民事诉讼法》第 9 条规定：“人民法院审理民事案件，应当根据自愿和合法的原则进行调解”；我国《人民调解法》第 3 条规定：“人民调解委员会调解民间纠纷，应当遵循下列原则：（一）在当事人自愿、平等的基础上进行调解；（二）不违背法律、法规和国家政策；（三）尊重当事人的权利，不得因调解而阻止当事人依法通过仲裁、行政、司法等途径维护自己的权利”，自愿合法原则是调解工作中的帝王原则，无论是单个的纠纷调解还是涉众型纠纷调解，都必须要遵守的原则,这样调解工作过程、调解协议结果才能为纠纷当事人所信服、所遵守。

3. 一支队伍。投服中心在每一次涉众纠纷调解案件中,都会精心地优中选优组成调解员团队,在本次纠纷中,由中国政法大学资深金融法学教授、北京证券行业协会秘书长和北京法院系统原法官组成的调解团队,分别贡献了法学理论支撑、证券实务经验和调解方案设计等智慧。

4. 一条流水线。在多起成功或者失败的调解案件中,投服中心已经积攒了很多的经验和教训,如果要达到调解方案所要实现的目的,实现案结事了,就不能怕麻烦,要把整条调解线所需要完成的工作想好、想细致,要把整条线所需要的文件准备好,争取一次签署就能实现调解方案要实现的目的,避免纠纷当事人的多次奔波。

以“四个一”的工作方案作为引导,投服中心首先在与全国中小企业股份转让系统、进行司法确认的上海市虹口区人民法院、部分定增前老股东及定增后新股东进行沟通协调后,确定了“定增前老股东对定增后新股东进行股权补偿降低定增后新股东持股成本”的纠纷化解新模式。

在确定方案后,由X新三板挂牌公司及其管理层和定增前老股东进行集中沟通,并由调解团队和定增后新股东在北京、杭州进行面对面沟通,讲解股权补偿方案并答疑解惑,依法使愿意参与提供补偿的定增前老股东和愿意接受补偿的定增后新股东能够全面知晓并自愿参与到调解活动中来,避免因为信息不对称而失去自愿选择的权利。

考虑纠纷调解参与者较多,不仅有纠纷双方当事人(定增前老股东和定增后新股东)、调解组织(投服中心)、调解协议的司法确认和强制执行(虹口法院)以及定增后新股东的具体事务经办人(上海律师,以避免全国各地的定增后新股东亲自到上海办理相关手续的麻烦),且在流程上,也存在纠纷双方当事人签名盖章、调解组织签名盖章、提交法院进行司法确认并在法院出具司法确认裁定后申请法院强制执行以顺利实现纠纷化解方案的落地,纠纷的真正解决。为此,在纠纷调解参与者各方代表的参与下,提前制作完毕了统一格式的《证券期货纠纷调解协议书》《司法确认申请书》《强制执行申请书》《授权委托书》《确认函》等一系列实体和程序性法律文件,并制作了《关于调解协议及相关文件的签署说明》以便于协议的签署者迅速了解法律文件的签署用途和签署方式。

2018 年 7 月 11 日确定了由定增前老股东无偿让渡一定比例股票给定增后新股东的方案,随着调解过程中的细节优化,纠纷双方当事人对于纠纷的了解和方案的认可度不断提高。2018 年 12 月 28 日 72.83% 的定增后新股东签署了《证券期货纠纷调解协议书》等法律文件;2019 年 1 月 21 日 100% 的定增后新股东签署了《证券期货纠纷调解协议书》等法律文件,从而,该纠纷实现了 100% 的调解协议书的签约率。2019 年 6 月 11 日 X 新三板挂牌公司发布公告,在司法确认程序办理完毕后,现在已经进入法院强制执行阶段,共约 217,099,008 股股票将于近日过户到定增后新股东的名下;2019 年 6 月 13 日该公司发布公告,称 2019 年 6 月 12 日中国证券登记结算有限责任公司北京分公司已完成了股份划转。至此,纠纷化解方案全部按预期得以落实。

四、经验总结

(一)方案的发现——习近平总书记的“蛋糕”理论

2014 年 1 月 1 日习近平总书记在《人民日报》上发表署名文章《切实把思想统一到党的十八届三中全会精神上来》,提出“蛋糕”不断做大了,同时还要把“蛋糕”分好;2016 年 4 月 15 日习近平总书记在钓鱼台国宾馆会见澳大利亚总理特恩布尔时强调要把“蛋糕”做好做大,更多更好造福中澳两国人民,使这个共同利益“蛋糕”,不断冲击味蕾,鲜美诱人。

这个“蛋糕”理论从思路上给调解方案的设计提供了启发,与其矛盾的升级让蛋糕变得越来越小,实际利益越来越少;不如放弃一些表面的利益,让蛋糕有机会做大,从而使实际利益能够变大。当调解员团队和定增前老股东沟通时,大部分老股东都同意这个观点,顺利地为方案的推进打开了通道。同时,根据我国《公司法》的相关规定,股东所持有的股份是其个人合法财产,按照法定的程序是允许自由转让的,法律上不存在障碍。

(二)方案的优化——定增后新股东、定增前老股东的理解支持

确定了“定增前老股东对定增后新股东”进行股权补偿降低定增后新股东持股成本的方案后,以什么样的时间节奏、以何等比例、何种方式进行股权补偿以使双方能够达到纠纷化解的平衡点是一个难题。

对于纠纷解决方案本身,定增前的老股东是支持的,但是涉及比例问题,定增前老股东是希望补偿的比例少点就会更好。在这种情况下,作为定增前老股东中的大股东,率先同意方案并与部分比例方面存在异议的其他股东积极沟通,几轮沟通上调后最终确定了纠纷调解方案的补偿比例上限。

然而,不论补偿比例是多少,从X新三板挂牌公司的市场成交价来看,定增后新股东都是无法实现保本。特别是有几位出资较多的个人投资者,面对几千万元的巨大损失仍予以冷静面对,并在数轮沟通后,认可了纠纷调解方案中的比例设定等优化方案并和其他的投资者一起签署了调解协议书。调解协议的达成,离不开纠纷当事人在方案优化基础上的互谅互让。

(三)方案的落地——纠纷调解参与者的积极配合

涉众型纠纷属于群体性事件,该等事件发生后,不能封锁消息、刻意回避媒体,这样就主动放弃了舆论引导的主阵地和主导权,致使谣言传播,从而更加不利于纠纷的化解。在本次纠纷调解方案的落地过程中,X新三板挂牌公司、纠纷双方、投服中心、虹口法院等参与者各司其职、各担其责,互相配合从而使纠纷解决方案稳步推进、顺利实施。

1. X新三板挂牌公司:积极回应争议的解决,于2018年4月12日以"咨询论证方案"的理由暂停转让后,于2018年7月9日公告告知"拟通过合规适当的方式降低参与公司2015年定向增发股东的持股成本"的纠纷和解初步方案;并在2018年12月18日、2019年1月21日和6月11日持续发出关于该纠纷落地进展的新公告,确保关心该纠纷的相关参与者能够及时了解相关信息,以公开的态度赢得公信力。

2. 纠纷双方:对于定增前老股东,在确定补偿比例后,按照该等补偿比例确定了股票池,只要定增后老股东愿意调解,都可以从股票池中获得补偿;对于定增后新股东,由于两次见面会仅在北京、杭州两地举行,于是部分定增后新股东从遥远的新疆、海南、哈尔滨等地赶来,不辞辛苦,给予充分的支持和信任。

3. 投服中心:投服中心首先安排了一支有理论支持和实践支撑的优秀调解员队伍参与到调解工作;同时,投服中心与全国中小企业股份转让系统确认方案的合法性和可行性,与上海虹口法院沟通司法确认和强制执行的具体材料形式和材料准备,与上海公益律师沟通作为广大定增后新股东的代理律师以避免定增后新股东的奔波劳累,与 X 新三板挂牌公司沟通分享涉众型纠纷调解过程中资料准备的经验。通过一系列的沟通协调工作,确保了调解落地能够稳步推进。

4. 虹口法院:在矛盾纠纷高发的新时代,法院作为社会矛盾纠纷化解的最后一道防线,往往冲在了矛盾纠纷化解的第一线,为了 210 多份调解协议的切实履行,虹口法院安排了专业团队跟进调解协议的司法确认和股份划转,从而在 2019 年 6 月为本次定增纠纷调解方案的彻底落地画上了完美的句号。

案例3:对“我不满意就投诉”的投资者事件处理案例

中证湖南调解工作站　湘财证券股份有限公司

一、案 例 简 介

2015年1月投资者王某经申请在A证券公司开通了融资融券账户。开户时,证券市场尚无融资融券合约展期的业务,该业务后于2015年7月上线。王某于2016年3月拨打了A证券公司客服电话,对其融资合约展期后利息的计算方式提出质疑。王某表示:在合约展期后发现原合约未偿还的利息,自动变成了一个名为“其他负债”的新合约,并按照8.6%的利率计算利息。在王某的概念中,原合约既然已经对负债金额收取了利息,那这个利息部分在展期后的合约中,就不应该作为本金再计息。同时,王某表示据其了解,个别券商对此部分利息在展期后不计入本金计息。

王某对此不依不饶,否认证券公司通过多种合法途径对其进行的业务变更通知,多次向证券公司及监管部门投诉要求退回被“多收取”的部分利息。

二、A证券公司就王某所诉情况的核实

(一)开户资料及对应条款签署情况的核查结果

经核查,王某的融资融券相关业务手续均由其本人临柜办理,并签署了相关业务条款及风险揭示书。开户材料齐全,手续合法合规。另外,在王某与A证券公司签署的融资融券业务合同中,第18条对利息及费用的收取作了详细规定,条款如

下:“(一)1.融资利率不低于中国人民银行规定的同期人民币贷款基准利率”,“乙方有权根据相关法律法规及其他规范性文件的规定、央行贷款基准利率、证券同业息费水平等参考指标的变化对利率及费率进行相应调整,具体利率、费率以乙方按照本合同约定方式公告的为准,甲方应随时留意乙方的相关公告”。

(二)融资融券合约展期后相关业务规则

关于合同中未明确展期后利息计算方式的问题,是因王某开通两融业务时,整个市场暂不支持对融资融券的合约进行展期。因此,当时签署的合同中确实没有关于合约展期的相关业务规则。但随沪深交易所于2015年分别出台《上海证券交易所融资融券交易实施细则》和《深圳证券交易所融资融券交易实施细则》,A证券公司于2015年7月,正式上线了融资融券合约展期申请业务。《上海证券交易所融资融券交易实施细则(2015年修订)》第18条、《深圳证券交易所融资融券交易实施细则(2015年修订)》第2.16条,对融资融券合约展期申请规定为“会员与客户约定的融资、融券期限自客户实际使用资金或使用证券之日起计算,融资、融券期限最长不得超过6个月。合约到期前,会员可以根据客户的申请为其办理展期,每次展期的期限不得超过6个月。会员在为客户办理合约展期前,应当对客户的信用状况、负债情况、维持担保比例水平等进行评估”。但对融资融券展期后利息的计算要求未作详细规定,各家证券公司可以自行制定规则。A证券公司采用的是“展期后,原合约未了结利息转入合约本金,并按日计提利息”的方式。

(三)展期规则的实行通知情况

在实行该利息计算方式前,A证券公司已通过各种方式对王某进行了利息计算方式变更的通知,并在王某咨询业务时,进行了业务规则说明及提醒,详情如下:

1.根据融资融券业务合同约定,A证券公司通过官方网站以公告的方式告知投资者新增的业务规则。

2.在王某2016年1月申请展期时,营业部融资融券专员通过电话通知其展期利息收取规则的变更,明确告知:对于更新后的业务规则,展期后未了利息随本金一起归入本金计算,如客户接受该规则,则受理其展期申请;如不接受,建议其在合约到期前提前将利息还清后再申请。当时,王某表示要求展期,并亲自临柜办理了相关手续。

3. 为了方便投资者操作,A 证券公司在交易软件中也上线了由投资者自行通过系统申请合约展期的功能,同时展期申请操作界面有明确的红色提示文字:“展期后,原合约未了结利息转入合约本金,并按日计提利息。”

三、争　议　点

本次投诉争议点在于:(1)王某认为:A 证券公司执行的利息计算规则未在其开户时签署的融资融券业务合同中体现,则不应按此规则进行收费,而且法规也未规定可以收取此部分费用,故要求退回“多收取”部分。(2)A 证券公司认为:相关法规未作要求,则券商可自行在融资融券业务范围内制定规则,未还部分继续展期,理应计息。另外,券商也已通过公告、电话、交易系统提示、当面沟通等形式,将该业务规则传达至投资者,已尽到告知的义务,投资者在知晓该业务规则的情况下申请展期,则可视为其是在认可业务规则的前提下进行的展期操作,故对王某提出的补偿要求无法予以满足。

四、处 理 过 程

1. 王某于 2016 年 3 月致电 A 证券公司客服中心进行投诉。

在接到投诉后,投诉处理专员认真分析了王某的情况,向王某展示了公司官网关于展期后未了结合约的利息计算规则的变更通知、交易软件上关于计息方式的温馨提示及营业部员工通知业务变更的时间点。同时,详细地向王某阐述了关于为何他与 A 证券公司签署的合同中未对利息计算有明确约定,以及公司可以通过什么方式向投资者公布业务细则变更内容。A 证券公司也从客户本身利益出发,耐心给客户做了举例说明,因展期后原合约未了结的利息而形成的新合约是无法再次展期的,建议投资者可以在申请原合约展期前先归还利息部分的负债,以免在新合约中将其作为本金进行计息。但王某仍对自己的想法保持坚决的态度,并就其他券商计息方式的不同对投诉处理专员提出了质疑,认为证券公司在业务制度的设立上不考虑投资者的利益,胡乱收费。因沟通无效,客服中心将王某的投诉转交营业部作进一步处理。在营业部总经理及融资融券专员的解释和安抚下,王某态度有所缓和,后续未再提及补偿事宜。

2. 王某于2017年6月再次致电A证券公司客服中心。

王某致电表示,上周五对某融资合约还款后,过了一个周末,发现利息又增加了8元。他认为证券公司在利息收取上不合理,有放高利贷的嫌疑。经核查,王某对2015年7月开仓的一笔融资合约进行展期后,对之前未偿还的利息金额4700余元形成了一笔"其他负债",在归还该笔负债时由于还款金额小于合约金额,故部分归还后剩余192.61元本金及7.87元利息,经过周末两天利息增加至8元。

当客服人员解释计息规则时,王某又就对该利息计算方式的不认同进行了投诉,否认其先前已了解计息规则的事实,要求退还他认为"多收"的利息。经过客服中心及营业部与王某多次进行沟通,仍无法达成共识。

3. 王某于2017年7月致电"12386"热线就此事进行投诉。

因考虑到先前客服中心与王某沟通无果,为进一步拉近与投资者的距离,客服中心将王某的投诉情况转交营业部处理。营业部总经理及总监多次联系王某进行说明,但每次王某都以不退还利息就不要谈为由拒绝沟通。并表示:自己目前亏损较多,无法对账户内的三笔合约进行全额还款,只能不断展期,希望证券公司对他进行特殊照顾为其个人展期后的利息计息规则进行调整。证券公司表示,如服务上有任何需求,会尽量满足其,但鉴于利息的收取是完全按照业务规则来执行,公司及营业部不存在违规行为,故无法满足其退还利息的诉求。

4. 王某于2018年2月再次找到监管部门,以A证券公司收取复利为由进行投诉,随后,也频繁拨打A证券公司客服热线,表明如不满足其要求,会继续投诉,坚决不撤诉。

鉴于王某投诉问题已来回反复多次,为争取一次性解决问题,A证券公司派总部相关业务负责人至客户所在地进行当面沟通。总部投诉处理人员从公司业务制度、外部法律法规层面对其进行了说明,告知王某:首先,在制度上我公司不存在任何违规行为,他完全可以向律师进行法律咨询;其次,就其账户清算明细进行了说明,逐笔分析每次合约开仓、展期、利息收取的情况;最后,对其表达的同理心,对其进行了心理疏导。经过两天一夜晓之以理、动之以情的深入沟通,王某逐渐打消了自己原有的想法,表示现已了解并认可相关融资融券的业务规则,随即主动签署了撤诉申请。至此,王某的投诉事件最终有了一个圆满的结局。

五、案例评析及启示

本次投诉处理的时间之长也是A证券公司为投资者提供服务过程中少有的一次,除对公司本身业务规则及流程进行梳理,A证券公司对王某本身的特质也作了一些分析,通过对王某几次沟通过程中表现的观察,可看出他性格本身具有几个特质:固执己见、钻牛角尖、反复无常。营业部在与王某日常打交道的过程中也从侧面了解到王某属于离异孤老,平时也会就一些小问题对营业部进行刁难。对于王某的无理投诉,营业部一直进行耐心解释,给其提供便利。但同时坚持原则,对不属于公司业务差错的无理要求绝不松口。另外,在最后一次面对面沟通中,总部及营业部负责人一起出面,给予王某足够的重视及尊重。先是了解王某的其他情况,和他聊聊家常来拉近彼此之间的距离。当得到他的认同,卸下其对立心理和防御心态后再从事实出发进行沟通解释,最终达成一致意见。

行业官方投诉渠道的便捷化、投诉处理流程的公开化、投诉处理机制的多元化,对企业的自我规范经营及服务质量起到了有效的控制,同时,也使投资者诉求依法得到妥善处理,真正地把投资者合法权益的保护工作落到了实处。但与此同时,也出现了部分投资者利用投诉渠道过度维权,对企业造成不良影响。比如,自2019年3月推出网上销户业务后,曾有投资者在向营业部提出销户申请前,先拨打"12386"投诉热线,投诉证券公司不接受其销户申请。证券公司在处理"12386"投诉热线转办的投诉时,向投资者问及投诉原因,其表示是觉得投诉后证券公司才会重视他,才能尽快销户。更有投资者为了快速完成销户手续,故意以要从事证券行业工作为由要求销户,但当证券公司为其账户办理了账户销户业务后,又向"12386"投诉证券公司销户操作不合规,故意注销其股东账户导致其不能交易。这些无理投诉都让证券公司感到无奈,不仅无故遭到投诉,事后还要费时费力向投资者解释、向监管机构撰写情况说明。

面对此类过度维权、无理投诉事件的情况,笔者也进行一些思考,从投资者的心理、投诉处理的方式方法、社会风气等方面对此类情况进行了原因分析和探索:

1. 从和此类投诉者的沟通过程中不难发现,他们都一致认为"会闹的孩子有奶吃",从而产生了"只要我不开心我就投诉""只有投诉了才会受到重视""要想快点办好业务就要先投诉"等心理。其认为反正投诉无须支付任何成本,不管对方有无过错,先投诉,对其总是有利而无害。由此可见,这些投资者对维权的概念、维权渠道的合理使用存在一定的认知偏差。

2. 公司在制定业务规则时,一般是从响应行业要求、符合公司内部风险控制等方面进行考虑,再结合投资者的利益进行调整。但每个投资者的文化水平参差不齐、专业能力各有千秋,对制度的理解可能也会存在偏差,也会导致此类投诉的发生。

3. 此外,一些投资者的自我判断能力比较容易受到他人影响。在以往的投诉处理过程中,我们往往会发现一些投资者是在盲目听从了他人的话后,才进行了投诉。当投资者与营业部产生一些业务上的摩擦时,他们不愿意听证券公司给出的解释,而是更愿意相信银行、家人、朋友等第三方的说法。这也是投资者与证券公司之间缺乏相互信任的一种表现。

4. 在以往的投诉事件中,我们发现有的证券营业部由于受总部考核和担心监管机构介入的原因,有时在面对一些小投诉或难缠的投资者时,为了息事宁人,宁愿私下解决。相信在整个行业中,这种情况并不少见,可能还成为解决纠纷的常用办法。这种方法表面上确实简单快捷,能快速有效地处理部分投诉,但殊不知,这样的处理方法也会让一些动机不纯的人利用这种心理对营业部进行反复敲诈勒索。

5. 自媒体的自由发展,也增加了投诉发生的频率和投诉的处理难度。有些投资者除投诉一种渠道外,还会以向媒体曝光为要挟。由于自媒体发布的视频时长或字数有限,许多网友不了解现实情况的全貌就跟风发表评论。

六、经验总结

为尽量避免及有效处理此类不合理的投诉,通过经验总结,笔者认为证券公司应从事前、事中、事后对其进行有效防范、控制及应对。

(一)事前的有效防范

1. 业务制度的健全、系统的稳定

随着行业各项新制度、新业务的推出,证券公司应及时建立健全相应的业务规则及制度,形成统一、规范的业务流程。在新制度、新业务推出前,应做好充分的系统测试和应急演练,制定突发事件的应对措施,以免之后遇到问题时手忙脚乱容易出错。在新制度、新业务实行后,仍应设置预警机制时时关注运行情况,确保系统技术过关。此外,相关制度也要健全,配套服务应及时跟上,为投资者提供优质的服务。

2. 加强服务过程管理

证券公司的业务办理和专业服务要有更高的素质呈现。在按规章办事的同时,也应更多地站在投资者的角度考虑问题,让投资者满意而归。在日常的服务过程中,应多与投资者进行联系,建立良好的服务及信任关系。同时,证券公司应加强日常对投资者的回访工作,了解投资者对服务的满意度、潜在的诉求,通过沟通了解,确认员工是否存在执业违规行为,做到防患于未然。此外,还应加强对日常服务的质检工作,优先发现可能引起投诉的小问题,及时解决以免矛盾激化。

3. 加强投资者教育工作

本次矛盾冲突更是凸显了投资者教育工作的重要性。一是证券公司应通过多种方式、多种渠道向投资者普及证券交易规则、复杂及高风险的业务知识。二是要管理好投资者的期望值,向其充分揭示业务风险、不夸大收益或承诺保本,以免现有的业务能力无法满足投资者过高的期望而引起投诉。除以上两点外,证券公司也有义务帮助投资者树立正确的维权观念,教育投资者理性维权。通过正确引导,让投资者合理行使自己的合法权益,而不是抱着错误的心态,过度维权,从而给自己或监管机构造成不必要的工作压力,进而妨碍社会稳定。

4. 员工专业能力的提高

证券公司员工的专业能力、沟通技巧及个人素养也在日常的服务及投诉处理过程中起着很重要的影响。证券公司可以通过组织员工自主学习、内部培训、外部深造等多种方式来提供员工在这方面的能力。只有不断提高自我,为客户提供优质高效的服务,才能在最大限度上避免投诉的发生。

(二)事中的处理技巧

1. 厘清事实经过,分析风险点及利弊,制定沟通策略

任何投诉的产生肯定有它的原因,而在投诉处理上最忌讳的,就是还没有了解清楚事实经过,就盲目与投资者进行沟通,试图快速息事宁人。证券公司应当认识

到其每一次与投资者的沟通不仅代表的是官方的态度,更是一次谈判的过程,每一句说出去的话都要有理有据,让投资者信服。如果A方法不行,就用B方法,容易让投诉人抓住更多的漏洞及把柄,影响投诉的处理效率及结果。所以,面对每一个投诉,首先应了解事情的经过、投诉理由及具体诉求;其次,应针对自身业务制度、服务环节进行分析,寻找风险点;最后,根据投资者投诉理由及诉求,准备沟通内容及依据,制定沟通策略。

2. 总部及营业部应协同处理、统一口径

通过对以往投诉经验的总结发现,有些动机不纯的投资者可能会分别向营业部和公司总部进行投诉。其目的在于希望从不同的途径找寻营业部和总部在答复口径及处理方式上的差异,然后提出更多不合理的要求。甚至有投资者在和营业部沟通处理的时候,谎称总部已经答复了处理意见,或在和总部沟通中提供非事实依据,夸大营业部的问题。为避免被这类投资者"钻空子",营业部在面对所有的投诉时,应第一时间与总部进行汇报沟通,达成一致处理意见。总部在处理投诉时也不能通过投资者单方面提供的信息进行事态的判断,应在与分支机构进行沟通了解详情后,再给出适当的处理意见。

3. 面对无理要求,应坚持原则

从心理学角度来说,每次投诉处理的沟通过程,也是双方心理上的博弈过程。有些无理取闹的投诉者通过闹访纠缠尝到了一次甜头后,以后可能还会提出更多不合理的要求。所以,若在业务办理过程或提供服务的过程中,证券公司的业务流程合法合规,就应该坚持原则,拒绝对方的无理要求、不能轻易妥协。

4. 文字、影像、录音等资料妥善保存,投诉处理做到有理有据

为防止存有不良心思的投诉人故意歪曲事实或对之前的说辞全盘否认,应在日常业务开展、服务及投诉处理的每一个环节,都要做好留痕工作。比如:(1)在开展业务时,对所有需要投资者签署的表单都应由申请人本人填写并签字,对相关档案资料应进行妥善保管;(2)使用有录音功能的电话与投资者进行日常服务及通知送达,以便发生投诉时,可通过录音还原事情经过;(3)在投诉处理过程中,如果是选择面谈的,应有至少1名随同人员在现场共同作证,以免进行单独谈判后,投诉人不承认交谈过程及处理结果;(4)投诉处理结束双方达成一致后,应由投诉人签署书面协议,对处理结果表示认同并承诺不再就此事提出异议。

5. 当正面沟通存在困难时,可以选择从侧面击破

很多时候,我们在处理投诉时喜欢讲道理、说事实,这点对于普通的投诉人来说也许能发挥效果。但对于固执己见或无理取闹的投诉人来说,正面的解释说明对他们是没有用。当双方都想将自己的想法加之于对方时,就会出现一种谁也无法说服谁的僵持状态。这种僵持,是由于投诉人与被投诉人站在不同立场考虑问题所造成的状态。当投诉人抱有“敌对”的心理时,是无法接受任何解释说明的。投诉处理的过程其实也是对人性的一种探索,所以,当面对僵持时,我们可以从投诉人的性格特征、家庭环境、社交关系、组织关系等方面入手。(1)不同性格特征的人群,思考问题的方式是不同。通过分析投诉人的性格特征,从而找到与其有效沟通的方法。比如,以一个朋友的身份和投诉人聊聊家常,等双方都处于一种放松的状态下再进入正题。(2)可以从侧面了解投诉人的家属对投诉事件的态度。如果家属处于相对理智的状态,可以尝试与其家属沟通,再由家属进行劝说,化解矛盾。(3)通过投诉人的社会关系、组织关系,更多地了解投诉人的情况,利用共同的人际关系进行调解。(4)可以在适当的时候申请投资者服务中心的小额速调机制,通过监管机构等第三方的介入,与投资者展开对话,打破僵局。

(三)事后总结,优化流程

在投诉事件结束之后,应及时针对投诉事件进行经验总结。首先,要从引发投诉的缘由出发,对现有业务流程进行梳理,对于其中不人性化的环节进行简化、对有漏洞的环节作进一步优化。其次,应结合投资者的需求,并调研同行业中优秀券商的系统优点,对公司现有交易系统的相关功能作进一步优化完善。最后,针对容易引发投诉的服务环节,定期开展交流会,通过经验分享的方式在公司内部进行学习,以免类似问题再次出现。

七、建　　议

本案例的主要矛盾在于投资者自身对融资融券合约展期后的未了结利息计算的理解和证券公司系统设定的计算方式存在差异。但就外规而言,沪深两交易所在其发布的融资融券交易实施细则中对融资融券展期后利息的计算要求未作详细规定,所以造成了行业内就该条业务细则有不同的设置。对此,投资者可能会借机

对实行不同业务细则的证券公司进行对比，“挑刺”攻击。对于类似可能引发投诉的业务规则，交易所或监管机构可以有针对性地给出指导意见，统一行业业务规则，以便统一投资者对业务规则的认知。

监管机构在维护中小投资者合法权益，为投资者提供便捷的投诉渠道的基础上，可对明显存在不合理或有勒索嫌疑的投资者进行相关业务制度的适当解读和情绪的引导。投资者之所以遇到问题后选择向监管部门进行投诉，是出于对监管部门的充分信任，故投诉受理部门的解答对于投资者来说具有一定的权威性及可信度，投资者听得进，也愿意相信。在投诉受理过程中，投资者可能会存在由于自身的证券交易知识储备不足、对自身风险承受能力判断的偏差或对业务规则的不了解，对证券公司产生误解从而引发投诉的情况。望投诉渠道的接待人员能发挥更多的能量，在接到此类投诉时，在合理的范围内，向投资者普及业务规则、解读相关制度，适当缓解投资者与证券公司之间的矛盾。在投诉被受理后，投诉人可能会存有“既然投诉成功了，那我肯定是有理的一方”的心理，抵触证券公司对投诉情况的合理解释，使证券公司在处理投诉时处于弱势的一面。

投资者教育及投资者权益维护工作任重道远，身处行业内，我们应不断地反思、不断总结，并对自己提出更高的要求，与监管部门保持精神上的高度统一，认真贯彻落实监管机构发布的相关规章制度，以切实做好投资者教育工作、保护投资者合法权益、维护行业及社会的和谐稳定。

案例4:股权质押案例

金桐羽*

一、引　　言

随着社会法治水平的提高、大众维权意识的增强,金融纠纷案件逐年递增。妥善并高效地解决金融纠纷,有助于缓解司法诉讼压力,还可能起到促进立法机关改革的作用,减少立法的滞后性。对金融纠纷进行考察和研究,有助于金融监管机构发现监管短板,对风险高发领域或监管制度漏洞进行精准弥补。如今,中小企业融资难已成为一种高发性社会现象,股权质押纠纷频频发生。关注及妥善解决此类纠纷,具有极为重要的理论价值和实务意义。

二、案情简介

2017年2月20日,某证券公司发布的公告披露"某证券融通资本股权质押4号定向资产管理计划"根据委托人指令,于2016年6月与甲融资公司开展股权质押业务。但后期甲公司出现违约,未按规定赎回或提供补充质押。事后,该证券公司进行平仓操作,甲公司对此不满,要求赔偿因平仓带来的损失,故申请调解。涉案标的金额约100万元。

双方的争议焦点主要集中在以下几个方面:第一,甲公司是否具有融资主体资格;第二,股价价值评估是否合理;第三,该证券公司是否在股价处于警戒线时及时

* 中证中小投资者服务中心黑龙江调解工作站职员。

提示甲公司补充质押。

明确以上争议焦点后，调解员安抚双方的情绪，并根据该证券公司提交的股权质押合同，确认该合同是双方自愿签署。调解员向该证券公司核实当甲公司质押的股权价值低于警戒线时，其是否已做到及时提示风险，该证券公司提供了相关问题的电话录音。经过深入了解，确定甲公司具有融资主体资格，但由于对股权价值的估值出现虚高，2016 年 11 月 2 日其账户维持担保比例低于 130% 。甲公司在接到证券公司补充质押的通知后，拒绝履行。当维持担保比例低于 120% 时，该证券公司进行了平仓。调解员根据案件事实，向甲公司解释股权质押业务中关于平仓线的规定及相关法律法规，并说明不履行法定义务的法律后果。最终，甲公司表示理解。

三、案例分析

关于本案，首先防范风险的重中之重是对融资主体资格的审核，应提示该证券公司对于没有履行能力和缺乏诚信的公司或个人，坚决不予开展此项业务。其次，合理评估股权价值也尤为重要，对股权价值的错误评估，可直接导致业务双方的经济损害。最后，应严格遵守上海证券交易所与中国证券登记结算有限公司制定的《股票质押式回购交易及登记结算业务办法》，将质押风险降到最低。对于融资公司甲出现违约，未按规定赎回或提供补充质押的行为，应提示其已违反民法中的诚实信用原则，严格按照警戒线、平仓线的要求及时补给相应资金。

结合相关理论研究，为避免类似金融纠纷的发生，需要投资者熟知股权质押的特征、定义和相关风险的同时尊重合同约定。调解员应立足于坚守调解原则的基础上，灵活运用调解技巧，使纠纷得到更好的解决，本文将从以下几个方面分析股权质押案例的本质。

（一）股权质押的特征

股权质押又称股权质权，是指质押人以其所拥有的股权作为质押标的为质权人担保债权的实现而设立的质押。按照目前世界上大多数国家有关担保法律制度的规定，质押以其标的物为标准，可分为动产质押和权利质押，股权质押属于权利质押的一种，因设立股权质押而使债权人取得对质押股权的担保物权为股权质押。

股权质押纠纷特征较为突出,可划分为以下三种。

一是权利性。以权利质权作为质押标的,在法律上,权利分为财产权和人身权,前者是一种以财产为内容的民事权利。但是,并非所有财产权均可作为权利质押的标的,可作为权利质押标的的财产权必须具有可让与性。

二是表征性。股权质押的表征性,是指作为股权质押标的的价值实体并没有被转移占有,实际转移占有的仅是代表股东权益的股权凭证。股权质押的标的并非可任意支配的实体物,而是一种代表一定价值和权利的凭证。因此,在处分它时,除交付权利凭证下的财产外,还需转移权利凭证本身,这使其具有了浓厚的表征性特点。

三是便利性。首先,为有效避免出质人或其他第三人的不法侵害,公示质权非常重要。其次,由于转移了对质物的占有,出质人在债务清偿之前也无法行使返还请求权,这种限制可以让债务人产生较大的精神压力,促使其自愿尽快履行债务,从而早日收回权利凭证。而且权利质押在质权的实现时,又具有可变价的特点。这也使其在实现权利的优先受偿方面具有独特优势。

股权质押作为一种新型的融资方式,具有巨大的发展潜力。在实践中,股权出质已成为企业融资的一种重要途径,从业务定位来看,股权质押交易定位于服务实体经济,解决中小型、创业型上市公司股东融资难的问题,但与此同时其也伴随着各种风险。在股权质押合同存续期间,股价的波动会影响质押股票的价值。为降低及限制融资风险,资金融出方会设定预警线和平仓线,即股票质押率上限不得超过60%。

(二)风险防范

安全性能是股权质押制度的首要关注点,因此,对股权质押风险防范的研究具有较大意义。但目前我国关于股权的学术研究主要集中在股权质押制度的结构上,例如从股权质押的标的、设立、公示、效力等方面对股权质押进行体系上的梳理。从既有的文献资料来看,对于股权质押风险防范的研究主要集中在股权质押风险分类的划分,股权质押风险可分为道德风险、法律风险、市场风险。所谓道德风险是指股权质押可能导致大股东“二次圈钱”,甚至出现掏空上市公司现象。市场风险,应分为内部风险和外部风险。所谓内部风险,是来自企业内部的微观因素所导致的股权价值变动风险,如经营风险;外部风险,是指因企业所处的外部环境变动而影响股权价值，如政策影响、市场交易中的投机行为、行业竞争风险等。法律风险是指因法律制度缺陷而产生的风险，其又分为非上市公司股权质押风险、合伙企业股权设质的风险、涉外股权瑕疵设质的风险、优先受偿权的特殊性所隐含的风险。①

（三）股权质押的相关法律问题

1. 股权质押合同的性质

合同是平等主体的自然人、法人和其他组织之间设立、变更、终止民事权利义务关系的协议。依照当事人意愿发生法律效果的民事法律行为，能够产生当事人所预期的法律效果。

在两个相互依存的合同中，主合同是指不以他合同的存在为前提而独立存在的合同，从合同是指以其他合同存在为前提，自身不能独立存在的合同，又称为附属合同。主从合同之间具有成立、存续、消亡上的从属关系。因股权质押订立的合同属于担保合同，我国《担保法》第 5 条第 1 款规定："担保合同是主合同的从合同"，即股权质押合同具有从属性，依附于主合同而存在。

就质押合同债权的拘束力而言，合同债权设质后，出质人不得取得、转让、免除或放弃出质债权，不得就出质债权主张抵消，也不得以清偿期限的延长或利率的降低等方式变更出质债权的内容，损害质权人利益，但经质权人许可例外。约束出质人的目的是更好地保障质权人的利益。因此，在不损及质权人利益时，对出质人的约束应趋于缓和。

2. 设立股权质押的程序和要求

对不同性质的股权，设立股权质押的程序和要求是不同的。最高人民法院《关于适用〈中华人民共和国担保法〉若干问题的解释》第 103 条第 2 款规定："以上市公司股份出质的，质押合同自股份出质向证券登记机构办理出质登记之日起生效。"股份有限公司的股权质押适用公司法关于股份转让的有关规定，其他公司的股权出质从记载于股东名册后生效。

3. 股权质押的生效条件

（1）可转让性

某种财产权利要成为质押的标的物，必须具备可转让性。股权是股东因出资

① 参见林建伟：《安全视角下的股权质押问题研究》，载《福建公安高等专科学校学报》2007 年第 4 期。

而取得的,依法定或公司章程规定的规则和程序参与公司事务并在公司中享受财产利益的,具有转让性的权利。正是由于兼备财产性和可转让性,股权才得以作为一种适格的质押物。因此,在判断某公司的股权是否可以质押时,首先要看其是否可以依法转让。

(2)签订合同

我国《物权法》第 226 条规定,以股权出质的,当事人应当订立书面合同。由此可见,签订书面质押合同是股权质押生效不可或缺的法定要件。

(3)出质登记

根据我国《物权法》第 226 条的规定,以基金份额、股权出质的,当事人应当订立书面合同。以基金份额、证券登记结算机构登记的股权出质的,质权自证券登记结算机构办理出质登记时设立;以其他股权出质的,质权自工商行政管理部门办理出质登记时设立。

(4)禁止预设流质条款

在股权质押合同中预设流质条款,是指质权人和出质人在质押合同中约定,在债权未实现时,出质人出质的股权自动转让给质权人。由于质物的价值有时会大于被担保的债权,因此如果允许流质,很有可能会造成质权人乘出质人之危而侵害出质人合法利益的结果。为了维护出质人的应有权益,各国法律均有关于禁止流质的规定。我国担保法律制度对流质的禁止性规定体现在《物权法》第 211 条中,即质权人在债务履行期届满前,不得与出质人约定债务人不履行到期债务时质押财产归债权人所有。

4. 违约金制度

违约金制度诞生于罗马法时代,至今已有上千年历史。在合同成立并生效后,合同债务人应当按照法律规定和合同约定,全面、适当地履行合同义务。债务人不履行或不适当履行义务的,构成违约,应承担违约责任。违约金制度是保护合同当事人利益的重要保障,能有效降低合同的履行风险,是发生风险后的救济途径之一。

对于违约金的性质,王利明先生在其《违约责任论》中表示,违约金从性质上可分为赔偿性违约金和惩罚性违约金。根据我国《合同法》第 114 条的规定,当事人可以约定一方违约时应当根据违约情况向对方支付一定数额的违约金,也可以约定因违约产生的损失赔偿额的计算方法。约定的违约金低于造成的损失的，当事人可以请求人民法院或者仲裁机构予以增加；约定的违约金过分高于造成的损失的，当事人可以请求人民法院或者仲裁机构予以适当减少。最高人民法院《关于适用〈中华人民共和国合同法〉若干问题的解释（二）》第29条规定："当事人主张约定的违约金过高请求予以适当减少的，人民法院应当以实际损失为基础，兼顾合同的履行情况、当事人的过错程度以及预期利益等综合因素，根据公平原则和诚实信用原则予以衡量，并作出裁决。"本案中甲公司出现违约，未按规定赎回或提供补充质押的行为，违反双方合同中融资方义务的履行，给融资方造成损失，应适用违约金相关规定。

（四）调解经验

调解起源于中华传统文化，"以和为贵、和气生财"。调解作为补充性纠纷解决机制之一，是具有中国特色的化解矛盾、消除纠纷的非诉讼纠纷解决方式，调解员通过说服、疏导等方式，促使当事人在平等协商的基础上自愿达成调解协议，解决民事纠纷的活动。

为把矛盾化解在基层，当事人可通过调解员名册自选调解员，增强当事人双方的自主选择权，有助于取得当事人信任，便于调解工作的顺利进行。其次，调解的优势在于其方式较为灵活，更注重当事人意思自治。在调解过程中可运用以下原则及理论。

1. 调解原则

调解方式虽灵活多变，但不意味着毫无限制，调解工作中应坚持如下几项原则：

（1）合法性原则

法律是以国家强制力为后盾统一实施的行为规范。其调整范围具有广泛性，调整手段具有强制性。调解的合法性原则是调解的众多原则中最根本的，调解过程始终都应以法律为依据，以事实为准绳。调解员应主动为当事人讲解法律相关规定，并说明不遵守法律规定可能造成的法律后果，为当事人释法答疑。大部分当事人在理解法律规定后，都能接收调解员的建议。调解员应对股权质押纠纷时，应当对我国《证券法》相关规定进行讲解，用法律疏通当事人的思想观念，以找到纠纷的突破口。

(2)中立原则

任何一种纠纷解决机制,其价值取向当然少不了公正和效率,调解是社会救济方式之一,调解机构应保持中立,不偏不倚,尊重双方诉求,才能保障其公正性。

(3)自愿原则

在调解过程中,无论是调解程序的启动还是调解方案的最终达成都应取决于当事人的合意。当事人意思自治是调解中必不可少的一个因素,应确保当事人的真实意思表示,当事人享有如下权利:①自主选择调解员;②接受、拒绝或要求终止调解;③选择调解方式;④要求调解公开或不公开;⑤自主表达意愿,自愿达成调解协议。尊重当事人在调解过程中的处分权,调解员应为双方搭建调解平台,为双方传递信息并提供中介服务。任何人不得强制当事人接受调解结果。

(4)保密原则

调解的制度魅力在于其保密性,它是影响调解成功与否的重要因素,是调解的生命线。对调解员而言,除对所涉信息具有保密义务外,在后续可能转为诉讼程序的案件中,可以参与调解的特殊身份为由拒绝出庭作证。而且调解过程不允许其他人旁听,更不允许新闻媒体报道。

2.建立信任

建立信任是调解是否成功的重要前提,首先,调解员可以通过与双方当事人交流,或者阅读相关法律规定等方式了解案件的基本事实。在调解开始阶段,调解员一般要先向双方当事人介绍调解规则,告知其注意事项,回答当事人可能提出的疑问。争取让调解过程在舒适环境下进行,这样除能缓解当事人紧张情绪外,也更能顺利拉近与当事人之间的距离,得到对方信任。双方当事人对调解员的信任是至关重要的。在建立信任后,当事人往往愿意向调解员坦露心声,更容易听取调解员的意见。

而对于诉求较多,思绪不清晰的当事人,调解员应引导其作出选择或排序,可根据其调解经验,帮助当事人客观分析其所面临的情境,采取各种选择所要付出的代价和所得利益,让其认识到妥协的收益及成本,不妥协的风险及承受能力,让当事人更清楚每一种选择背后的意义。

3.情法结合

调解应将情理法结合,情理属于社会公共道德范畴,是社会大众所接受并遵循的人与人之间交往的自然法则。情理法相结合的方法,既要运用法律,也要考虑当事人的感受。在调解过程中,应充分听取当事人陈述,耐心疏导,在当事人平等协商、互谅互让的基础上提出纠纷解决方案,帮助当事人自愿达成调解协议。

4.“六心”理论

从心理学角度分析,调解员应具备“六心”:公心、爱心、决心、信心、诚心、同理心。所谓公心,是指公正之心,无论调解双方身份地位是否存在差异,都应秉持公正的态度。所谓爱心,是指只有怀抱爱心,才能使调解过程变得有人情味,对当事人动之以情,晓之以理,才能更好地将法与情结合。所谓决心,是指把调解成功当成一个目标,下定决心努力促成调解。所谓信心,是指面对很多无法预测的突发事件,调解员应在调解的整个过程中怀有一种信念,不因为任何挫折或难题而胆怯或退缩。所谓诚心,是指诚挚之心,要本着为人民服务的真诚之心和当事人交流。所谓同理心,是指调解员应站在双方的角度,换位思考,这样才能更好理解当事人的心情,并以此拉近彼此之间的距离。

四、结　　语

股权质押是我国证券市场的重要交易方式,高效并妥善解决股权质押类纠纷,有助于解决中小企业融资难等问题,为维护社会稳定奠定坚实基础。调解作为最为平和的维权手段,对维护中小投资者合法权益有着重大意义。这不仅需要我们强化调解内功,还需最大限度地发挥仲调对接、诉调对接的作用,紧密联动,高度配合,使金融法律制度和监管措施不断完善。

案例5:融资融券业务通知告知机制案例

华泰证券课题组*

一、研究背景分析

(一)案例切入

2013年吴某某于某证券公司申请并开立了融资融券账户,手续齐全符合标准。

2019年5月6日吴某某信用账户维持担保比例在盘中跌破130%,证券公司当日多次拨打客户留存的联系电话,但未能联系到客户;后通过手机短信发送相关情况给客户,并进行追保。截至当日收盘,客户信用账户维持担保比例低于130%,实际为118%,客户未作任何处理。

2019年5月7日证券公司再次多次拨打客户留存的联系电话,仍未能联系到客户,后又通过短信将追加维持担保比例的相关规则发送给客户。至当日收盘,客户信用账户维持担保比例低于140%,实际为124%,客户仍未作任何处理。

2019年5月8日证券公司启动强制平仓流程,按照相关规则卖出客户信用账户部分股票,直至其账户维持担保比例达到150%。证券公司于2019年5月8日开市前和平仓结束后,多次拨打客户电话仍未能联系到客户,再次向客户发送相关短信进行提示和告知。

2019年5月9日证券公司通过EMS将客户信用账户平仓结果和风险提示等相关信息,邮寄至客户留存的联系地址。

---

* 课题负责人:顾成中,华泰证券合规法律部总经理;课题组成员:吴加荣、高颖、刘照、周文威,华泰证券合规法律部员工。

吴某某认为,营业部未能及时通知其相关情况,擅自平仓存在过失,提起投诉,要求赔偿。该纠纷后续将进入第三方调解阶段。

(二)案例简析

上述纠纷案件并非个例,在证券公司融资融券业务开展过程中,尤其是在平仓前追加保证金的通知告知机制运转中,常常存在证券公司已切实履行通知告知义务而客户主张未收到通知信息的情形。外部规则针对证券公司在开展两融业务中的信息通知告知渠道与强度并未作出明确具体要求,证券公司依据与客户签订的业务合同的约定履行通知告知义务是否能被认定为充分勤勉尽职的标准不甚清晰。因此,证券公司信息通知告知情况成为证券公司两融投资者投诉的常见投诉原因之一,由于追加保证金通知与客户是否追加足额保证金或是否因未能追加足额保证金而被强制平仓有紧密联系,使之成为最常见两融投诉之一。

二、证券公司融资融券业务通知告知机制及实施基础

(一)通知告知机制

根据我国《证券公司监督管理条例》的规定,证券公司向客户融资融券时,客户应当交存一定比例的保证金。保证金可以用证券充抵。客户交存的保证金以及通过融资融券交易买入的全部证券和卖出证券所得的全部资金,均为对证券公司的担保物,应当存入证券公司客户证券担保账户或者客户资金担保账户并记入该客户授信账户。①

在我国现行法律框架下,客户证券担保账户内的证券和客户资金担保账户内的资金为信托财产,证券公司不得违背受托义务侵占客户担保账户内的证券或者资金。除了法规另有规定或与客户依法另有约定,证券公司不得动用客户担保账户内的证券或者资金。② 客户作为信托委托人,有权了解其信托财产的管理运用、处分及收支情况,并有权要求受托人作出说明。③ 因此,证券公司有义务在与客户依法约定的情形下,向客户就其担保物的处分、管理运用进行通知、告知。

① 《证券公司监督管理条例》第52条。

② 《证券公司监督管理条例》第53条。

③ 《信托法》第20条。

此外,我国《证券公司和证券投资基金管理公司合规管理办法》中还规定了证券基金经营机构开展各项业务,应当合规经营、勤勉尽责,坚持客户利益至上原则。① 在融资融券业务当中,如何切实充分履行通知告知义务无疑是衡量证券公司是否勤勉尽责的重要标准。

目前,我国融资融券业务相关规则就证券公司融资融券业务开展过程中的通知、告知工作安排设置了相对完备的机制要求,建立起了从法规、规章到自律规则的规则体系。笔者从需通知告知情形、通知告知内容、通知告知形式三个方面梳理了目前我国证券公司融资融券业务监管体系下的通知告知机制(见表 1)。

表 1　我国证券公司融资融券业务监管体系下的通知告知机制

需通知告知情形	通知告知内容	通知告知形式
融资融券业务合同签订②	告知客户权利、义务及风险,特别是关于违约处置的风险控制安排③	书面确认融资融券交易风险揭示书④
客户维持担保比例低于最低维持担保比例⑤	当客户担保物价值与其债务的比例低于规定的最低维持担保比例时,通知客户在一定的期限内补交差额⑥	通过融资融券合同明确约定追加保证金的通知方式⑦
客户因自身债权债务原因,导致其资产被冻结、查封、划扣等重大事项⑧	告知客户其资产因其自身债权债务原因被冻结、查封、划扣等⑨	有效途径

① 《证券公司和证券投资基金管理公司合规管理办法》第 6 条。

② 《证券公司融资融券业务管理办法》第 15 条规定,证券公司与客户签订融资融券合同前,应当采用适当的方式向客户讲解业务规则和合同内容,明确告知客户权利、义务及风险,特别是关于违约处置的风险控制安排,并将融资融券交易风险揭示书交由客户书面确认。

③ 参见《证券公司融资融券业务管理办法》第 15 条。

④ 同上。

⑤ 参见《证券公司监督管理条例》第 54 条。

⑥ 参见《证券公司监督管理条例》第 54 条、《证券公司融资融券业务管理办法》第 26 条、《证券公司融资融券业务试点内部控制指引》第 15 条。

⑦ 参见《证券公司融资融券业务管理办法》第 13 条。

⑧ 《证券公司融资融券业务试点内部控制指引》第 18 条规定,证券公司应当采取有效措施,保障客户资产的安全……(四)客户因自身债权债务原因,导致其资产被冻结、查封、划扣等重大事项时,证券公司应当及时通知客户。

⑨ 同上。

续表

需通知告知情形	通知告知内容	通知告知形式
告知客户融资、融券的收费标准及其变动情况	融资融券的利率与费率、融资,①融券收费标准及其变动②	有效途径
	可充抵保证金的证券的种类及折算率、客户可融资买入和融券卖出的证券的种类、保证金比例和最低维持担保比例③	通过营业场所、公司网站或者其他便捷有效方式公示④

(二)合同约定中的通知、告知义务

对于适用于全体融资融券业务客户的事项如融资融券利率与费率、融资融券收费标准及其变动、可充抵保证金的证券的种类及折算率、客户可融资买入和融券卖出的证券的种类、保证金比例和最低维持担保比例等业务指标,证券公司通常依据监管要求通过其营业场所、官网等进行公示,并通过融资融券业务合同约定上述公示的通知、告知送达效果。

对于类似追加保证金、融资融券授信额度及交易手续费等仅适用于特定客户事项的通知、告知方式,监管规则未进行明确要求,仅规定证券公司应在融资融券业务合同中与客户就追加保证金的通知方式进行明确约定。对于上述未有明确通知方式要求的信息,证券公司与客户常见的约定通知方式包括通过证券公司交易系统通知、电话通知、手机短信通知、EMS 邮寄通知等。此外,证券公司通常同时在融资融券业务合同中与客户约定相关通知、告知以证券公司在一定条件下单方作出通知、告知动作即视为通知、告知送达。

由此可见,证券公司融资融券业务相关通知、告知机制的建立与实现在很大程度上依赖于融资融券业务合同的约定,因此,此处便不得不提及证券公司融资融券

① 《证券公司融资融券业务试点内部控制指引》第 13 条规定,证券公司应当在符合有关规定的基础上,根据自身营运成本、市场状况以及客户资信等因素确定融资融券的利率与费率,并通过营业场所、公司网站或者其他便捷有效方式公示。

② 《证券公司融资融券业务管理办法》第 45 条规定,证券公司应当通过有效的途径,及时告知客户融资、融券的收费标准及其变动情况。

③ 《证券公司融资融券业务试点内部控制指引》第 14 条规定,证券公司应当在符合有关规定的基础上,确定可充抵保证金的证券的种类及折算率、客户可融资买入和融券卖出的证券的种类、保证金比例和最低维持担保比例,并通过营业场所、公司网站或者其他便捷有效方式公示。

④ 参见《证券公司监督管理条例》第 53 条、《证券公司融资融券业务管理办法》第 26 条、《证券公司融资融券业务试点内部控制指引》第 15 条。

业务合同作为格式合同在条款效力及合同解释方面的问题。

(三)合同格式条款的适用

1. 格式条款效力

根据我国《合同法》第40条的规定,提供格式条款一方免除其责任、加重对方责任、排除对方主要权利的,该格式条款无效。这一规定无疑对证券公司提供的融资融券合同范本提出了更高要求。

2. 格式条款解释

证券公司通常通过格式条款与客户约定,相关通知、告知行为在证券公司单方完成通知、告知行为后,即视为已送达,发生送达效力,而无论客户是否实际接收成功。在我国现行法律框架下,证券公司作为格式条款提供方需采取合理的方式提示客户关注上述通知、告知送达效力的相关约定,根据客户的要求对相关条款予以说明。①

证券公司除负有解释义务外,还需兼顾监管规则对于通知方式的其他要求,如"通过有效途径"。因此,证券公司在对通知、告知条款与送达效力条款向客户进行充分解释的同时,还应在通知、告知方式条款约定上充分考量通知、告知途径的有效性,以确保针对相关格式条款的解释工作有理有据。

三、相关行业实践启示

融资融券业务属于保证金交易范畴,目前,我国法律允许的保证金交易种类并不多,其中外汇保证金交易仍处于法规禁止状态,②与融资融券业务模式颇为相近的是期货行业中的保证金交易业务模式。以下将尝试分析期货行业保证金交易,主要论述期货保证金的法律性质及平仓通知要求,以期为融资融券业务尤其是平仓前通知告知义务的履行提供借鉴启示。

---

① 我国《合同法》第39条规定,采用格式条款订立合同的,提供格式条款的一方应当遵循公平原则确定当事人之间的权利和义务,并采取合理的方式提请对方注意免除或者限制其责任的条款,按照对方的要求,对该条款予以说明。

② 参见《中国证监会、国家外汇管理局、国家工商行政管理局、公安部关于严厉查处非法外汇期货和外汇按金交易活动的通知》。

（一）期货保证金法律性质

我国《期货交易管理条例》将期货交易中的保证金定义为："期货交易者按照规定交纳的资金或者提交的价值稳定、流动性强的标准仓单、国债等有价证券，用于结算和保证履约。"[①]但是这一定义并未明确期货交易中期货保证金的法律性质，虽然"保证金"在名称上与保证等法律定义接近，但我国期货法起草组组长、全国人大财经委副主任委员尹中卿指出："现行《期货交易管理条例》规定了保证金分级所有、具有履约担保性质，与物权法和担保法中有关保证、抵押、质押等规定以及传统民商法理论不一致，司法实践中对保证金利息的归属问题存在争议，需要明确保证金的法律属性。"[②]

对此，有学者进一步提出："保证金优先用于期货交易履约，不因交易者或存管银行自身其他债务被查封、冻结或者强制执行显然是强调了保证金的完全独立性（信托财产独立性），而非现行期货法规所规定的片面独立性。可见，未来的期货法有可能将客户交易保证金的法律性质规定为信托财产。"[③]尽管目前我国的期货法仍未颁布，尚无法确定期货保证金是否属于信托财产，但"鉴于融资融券交易中的保证金与期货交易中的客户交易保证金在缴存目的、保证金标的、杠杆效应、保证金分类以及法律效果等方面并没有本质的区别"，[④]从实务角度出发，期货保证金业务中通知告知机制仍然对融资融券业务通知告知机制有着相当程度的借鉴意义。

（二）期货行业平仓通知要求

在期货交易中，期货公司并不负有通知义务或举证自己是否已经通知的义务。我国《期货交易管理条例》第 34 条第 2 款规定，"客户保证金不足时，应当及时追加保证金或者自行平仓。客户未在期货公司规定的时间内及时追加保证金或者自行平仓的，期货公司应当将客户的合约强行平仓，强行平仓的有关费用和发生的损失由客户承担"。这实际是以投资者自行查询取代了期货公司的通知义务，以期货公司规定的时间视为对投资者已通知的情形。[⑤]

---

① 《期货交易管理条例》第 81 条。

② 参见尹中卿：《我国期货立法的难点问题》，载和讯网：https://m.hexun.com/futures/2014-05-28/165220438.html，最后访问日期：2019 年 7 月 10 日。

③ 樊健：《论客户期货交易保证金的信托法律构造》，载《法学》2019 年第 2 期。

④ 同上。

⑤ 符启林主编：《证券法·理论·实务·案例》，法律出版社 2007 年版，第 302 页。

同时,最高人民法院《关于审理期货纠纷案件若干问题的规定》第 36 条第 2 款规定:"客户的交易保证金不足,又未能按期货经纪合同约定的时间追加保证金的,按期货经纪合同的约定处理;约定不明确的,期货公司有权就其未平仓的期货合约强行平仓,强行平仓造成的损失,由客户承担。"这一规定实质上呼应了期货交易中强制平仓作为期货公司义务的设定,即便在约定不明确的情况下,也赋予了期货公司强行平仓的权利,从而满足了我国《期货交易管理条例》中对期货公司"应当平仓"的制度要求。

(三)对比辨析

从期货行业的监管规定与最高人民法院司法解释出发,期货平仓在保障期货公司强行平仓的权利的同时,也强调了期货公司平仓需首先按照与投资者签署的期货经纪合同执行,即赋予了期货公司与投资者以充分的自由协商空间,督促双方严格依照合同条款进行期货交易业务。这一回归合同条款本源的做法无疑也适用于证券融资融券业务,即强调证券公司对双方融资融券业务合同规定内容的充分履行。

四、判例实证研究

虽然目前最高人民法院尚未针对融资融券纠纷审理提出专门的司法解释及意见,但从以往法院判例中可以窥见具体纠纷责任分配与证券公司对双方融资融券业务合同规定内容是否充分履行的重要关联。

(一)缪某诉 A 证券案

在缪某与 A 证券及下辖营业部融资融券交易纠纷案中,深圳市中级人民法院在严格审核了 A 证券平仓前通知告知义务的履行情况后,驳回了投资者缪某的诉请。

案情如下:投资者缪某信用账户的维持担保比例在 2015 年 7 月 8 日跌至 126%,A 证券营业部于当日 16 时 30 分通过邮件方式(A 证券为融资融券客户配置了对应个人邮箱)通知客户于下一交易日上午 9 时 30 分前追加担保品或偿还部分负债,如届时维持担保比例仍低于平仓线 130%,将实施平仓。由于缪某未能及时追加担保品或偿还部分负债,A 证券于次日上午 10 时 8 分进行了强制平仓,卖出部分股票。缪某提出其留存手机号码为服务经理所填写，并非其个人手机号码，且营业部并未给予邮箱密码，其无法知悉邮箱内容，因此其认为A证券及营业部未履行强制平仓前的通知告知义务，未尽到受托人责任而损害其财产权，提起诉讼，要求赔偿。案件一审由深圳市罗湖区人民法院判决缪某败诉，缪某不服，向深圳市中级人民法院提起上诉。

针对案件情况，深圳市中级人民法院认定A证券已充分履行通知告知义务，符合双方合同约定，不存在未尽到受托人责任而损害投资者财产权情形，理由有以下四点：（1）缪某负有及时了解账户动态的义务。双方合同中明确规定缪某应根据交易情况及时追加保证金以降低平仓风险，同时缪某也在合同中承诺随时了解自己的账户状态，接受通知，关注公告，在融资融券过程中始终承担注意义务。（2）营业部已就跌破平仓线、追加担保物及平仓结果实施了通知、告知行为。双方合同约定营业部可通过电子信箱、短信、电话、官网公告及柜台签收五种方式进行通知，且营业部已于2015年7月8日收市后向缪某的电子邮箱发送了追加保证金的通知。（3）该电子邮箱确为缪某所使用。在双方签署的电子邮箱服务协议、客户回访记录中，缪某均已确认用于通知联络的电话号码和电子信箱正确无误；缪某称其没有收到电子邮箱的密码，但其未提供A证券未提供密码的证据。（4）双方未约定追加保证金期限。从2015年7月8日收市通知到7月9日开盘后10时8分强制平仓，缪某有充分的时间追加保证金。故A证券在2015年7月9日开市后对缪某的账户进行强制平仓没有违反双方约定。

（二）缪某与A纠纷的监管角度解读

缪某与A证券之间的纠纷除作为司法诉讼获得法律裁决外，还曾作为投诉纠纷典型案例被证券监管机构进行分析解读，监管机构对于证券公司在本案例中是否充分履行通知告知义务的观点与法院不尽相同。

当地证监局曾就“融资融券客户适当性管理不符合规定、强制平仓投资者保护不到位”情况予以通报，其中指出个别券商存在“强制平仓时未充分保护投资者合法权益”的问题，如“没有为投资者预留必要的补充担保物时间。如对于信用账户维持担保比例T日低于130%的客户，有证券公司T日收市后通知客户在T+1日9时30分前补足担保物，客户很难在规定期限内通过转入现金、股票或了结部分负债等方式提高维持担保比例。”在认定证券公司是否充分履行通知告知义务方面，在本案中,监管机构从证券公司勤勉尽责出发,对证券公司在合同约定的基础上提出了更高要求。

(三)其他

此外,对于如何判定证券公司是否充分履行了通知告知义务,有法官提出:“证券公司对于通知义务的履行,作出了有利于自身的约定,只要其通过任何一种方式送达通知即视为其已履行。该通知条款能否适用?笔者认为,首先,应区分通知的内容,若通知的内容直接导致客户权利义务重大调整及变更,仅用单一方式或在未得到客户回复等明显怠于告知的情况下,不能视为通知送达。”①

这一系列法院判例、监管通报以及法官观点表明,在证券公司是否充分履行通知告知义务这一问题上,法院与监管部门对格式合同、格式条款的履行有着一套虽不尽相同但却均注重落实效果的实质判断标准。

五、完善我国融资融券通知告知机制的建议

融资融券通知告知机制除证券公司与投资者这两方直接参与的主体外,还包括了监管机构、自律组织、人民法院等通过行政监管、法律审核参与到机制中的相关主体。(见图 1)与此同时,机制的运转,在满足当时法律法规和公平原则要求之余,还深受当时社会及经济发展水平的影响。这一影响最明显的体现在当时投资者的认知以及当时监管部门的细化要求上,这是一个动态的渐进发展过程。如何让这个过程更为规范化,需要机制中各方的合力共进。在科创板设立及注册制改革试点之际,人民法院,尤其是以上海金融法院为代表的金融专门法院及法庭的作用显得尤为重要,其不仅仅是作为科创板等一系列金融案件的集中管辖机构,更是最高人民法院与证监会提出的证券纠纷化解机制示范判决的重要实施载体。

① 尚晓茜:《融资融券交易纠纷中的格式条款适用》,载《人民司法(案例)》2017 年第 20 期。

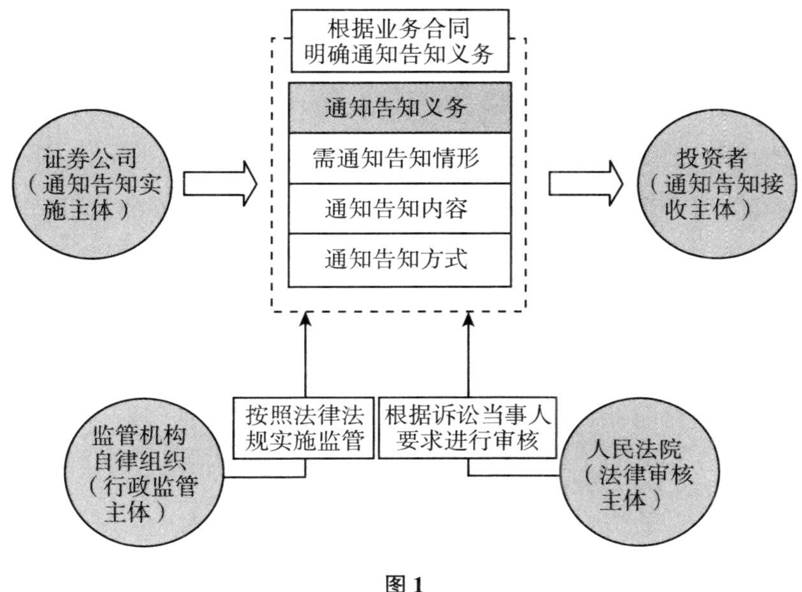

图1

（一）充分发挥金融法院司法指引功能

2018年4月第十三届全国人民代表大会常务委员会第二次会议通过《关于设立上海金融法院的决定》，我国第一家金融法院落户上海。金融法院通过对部分复杂典型金融纠纷的专业裁判提升金融审判的司法公信力，以判决书中蕴含的交易规则引导金融交易实践，有利于维护金融业的健康发展，从司法层面落实国家的金融监管目标。

在融资融券业务投资者通知告知机制运转中，应充分发挥金融法院的司法指引功能，出台融资融券业务通知告知事项相关规则使用的示范判决，通过引入以强化法律责任机制运用为目标的金融司法作为治理工具，与金融监管形成全方位、多层次的综合治理体系，为证券公司融资融券业务通知告知机制的建立提供司法指引，促进证券公司与客户间权利义务的厘清与合理分配，为实践中证券公司与客户因两融通知、告知机制引发的纠纷解决提供思路指导。

（二）增强监管机构、自律组织细化指导作用

对于通知告知机制的运转，司法机关可以通过诉讼审判的方式提出审核意见，但是在实务中，诉讼审判的指导意义往往会因为诉讼审理周期较长、公开案件数量较少而难以及时针对市场动向给出明确的意见。相较而言，监管部门与自律机构

天然地具有更为贴近金融市场的特性,可以借助监管规则、监管通报、行政监管措施、自律规则等一系列途径对金融市场进行更为细化、更为柔性的监管及指导。

结合融资融券业务投资者通知告知机制,应当寻求在法律框架内构建细化监管规则、自律规则,规则的细化完善对于机制运转有着直接的优化作用,借助公开的规则,一方面,可为证券公司履行相应职责提供了更为具体的标准,进一步提升证券公司勤勉尽责程度;另一方面,通过细化标准的公开也让投资者能够及时准确地获知机制运转中己方的权利义务范畴,提高投资者对于融资融券业务开展各细节的了解程度,进一步落实投资者教育。在规则细化的同时,前文提及的监管通报方式无疑也是监管部门监督机制运转的有力抓手,同时也是最具有时效性的举措,能够充分结合某一阶段内金融市场主体通知告知义务履职情况进行针对性的监管,及时纠偏。

(三)深化落实证券公司通知告知义务履行要求

机制的优化运转在借助上述各主体合力推进的同时,关键还在于证券公司的履职落实情况。尽管证券公司融资融券业务合同对于通知、告知送达效果常约定为证券公司通过合同约定的一种或多种方式发出公告或通知视为通知已送达,即证券公司作出通知告知动作后已根据合同双方约定履行了相关通知告知义务。但是,为了避免出现仅使用单一通知方式且未能成功联系投资者情形进而引发法院、监管等外部机构产生公司未能充分履行通知告知义务的误解,证券公司可以考虑从以下方面完善自身通知、告知建设机制:

1. 细化内部操作要求,防范追保过程中仅使用单一通知方式且未能成功联系客户后,怠于采取多种联系方式的情形。考虑金融行业的行业特殊性,证券公司从勤勉尽责及投资者保护的角度出发可尝试丰富单一的通知告知事项的通知渠道,采取两种及以上方式开展通知、告知工作,一方面,能进一步充分履行通知告知合同义务,另一方面,也能加强与客户联系完善服务体系、增加客户黏性。

2. 强化沟通留痕要求,切实做好重大信息通知、告知的沟通留痕工作。随着通信水平的不断提高,除业务合同约定的通知告知渠道外,微信、QQ等即时通信工具在日常业务开展中的使用频率逐渐增高,尽管微信、QQ等通信工具并非合同中明确规定的通知告知方式,但此类更符合日常沟通习惯的通信信息能够在一定程度上佐证证券公司在通知告知义务履行上的积极性与主动性。

3. 提升交易系统通知效果,探索通过电子签名等方式完善线上通知、告知留痕机制。随着科技赋能的深入发展,移动终端交易系统(如各券商 APP)的投资者使用率占比不断增加,通过移动端交易系统掌握自身证券投资交易情况已逐渐成为目前证券行业投资者的日常做法。鉴于此,证券公司可逐步优化移动端交易系统在融资融券业务通知、告知机制中的效用,把握通知、告知义务履行与客户交易体验中的平衡点,探索对客户通过电子签名点击确认通知、告知内容等方式,强化线上通知留痕效果。

案例6:纠纷调解中小额速调机制案例

余万彪*

一、小额速调机制概述

(一)小额速调机制建立的背景

2018年11月13日最高人民法院、中国证券监督管理委员会联合印发《关于全面推进证券期货纠纷多元化解机制建设的意见》(法〔2018〕305号,以下简称《意见》),这是自2016年最高人民法院和中国证券监督管理委员会联合下发《关于在全国部分地区开展证券期货纠纷多元化解机制试点工作的通知》(法〔2016〕149号)以来,再次通过部门规章的形式,让人民法院与证券期货监管机构、调解组织加强协调联动,充分发挥纠纷多元化解机制的作用,依法、公正、有效化解证券期货纠纷。在此背景下,证券期货领域纠纷多元化解机制在全国各地区得到快速推广,小额速调机制也得到了推广和发展,尤其在证券期货纠纷数量激增的地区,高效地运用小额速调化解了该领域的纠纷,维护了投资者的合法权益和资本市场的稳定有序发展。

2016年1月5日投服中心与北京地区81家证券公司、327家营业部签署了关于促进北京地区证券纠纷解决的工作备忘录,在北京地区试点推出证券纠纷解决小额速调机制,本次在北京地区试点推出小额速调机制中明确,由与投服中心签署备忘录的证券经营机构作出承诺,在金额5000元以下的纠纷调解中自愿接受投服中心的调解结果并自觉履行,这为小额速调机制在全国推广作出了先行示范。

---

* 中证中小投资者服务中心福建工作站职员。

小额速调机制的构建符合《意见》的灵活便民原则,即通过着眼于纠纷的实际情况,灵活确定纠纷化解的方式、时间和地点,尽可能方便投资者,降低当事人解决纠纷的成本。

(二)小额速调机制构建的意义

一是有利于维护投资者和经营机构双方的利益。从投资者方面来看,能充分体现对中小投资者的倾斜保护。中小投资者在信息、资金、技术、权利救济、证据收集等方面处于弱势地位,制定向中小投资者倾斜的工作机制,是自律组织及市场参与主体的共同职责。小额速调在程序上作出对经营机构及上市公司具有单边约束力的调解结果,实质是对中小投资者的倾斜保护。从经营机构方面来看,能减轻经营机构纠纷处理的压力。证券期货纠纷中有相当一部分是小额纠纷,这类纠纷一般案情简单、权责明确、请求金额较少,投资者对纠纷诉诸诉讼的动力小,这类纠纷更适宜调解解决且对于效率的要求也更高。对证券期货经营机构来说,在解决纠纷时,需派出业务部门、合规部门等相关部门的工作人员长期跟进案件,占用了其大量的时间和人力资源。运用小额速调程序解决此类小额纠纷,能较大减轻经营机构纠纷处理的压力。

二是有利于节约调解资源。小金额的纠纷对各方利益影响较小,在此情况下,如能快速的解决纠纷,能够让调解员将时间精力用在更复杂的案件,降低占用的调解资源,甚至可以避免纠纷扩展至证券监管部门、司法部门等机关,节约社会资源。

三是有利于维护资本市场的稳定有序。在资本市场领域投诉纠纷快速增长的背景下,对有关矛盾纠纷如果控制不好,将使正常的证券、期货市场秩序受到破坏,最终影响资本市场的健康发展,如果小额纠纷产生的矛盾持续扩大,不仅不利于资本市场的有序发展,甚至可能影响社会稳定,将标的额较小的证券、期货纠纷通过小额速调机制解决在萌芽状态,能够有效地维护资本市场的健康有序发展。

二、小额速调机制案例分析

(一)小额速调机制的典型案例

2014 年 3 月投资者 K 购买了 M 证券公司“某集合资产管理计划”产品,公司在宣传该产品时明确表示“不直接投资二级市场”。2014 年 5 月沪深交易所出台交易新规,管理人需增大对二级市场的投资。2015年8月该产品发放投资红利后,K又追加了投资。2015年11月,该基金净值亏损,K认为M公司在投资者不知情的情况下自行决定增大对二级市场的投资,严重违背了之前承诺,要求M公司赔偿其损失。M公司认为,其投资二级市场是因遵循交易新规的规定,K后来已知晓该情况仍追加投资,因此,在计算K损失时应将其获利金额合并计算;但K认为,其投资收益是合理获利,在计算自身损失数额时应予剔除。双方各执一词,纠纷久拖未决,K遂向服务中心申请启动调解程序。

在中国证监会派出机构指导协调下,调解员对双方争议点进行了系统的法律分析。首先,在责任判定上,根据我国《民事诉讼法》和最高人民法院《关于民事诉讼证据的若干规定》的有关规定,M公司因监管部门出台新规而变更投资策略,属于法律规定的可变更合同理由,但并不能免除其应当履行的告知义务,而M公司没有通知K该情况,其行为存在瑕疵;同时,K事实上已知晓该产品投资于二级市场却仍追加投资,也有一定责任。因此,参照以往司法判例并结合公平原则,认定M公司和K分别承担70%和30%的过错责任。其次,在损失数额计算上,调解员根据最高人民法院相关审判指导意见中提出的损益相抵原则,认为K的投资收益在计算损失时应合并计算。最后,调解员提出将K的总损失金额扣除投资收益,再乘以70%的过错责任比例,即为M公司赔偿金额的调解方案。K表示认可该方案,因北京辖区经营机构均签署了适用小额速调机制的合作备忘录,该方案自动对M公司发生效力,双方签署调解协议并现场履行。

(二)案例启示

本案是证券期货市场首例适用小额速调机制的调解案例。在实践中,许多金额不大、案情简单的调解纠纷久拖未决,既占用调解资源,又耗费双方当事人的时间精力。基于此,投服中心借鉴国际经验,创新实行了倾斜保护中小投资者的小额速调机制,即针对诉求金额较少(实践中主要为金额在5000元以下,个别地方在50,000元以下)的证券期货纠纷,市场机构通过自律承诺、自愿加入、签署合作协议等方式,作出配合调解工作的承诺:一是只要投资者提出申请,机构积极配合调解工作;二是调解协议只需投资者同意,机构无条件接受并自觉履行;三是如投资者不同意调解结果,则调解协议对争议双方均无约束力,投资者可寻求其他救济途径。

小额速调机制为纠纷解决和投资者快速获得赔偿提供了新路径,提高了调解效率,对行政救济、司法救济等投资者维权途径起到了有益补充作用。

(三)小额速调机制存在的相关问题

1. 立法供给不足和立法层次不够。目前,中国证监会关于纠纷调解的部门规章主要是与最高人民法院联合发布的《意见》,其仅对纠纷多元化解机制进行概括性指导,对于其中的调解组织建设、调解员队伍建设等方面均未明确。目前,小额速调机制主要是当地证券监管部门、地方协会、投服中心、证券期货经营机构等组织签订合同,以合同的形式建立相关制度,并且每个省、自治区、直辖市在小额速调机制的构建方面存在不一,没有形成全国一盘棋的局面,不利于小额速调机制的构建和推广。

2. 各地区分别构建的小额速调机制不利于经营机构统一纠纷解决。很多证券、期货经营机构在全国展业,根据现行的协议,主要是经营机构总部与当地调解组织签订协议,当小额纠纷发生在非总部经营机构的省份时,难以适用。例如,A经营机构总部与当地B省份调解组织签订小额速调协议,但A经营机构在C省份营业部与C省份的投资者发生纠纷时,C省份的调解组织该如何适用小额速调机制,没有规定尤其在经营机构全国展业的情况下,此类问题及纠纷数量将不断增加。

3. 小额速调机制对经营机构的利益保障不全面。目前各省、自治区、直辖市签订的合同,对经营机构具有部分强制性,只要投资者对调解结果能够有认可,经营机构必须执行。在此情况下,经营机构在小额速调中的救济途径难以保障,这也违背调解中的调解双方平等原则,不利于提高经营机构参与调解的积极性。

三、小额速调机制构建的建议

小额速调在行政监管部门、投服中心或地方调解组织中都处于深索阶段,对于后期是否适合建立长效机制需要在实践中检验,目前尚未建立小额速调相关制度,部分零碎的制度是建立在相关调解组织与经营机构签订的协议上。针对上述案例以及小额速调存在的一些重要问题进行梳理,提出以下建议。

(一)全国建立统一的小额速调制度

一是在小额速调制度法律制度构建方面,要建立小额速调的规章制度,最高人民法院、中国证券监督管理委员会联合印发的《意见》对纠纷调解的作出了宏观的指导,但有关调解的明细仍然需要证监会等有关部门通过立法进一步明确,让纠纷调解,尤其是小额速调能够得到法制保障,维护小额速调的权威性、稳定性。

二是明确小额速调的指导单位,在投服中心建立后,各省均建立了调解工作站,地方的纠纷调解形成多部门交杂的情况,在全国层面有投服中心、中国证券业协会、中国期货业协会等组织,但在地方大部分是一个组织,形成“上头多根线,下面一根针”的局面。投服中心、中国证券业协会、中国期货业协会等组织不同的调解制度不利于小额速调机制的构建。因此,建议在中国证监会的统一指导下,各地明确投服中心为小额速调的指导单位,建立统一的纠纷调解制度。

三是科学、合理界定小额速调的范围,目前实行小额速调的地区均以调解标的为唯一界定范围,超出标的值范围的不属于小额速调的案件。但在实际调解中,部分纠纷虽然标的额小,但属于疑难复杂案件,案件涉及利益广泛,甚至可能发展成为难以化解的“钉子户”案件。此虽然属于小额速调案件的范畴,但应及时转化为普通调解,如果涉及违法违规,应及时向有关部门移送案件。在具体案件中,可以参考我国《民事诉讼法》关于审理简易案件的规定,对于事实清楚、权利义务关系明确、争议不大的案件,运用小额速调程序制度,提高调解的成功率。

(二)以地区划分签订小额速调机制

在小额速调中,由于签订主体不一,导致了仅在经营机构签订地的总部所在地适用小额速调机制,在异地经营机构营业部这一主体无法适用,由于每个地区异地经营机构在市场份额、投诉纠纷数量等占有量较大,有必要将这部分群体纳入小额速体制中。因此,在小额速调协议签订范围不断扩大的情况下,应将小额速调协议扩展至非总部机构,这其中包括各地辖区的分公司、营业部等机构。

(三)根据各辖区具体情况划定小额速调中小金额的确定

从各地区签订的小额速调协议来看,小额中的标的额界定在 1 万元、3 万元、5 万元不等,较多的地区将标的额划定为 1 万元。对于具体金额界定多少合适,笔者认为,可以参考我国《民事诉讼法》中对小额诉讼标的相关规定,我国《民事诉讼法》第 162 条规定:“基层人民法院和它派出的法庭审理符合本法第一百五十七条第一款规定的简单的民事案件,标的额为各省、自治区、直辖市上年度就业人员年平均工资百分之三十以下的,实行一审终审。”最高人民法院《关于适用〈中华人民共和国民事诉讼法〉的解释》第 272 条规定:“民事诉讼法第一百六十二条规定的各省、自治区、直辖市上年度就业人员年平均工资,是指已经公布的各省、自治区、直辖市上一年度就业人员年平均工资。在上一年度就业人员年平均工资公布前,以已经公布的最近年度就业人员年平均工资为准。”因此,小额速调的标的额可以根据各省、自治区、直辖市上一年度平均工资的一定比例确定。尤其是北京市、上海市、深圳市等资本市场发达地区与西部经济欠发达地区,在市场规模、投资者数量等方面存在较大差异,小额速调的标的额方面应有区别,这样体现了小额速调制度的科学、合理性。

(四)完善小额速调的救济途径

在全国大部分地区签订的小额速调协议中,只要投资者同意调解结果,经营机构则必须执行,这是证券监管部门利用行政权威制定的相关协议,本意是为了保护投资者,但同时却未顾忌经营机构,挫伤了经营机构参与调解的积极性,也与调解的本质相悖。调解核心是双方平等、自愿,权利义务对等,如果在调解制度设计中带着“有色眼镜”偏向一方,将不利于小额速调制度的构建。因此,调解结果对经营机构的约束力还需弱化,减少有关经营机构强制接受相关协议的条款。当调解组织或者调解员的调解结果明显有悖相关法律法规时,有关经营机构有申请异议,并拒绝接受调解结果的权利,或有权向证券监管部门提出维护自身合法权益的诉求。

(五)小额速调的调解程序

小额速调具有调解时间短暂、程序简单等特点,当调解过程中发现案件可能涉及众多投资者,该案件仅是其中1件,或者其他特殊情况无法适用小额速调时,应及时将案件转至普通调解,细化小额速调转调解的程序规定,以严格的程序保障申请人和被申请人的合法权益。

(六)强化调解员队伍建设

小额速调案件虽然标的额小,但也存在复杂的案件,尤其小额速调在程序上更便捷,这无形中扩大了调解员的自由裁量权,此时,调解员的业务素质、综合素质尤为重要。因此,要不断增强调解员的调解能力,尤其是在各地调解站刚成立不久,部分地区日常调解尚未进入正轨之时,需要健全调解站的工作制度,并严格执行。证券监管部门、投服中心等组织应加强各地区调解员的培训工作,争取在每个省、自治区、直辖市打造一支精练、优秀的调解员队伍。

案例7:某理财产品纠纷调解案例

吴广芬[*]　赵柏松[**]　胡海平[***]

一、案例简介

2016年5月投资者A经他人介绍认识了B证券公司营业部的业务经理C,业务经理C向A表明其公司的理财产品风险低、收益高,机会难得。A随后在C的陪同下,前往C任职的营业部开立了资金账户,并且营业部的负责人告知A:业务经理C是该营业部的明星投资经理,有任何投资需求,直接找C即可。之后,A分3次将共计300万元打入C的个人账户,委托C帮助购买理财产品。2018年1月18日A发现C并未将自己投入的300万元用于购买理财产品,而是全部用于购买了股票。由于行情亏损,A的300万元投资款损失约260万元,A找到B证券公司要求其赔偿全部损失。

二、争议焦点

本案中的争议焦点主要是:首先,投资者A认为业务经理C是B证券公司的员工,C的行为应该是职务行为,应由B证券公司承担相应责任。其次,投资者A认为B证券公司营业部的负责人关于"业务经理C是该营业部的明星投资经理,有任何投资需求,直接找C即可"的表态属于B证券公司的意思表示,B证券公司也应

* 中证中小投资者服务中心调解员。

** 中证中小投资者服务中心纠纷调解部高级执行经理。

*** 中证中小投资者服务中心纠纷调解部高级经理。

承担相应责任。再次,B证券公司认为,A随后分3次将共计300万元打入C的个人账户,但该笔钱从始至终没有到公司账户,该笔资金被挪用于购买股票的损失应由A自己承担。最后,A和B证券公司就赔偿问题进行过多次协商,由于对事实争议较大,A对B证券公司逐渐失去对相互的信任,缺乏调解基础。

三、争议焦点解析

(一)C的行为是否属于职务行为

根据我国《证券法》第146条"证券公司的从业人员在证券交易活动中,执行所属的证券公司的指令或者利用职务违反交易规则的,由所属的证券公司承担全部责任"的规定,因此判断是否属于职务行为是公司承担雇主责任的决定性因素。对于职务行为的认定,目前法律尚无具体的标准。实践中,判断职务行为的标准,不仅取决于是否履行了单位规章制度规定的相关条件和程序,而且应当从职务的范围、实施工作的名义、实施行为的目的判断是否为执行工作任务。职务范围,即是否为员工职责范围以内的权力。名义标准,即该行为的实施是否以"工作"或"职务"名义实施。目的标准,即员工是否是为了单位的利益。

按照以上的标准判断,本案中证券公司业务经理C的行为并不是履行职务。第一,私自接受客户资金,并挪用客户资金用于购买股票的行为超出了员工的职责范围以内的权力。第二,证券公司业务经理C并不是以公司的名义进行操作,而是私下接受客户的资金。第三,证券公司业务经理C并不是以公司获利为目的,而是以自己获利为出发点,证券公司并未获利。

因此,该案件中业务经理C的行为不属于职务行为。

(二)营业部负责人表态是否能代表B公司意思表示

根据我国《民法总则》第61条的规定,依照法律或者法人章程的规定,代表法人从事民事活动的负责人,为法人的法定代表人。法定代表人以法人名义从事的民事活动,其法律后果由法人承受。但对外关系上,法定代表人对外以法人名义进行民事活动时,其与法人之间并非代理关系,而是代表关系,且其代表职权来自法律的明确授权,故不另需法人的授权委托书。

在该案件中,营业部的负责人也即代表该营业部从事民事活动的人,其实类似于法定代表人的角色,其关于业务经理C是该营业部的明星投资经理,有任何投资需求,直接找C即可的表态能代表B公司,是其真实的意思表示。

(三)A将资金打入C个人账户,是否存在过错

在本案中,B证券公司提出抗辩,A将资金转入了C的个人账户,而从始至终B证券公司没有收到投资者A的资金,A的资金也没有进入B证券公司账户,自然不应承担相应责任。就这个角度而言,对B证券的抗辩是应予支持的。投资者A贸然将资金打入C的个人账户,客观上给C挪用其资金创造了便利条件。所以,A也存在一定过错。

(四)如何让AB双方重建信任基础

其间,A和B证券公司就赔偿问题进行过多次的协商,由于B证券公司在事件被发现后,立即开除了C和营业部负责人,导致后期处理问题的人员对于事实情况完全不了解,原参与人员,因为被解雇也不愿参与协商过程,A和B证券公司在事实认定上存在很大差异。加之B证券公司在处理过程中,态度消极,导致事件发生4个月后,双方还处于争执不下的阶段。A对B证券公司逐渐失去信任,精神焦虑,多次拨打“12386”热线、到当地证监局及证监会信访部门进行投诉,调解难度极大。

要推进调解继续进行,必须重新建立双方之间的信任基础。投资者A认为B证券公司没有调解的诚意,缺乏对其产生信任的基础。实践中,一般可以由义务方提前拿出一笔资金作为提存的赔偿金,以显示义务方的诚意,以此来重建双方的信任基础,因此,资金提存公证就是一个不错的选择。提存公证是指公证机关依照法定条件和程序,对义务方交付的提存物进行寄托、保管,并在条件成熟时交付债权人或其他受益人的活动。资金提存公证,也即公证机关对义务方交付的资金进行寄托、保管,并在条件成熟时交付债权人或其他受益人的活动。

综上所述,虽然C的行为不于职务行为,但是后来B证券公司营业部负责人的表态是B证券公司的真实意思表示,所以从这个层面来说,B证券公司应当承担相应责任,只是承担相应责任后还可以向C进行追偿。同时,投资者A将资金转入了C的个人账户,没有尽到审慎义务,客观上给C挪用其资金创造了便利条件,也应当承担部分责任。因此,从过错角度来看,A、B、C都有一定过错,都应承担各自的责任。

四、调解过程

调解员首先找到B证券公司,说明了在本案中营业部负责人和投资经理业务经理C的言行对于投资者来说,就代表了B证券公司的意思表示,故虽然业务经理C后续私自挪用资金炒股的事情属于个人行为,但投资者是出于对B证券公司的信任才将投资款转给业务经理C个人,同时,如果B证券公司先行赔付A,也即先行向投资者A进行垫付,B证券公司也可以取得对A的追偿权,这样既解决了投资者的问题,同时B证券公司也获得了追偿权,也不会承受很大损失。B证券公司在听取了调解员的意见后,表示愿意接受。

对于双方缺乏信任基础的情况,调解员提出了公证提存资金的方式,即由B证券公司在投服中心指定的公证机关专户中存入200万元资金,一旦双方达成调解协议,并且A履行了协议中义务,公证机关可直接将提存资金交付给投资者。该提议得到了投资者的认可,因为200万元资金一旦提存,等于主动权就掌握在了投资者的手中,投资者的情绪得到了很大的安慰。随后调解员马上联系公证处,确认了公证提存所需的各项材料和步骤,因为办理提存的过程投资者和B证券公司需要共同参与,加上此时双方的态度都倾向于解决问题,故办理过程十分顺利,双方对于对方的印象也有很大的改观,为接下来的调解工作打下了良好基础。

在调解正式开始后,调解员对双方争议焦点进行了详细梳理,本案之所以会发生,最根本的原因在于A过于信任业务经理C,直接将投资款转入业务经理C个人账户,客观上给业务经理C挪用其资金提供了便利。但是A信任业务经理C很大原因,在于B证券公司营业部负责人的承诺,对此B证券公司也有不可推卸的责任。A在听完调解员讲解后,逐渐认识到自身的问题,表示以后一定会多多学习投资的相关知识,提高自身的防范意识,同时对于自己应当承担的责任也表示认可。B证券公司看到A作出了让步,也积极表态,从保护投资者的角度出发,虽然A的一部分损失应当由业务经理C来承担,但B证券公司愿意先行垫付A的损失约230万元,A也愿意自行承担约30万元损失,同时A也将对C的追偿权转让给了B证券公司,至此调解协议顺利达成。一起双方纠缠了半年时间未能解决的疑难纠纷,在调解员的耐心讲解,运用公证提存方式后,投服中心仅通过两周时间完美化解双方纠纷。

五、案例启示

(一)证券公司应该加强对员工及其行为的管理

根据我国《证券法》及《证券从业人员执业行为准则》等相关法律法规和自律准则的规定,证券从业人员不得买卖股票和违规代客理财,更不能挪用客户资金。但在实际工作中,此类违规行为时有发生,加强从业人员行为合规管理,避免员工违法违规从事股票买卖是证券公司员工合规管理的重要工作,建议通过开展合规培训、进行合规管理、组织签署廉洁合规承诺书等方式对员工执业行为进行管理。

(二)公司负责人表态要慎重

法定代表人是依法代表法人行使民事权利,履行民事义务的主要负责人,法定代表人表态即是法人的意思表示。

在本案例中,营业部的负责人也即代表该营业部从事民事活动的人,类似于法定代表人的角色,其关于业务经理C是该营业部的明星投资经理,有任何投资需求,直接找C即可的表态构成了B证券公司的真实意思表述,也是导致B证券公司承担责任的主要原因。因此,无论是证券公司还是营业部的负责人,在对外表态的时候一定要慎重,以免给公司或营业部带来不必要的麻烦。

(三)对私转账风险大

在本案中,投资者A贸然将资金打入C个人账户,客观上给C挪用其资金创造了便利条件,因此,A也存在一定过错。从最终的赔偿数额来看,投资者A也承担了约30万元的损失。对于投资者来说,不能贸然轻信所谓的“明星客户经理”等,转账时一定要将资金转入公司账户,以免资金被挪用,也避免产生不必要的麻烦。

(四)重建当事人信任基础方式多

在日常纠纷调解过程中,投资者往往要求先拿到赔偿,才愿意撤诉,履行约定的义务,而机构方则担心赔偿款给付后,投资者不履行调解协议,而机构方对其缺乏有效制约手段。在这种互不信任的氛围下,调解工作往往无法有效开展。针对这种情况,我们需要重建当时人之间的信任基础,主要有以下方式:

1.资金公证提存

资金提存公证方式对于促成调解的优势在于以下几个方面:首先,办理资金提存公证事先需要双方共同签订资金提存协议书,此过程本身就是一个达成共识的过程,可以在正式调解前,使双方信任感逐步建立,创造一个良好的调解氛围;其次,提存方通过存入资金,体现解决问题的诚意,投资者心理上得到一种安慰,更容易与机构方达成和解;最后,公证提存资金对于调解协议的执行也是有效的保障,因为资金提存后,在公证机关监督下,提存方将无法主动反悔,只要投资者完成调解协议规定的义务,就可以直接取得提存资金,更有利于中小投资者利益保护。本案是资本市场纠纷调解中首次使用资金提存公证手段促成调解的案例。资金提存公证手段对缩短调解周期、降低投资者维权成本、提升调解成功率、提高调解权威性以及保障调解执行等方面都具有重要意义。目前,投服中心调解案件中的资金提存公证已经形成比较成熟的机制,对一些双方矛盾比较激化,信任基础薄弱的案件,都可以积极对其进行适用。下一步需要积极强化与公证处的合作,增加对接公证处的数量,以更好地发挥资金提存公证的优势,方便投资者和机构日常纠纷的解决。

2.探索设立调解监管账户

在调解过程中,经常碰到类似情况,有些当事人还曾经提出可以通过建立银行监管账户解决问题。银行监管账户是指企业与银行签订协议,委托银行对指定账户的特定用途资金进行专项管理和使用。因此,资金监管需要买卖双方都在监管银行开设有账户,银行是资金的监管主体,保障双方的资金安全,维护双方的权益。类似网上交易平台如支付通、财付通等支付平台。真正解决了买卖双方在交易过程中互相担心不敢先付款或不敢先付货的问题。因为对于交易商来说,银行可谓是最值得信赖的地方。银行资金监管的介入,对提高交易商双方的诚信度,构建安全交易平台有重要意义。但是,经咨询银行工作人员,银行的业务范围仅限于对于一些简单的法律事实进行认定,如房产交易过程中是否过户等,因此,资金监管账户常见于房产交易中。而对于调解协议的履行等,则需要从实质上去判断义务人是否履行、履行的程度如何以及是否完成履行义务等,所以目前资金监管账户业务暂未开通针对纠纷调解协议履行等的服务。

但是,可以借鉴银行监管账户的模式,在调解过程中,可以探索建立调解监管账户,以解决实践中双方缺乏信任基础的问题。纠纷的双方主体也是类似于“交易商双方”,纠纷双方有债权关系存在。在操作层面,义务方可以与调解机构签订协议,委托调解机构对指定账户的特定用途资金进行专项管理和使用,并将该用途限定为用于赔偿或补偿权利方损失等。只要权利方能按照约定履行相应义务,调解机构就能根据与义务方签订的协议来支付权利方对应的价款。这样,通过建立调解监管账户的模式使双方能较好地重建对彼此的信任,也能达到保障调解协议履行的目的。

案例8:三位投资者与证券从业人员违规代客理财纠纷案例

周俐君*

一、案件回顾

2015年4月三位投资者X1、X2、X3(以下简称三位投资者)在某证券公司经纪人Y某的带领下,先后在该证券公司所属营业部办理了现场开户。经纪人Y某向三位投资者承诺在保证账户本金不亏损的情况下收取盈利的50%作为提成,于是三位投资者在开完账户后,将其交由经纪人Y某代为操作。2015年4月至2017年4月,三位投资者对账户共计投入268万元,结果不但无盈利反而缩水60%多,合计亏损约160万元。2017年12月7日三位投资者中X2代表本人及X1,代理人X4代表X3到投服中心辽宁工作站申请调解,请求某证券公司和其经纪人Y某赔偿其经济损失合计80万元。

二、案件调查与主要争议

(一)案件调查

投服中心在受理本案后,鉴于争议大、标的额较高决定采用普通程序进行调解,并选定三名调解员。调解员先后向某证券公司、经纪人Y某征询争议纠纷情况,并获取开户、交易相关信息以及三位投资者签署的合同等资料。在安排好调解

* 中证辽宁调解工作站调解员。

方式、时间、地点后,依法合规地对纠纷进行了调解。

经调查,三位投资者中X1于2015年4月3日,X2和X3于4月13日在某证券公司所属营业部进行现场开户,依程序填写了开户申请表(自然人)。该申请表的"证券交易开户协议书签署表(以下简称签署表)"项刊载内容为:本人已详细阅读并充分理解某证券公司《自然人证券交易协议书(2010年12月版)》中的《风险提示书》《买者自负承诺函》《上海证券交易所个人投资者行为指引》《权证风险提示书》《证券交易委托代理协议》《指定交易协议书》《风险警示书》《特别风险揭示书》《上海证券交易所投资者教育网站使用介绍》的全部内容,完全同意且接受所有上述协议书的内容和条款,并就此确认,自协议双方在本签署表上签章之日起,上述全部协议生效。同时,签署表项还记有重要提示内容:"证券公司所有员工(包括经纪人,从其公司获取客户开发报酬的任何人员)均不得接受客户的全权委托,若投资者坚持将交易密码或资金密码告知其员工,并委托其办理相关业务,则视为员工个人行为,证券公司不承担任何责任……"对前述事项,三位投资者分别手书,表示对风险告知等相关内容已阅读并完全理解,同时签名确认。之后,调解员又调取某证券公司新开户客户电话回访记录,三位投资者均表示为本人操作,未提出他人代理操作问题。

另据调查,当事经纪人Y某系2014年8月18日某证券公司通过市场化招聘入职,在三位投资者投诉后离职,案件调解时已无固定职业。调解员调取了经纪人Y某就投诉事件向某证券公司的情况说明,除陈述事件经过外,经纪人Y某表示所在营业部领导和同事完全不知晓其接受三位投资者全权委托,此事纯属其个人行为。经纪人Y某表示自己对证券从业人员代客理财的相关法律法规掌握不够深入,导致给某证券公司带来了负面影响,愿意接受处罚。调解过程中,还了解到经纪人Y某在入职某证券公司时所提供的证明材料不实。经与材料出具机构核实,材料不实情况属实,该机构相关人员愿意对此承担一定责任。

(二)主要争议及调解结果

调解员经过分析认为:争议焦点主要体现在以下两方面:一是三位投资者与经纪人Y某及某证券公司之间的关系;二是当事三方责任的认定及划分。

1. 三位投资者与经纪人Y某之间存在委托理财关系

第一,对本案例基本情况进行分析,其符合委托理财的法律特征。主要表现在:在投资领域方面,本案当事人投资的是证券类金融性资产,并且本案是因证券市场领域中的委托理财行为而引发纠纷;在合同主体方面,本案是证券公司的经纪人作为受托人的委托理财活动而引发的委托理财纠纷案件;在合同内容方面,本案与保底收益有关;在纠纷起因方面,本案是因委托资金遭受损失而引发委托理财纠纷。

虽然本案例双方并未签订书面的委托合同,但三位投资者分别以自己的名义开设完资金账户和股票账户后,委托经纪人 Y 某从事了投资管理;经纪人 Y 某亦自认三位投资者将账户及密码告之后有过操作证券账户的事实,便有理由认为三位投资者与经纪人 Y 某存有有偿的口头委托理财情况属实;且法律对委托也并未规定必须为要式合同,因此,可以认为三位投资者委托经纪人 Y 某之间存在委托理财合同关系。[②]

第二,关于双方委托理财约定的效力。由于经纪人 Y 某为证券公司经纪人,其私下接受三位投资者委托操作股票买卖违反了《证券法》等的相关强制性、禁止性规定,故三位投资者与经纪人 Y 某之间的委托理财合同属于无效合同。

第三,双方“保本”约定无效。保本约定原本建立在双方委托理财约定的基础上,具有从合同性质,现委托理财的主约定已属无效,则作为从合同的保本约定也应为无效;从法律层面来说,进行保本约定属于当事人意思自治范畴,但其在经济层面上却具有明显的信用投机色彩,众所周知证券市场存在有较高风险、不存在绝对只盈不亏的情形,通过意思自治的法律安排将投资风险完全分配给受托人、委托人只盈不亏,不仅有悖于委托代理制度的法律规定,也有违民商法的公平原则,更是违背市场基本规律。由此该保本约定也应属无效。

第四,经纪人 Y 某的行为属于违规代客理财行为。代客理财是指证券公司员工私下接受客户委托,擅自代理客户从事证券投资理财的行为。[③]在本案例中,经纪人 Y 某擅自接受客户委托,并约定分享投资收益,其行为已经构成代客理财行为,违反了《证券法》、《证券公司监督管理条例》、《证券经纪人管理暂行规定》、《证券经纪人执业规范(试行)》及《证券从业人员执业行为准则》的禁止性规定。

2. 三位投资者与某证券公司之间不存在全权委托关系

全权委托,又称概括性授权,是指投资客户授权经纪公司或其从业人员自主决定处理投资客户账户的下单买卖事宜,每笔具体交易无须再由投资客户授权。

本案例中经纪人 Y 某的行为系非职务行为,[4]不存在代理某证券公司接受三位投资者的全权委托行为。在实践中,判断职务行为的标准不仅取决于是否履行了单位规章制度规定的相关条件和程序,更应当从职务的范围、实施工作的名义、实施行为的目的判断是否为执行工作任务。首先,本案件中经纪人 Y 某接受客户“全权委托”、代客理财的行为不但不是某证券公司的业务范围,更是法律禁止的,证券公司的工作人员更没有这样的职权进行代理操作;其次,经纪人 Y 某并不是以公司的名义进行操作,而是私下接受三位投资者的委托;最后,经纪人 Y 某并不是以公司获利为目的,而是以自己获利为出发点。由此可见,经纪人 Y 某的行为不是职务行为,不能构成代理证券公司接受全权委托的说法。因此,《侵权责任法》第 34 条规定的“用人单位的工作人员因执行工作任务造成他人损害的,由用人单位承担侵权责任”对某证券公司不适用,某证券公司亦不应承担雇主责任。

需要特别关注的是,在本案例中,某证券公司已在签署表中向三位投资者明确告知:“某证券公司所有员工(包括经纪人,从其公司获取客户开发报酬的任何人员)均不得接受客户的全权委托,若投资者坚持将交易密码或资金密码告知其员工,并委托其办理相关业务,则视为员工个人行为,证券公司不承担任何责任”。三位投资者签名确认对上述风险告知等相关内容已阅读并完全理解,应视为证券公司已尽到上述内容的告知义务。即便经纪人 Y 某在经办过程中进行了全权委托代客理财,但因三位投资者对某证券公司工作人员不得全权代理事项应属明知,故其不符合表见代理中合同相对人善意且无过失的条件,表见代理法律关系便不成立。[5]且在某证券公司对三位投资者的电话回访过程中,三位投资者均表示为本人操作。因此,某证券公司不存在接受三位投资者全权委托的行为。

3. 当事三方责任的认定及划分

(1)经纪人 Y 某的行为违反了下述法律法规。《证券法》第 143 条的规定,即证券公司办理经纪业务,不得接受客户的全权委托而决定证券买卖、选择证券种类、决定买卖数量或者买卖价格;《证券法》第 144 条的规定,即证券公司不得以任何方式对客户证券买卖的收益或者赔偿证券买卖的损失作出承诺。《证券公司监督管理条例》第 39 条规定,即证券经纪人不得为客户办理证券认购、交易等事项;《证券经纪人管理暂行规定》(以下简称《暂行规定》)第 13 条的规定,即证券经纪人应当在该规定第 11 条规定和证券公司授权的范围内执业,不得替客户办理账户开立、注销、转移,证券认购、交易或者资金存取、划转、查询等事宜;不得与客户约定分享投资收益,对客户证券买卖的收益或者赔偿证券买卖的损失作出承诺。《证券经纪人执业规范(试行)》第20条的规定,即证券经纪人应在《暂行规定》第11条规定和所服务证券公司授权的范围内执业,不得有《暂行规定》第13条禁止的行为;《证券经纪人执业规范(试行)》第32条的规定,即证券公司的员工从事证券经纪业务营销活动,参照该规范执行。《证券从业人员执业行为准则》第6条的规定,即从业人员应自觉遵守“所在机构的规章制度以及行业公认的职业道德和行为准则”。

而在案例中,经纪人Y某作为证券公司从业人员明知其行为违反相关法律法规,仍接受三位投资者委托,因此对三位投资者的损失应承担主要责任。

(2)某证券公司作为经纪人Y某所在单位及专业证券公司,自身应对经纪人Y某承担管理、监督责任且应严格从业人员入职审查。因此,某证券公司在经纪人Y某需承担赔偿责任的范围内承担补充赔偿责任。[⑥]

(3)三位投资者,作为具有完全民事行为能力的主体,在填写签署表时表示其了解并知晓对证券账户的用户名和密码具有妥善保管的义务。但是,三位投资者明知经纪人Y某行为违法违规却仍未尽妥善保管本人账户及密码的义务,私下全权委托经纪人Y某代其买卖证券。因此,应承担相应的过失责任。鉴于前述情况,三位投资者商量后决定对亏损的160万元自行承担80万元损失,最终求偿金额变更为80万元。

4. 调解结果

最终经调解,三位投资者与经纪人Y某及某证券公司达成了协议:由于三位投资者主动提供密码给他人,因此自身承担部分损失,进一步将赔偿诉求降至66万元;经纪人Y某虽然只进行了几笔交易操作,且未收取任何佣金或提成,但由于其在案例中存在主要过错,应向三位投资者赔偿主要部分的经济损失;某证券公司尽管在三位投资者开户申请书中明示了不可全权委托他人操作,但证券公司应承担对经纪人Y某录用及在职期间的管理职责,对三位投资者的损失进行一定补偿。经协商,某证券公司、经纪人Y某、Y某原所在部门经理、出具不实材料的单位合计赔偿66万元。

三、案例启发

(一)违规代客理财的危害

客户(与投资者含义相同)要明确证券公司资产管理业务与违规代客理财行为的区别之处。依据《证券公司监督管理条例》第 45 条的规定,合法的证券资产管理业务为:证券公司可以依照《证券法》和本条例的规定,从事接受客户的委托、使用客户资产进行投资的证券资产管理业务。投资所产生的收益由客户享有,损失由客户承担,证券公司可以按照约定收取管理费用。证券公司从事证券资产管理业务,应当与客户签订证券资产管理合同,约定投资范围、投资比例、管理期限及管理费用等事项。证券资产管理业务属于公司行为,以证券公司为主体与客户书面签署相关资产管理合同。证券从业人员代客理财属于其个人行为,一般是从业人员与客户私下签署相关合同或口头约定相关内容。目前,证券公司严禁从业人员从事代客理财活动,并采取了一系列严密防范措施,且在对客户进行电话回访时进行充分的风险揭示。在这样的情况下,如果客户仍然私下委托从业人员为其理财,则一般认定此为从业人员的个人行为,客户一旦因代客理财造成亏损,只能向从业人员主张权利。

违规代客理财危害大。首先,使客户资金安全无法保障。客户将资金交由代客理财人员进行管理,无法约束代客理财者的行为,所以资金风险隐患很大。其最常见的风险如为获取高额佣金,代客理财者进行过度交易,甚至有某些代客理财者恶意炒亏。此时,客户也很难举证代客理财者的"恶意",在口头约定代客理财而没有签订书面协议的情况下,客户甚至无法提供代客理财者操作账户的证据。其次,有可能使证券公司陷入诉讼等纠纷中,浪费公司资源,有损公司声誉,甚至可能因此影响证券公司的分类评价等级。最后,证券从业人员也会承受行政处罚并承担相应的民事法律责任。

(二)正视证券经纪人业务的双面性

证券经纪人,是指接受证券公司的委托,代理其从事客户招揽和客户服务等活动的证券公司以外的自然人。证券经纪人制度在我国的正式试点可以追溯到 2007 年,以当时中国证监会机构部部函〔2007〕194 号《关于证券公司依法合规经营,进一步加强投资者教育有关工作的通知》(以下简称194号文件)为分界点,虽然194号文件并没有用“经纪人”这一特定用语,而是以市场营销人员取而代之,但提出了人员“纳入公司员工范畴统一管理”“所属的证券公司应当承担相应责任”两大要求,可以视为对证券经纪人的一种认可。[⑦]194号文件证券经纪人制度之前多是证券公司自发开展的,中国证券业协会在2004年组织的“证券经纪人制度调查报告”时,就已经有74%的证券公司开展了各种形式的经纪人制度试点。2008年国务院发布的《证券公司监督管理条例》首次对证券经纪人作了概念界定,随后证监会发布的《证券经纪人管理暂行规定》首次对证券经纪人制度作出了详细规定。

证券经纪人制度的推出,为各证券公司经纪业务的开展注入了活力。各家证券公司为了抢占市场份额,纷纷扩大经纪人队伍,加快圈地步伐;通过经纪人招揽客户、为客户提供信息咨询、根据客户的交易量给予经纪人一定比例的佣金提成已成为一种普遍的经营模式。但是,在经纪人快速扩张的同时其也带来了管理风险,比如,违规代客理财问题就是其中主要问题之一,给证券公司和全行业经营带来了一定负面影响,所以应正视经纪人业务的双面性。

(三)证券公司要加强经纪人管理,防止代客理财问题发生

第一,建立经纪人综合管理体系。由于经纪人流动性大,因此更要注重入职人员的品行,加强对经纪人的背景调查,如个人信用报告、无犯罪记录、无大额负债情况、原单位鉴定意见等,降低由于其趋利导致犯罪的概率;完善对证券经纪人的授权范围、业务职责、组织控制及禁止行为的管理,保证证券经纪人了解授权边界和所承担的责任,掌握投资者招揽、证券资讯及咨询信息传递、投资者需求收集、投资风险提示的方式方法;保证对证券公司全部经纪人有序组织、合理分工、统筹管理;按照中国证监会《关于加强证券经纪业务管理的规定》(证监会公告〔2010〕11号)的精神,建立科学合理的证券经纪人绩效考核机制,不应简单地与投资者开户数、投资者交易量挂钩,应当将考核人员行为的合规性、服务的适当性、客户投诉的情况等作为考核的重要内容。建立投诉处理及责任追究机制,建立具体、明确的投诉和差错纠纷处理流程,并以适当形式向客户明示。在证券公司总部及证券营业网点至少在营业时间内保证投诉电话有人值守,投诉事项有人受理并及时反馈给客户;定期总结证券经纪人投诉处理及执业行为的情况,及时发现并严肃处理证券经纪人在展业活动中的违法违规行为。

第二,建立证券经纪人后台技术支持和业务保障系统,保障业务服务水准,有效防范证券经纪人执业行为不规范而引致的风险,保护投资者合法权益。具体措施有建立证券经纪人业务支持系统,保存关于证券经纪人的个人基本信息、执业资格状态、职业培训、工作权限及业务状况、客户投诉、违法违规行为及处理等情况的电子化记录,并保证投资者至少在营业时间内能够通过现场、电话、互联网等方式及时查询到证券经纪人基本信息;建立统一的证券资讯及咨询信息的支持系统,能够提供证券公司统一的证券资讯和咨询信息,建立证券公司、证券经纪人与客户三者之间信息传递和反馈的有效渠道;建立统一的客户服务平台,保证通过面谈、电话、网站或其他方式对证券经纪人招揽和服务的客户定期回访,了解证券经纪人执业情况,并实现客户回访记录的强制留痕。

第三,对经纪人的执业行为实施有效监控。由于我国证券公司有关证券经纪人的管理制度尚未完全成熟,薪酬体系主要以佣金提成为主,且在证券经纪人职业发展中能转为正式员工的可能性较小,因此,造成部分经纪人重视眼前利益,合规执业意识淡薄,铤而走险进行违规代客理财。对此,证券公司应加强证券经纪人职业发展规划建设,充分考虑证券经纪人职业发展意愿,为其提供职业发展的条件,切实保障其合理的职业诉求和合法权益;同时,证券公司应实施并完善证券经纪人合规培训制度,保证对证券经纪人进行证券知识、业务规则、法律法规和执业道德等方面的执业前培训和后续执业培训,使经纪人明晰职业道德底线,依法合规展业。

对证券经纪人名下客户交易行为进行监测分析,防止经纪人等代客理财行为发生。资料显示,经纪人违规代客理财行为具有客户交易IP地址趋同、交易品种、交易方向以及交易时间段趋同、经纪人同时接受多个客户委托、客户资金周转率较高以及客户亏损越大投诉可能性越高等特点。对此,证券公司及其所属营业部可以将"客户交易IP地址重复、同时段买卖同一证券、客户持股重复数、平均周转率、客户亏损率、客户盈利率、客户证券账户总资产"等作为监测指标,对经纪人名下客户进行监测,通过对证券经纪人所招揽和服务客户的异常操作、异常交易、异常资金流动等进行监控,及时发现和纠正证券经纪人的不当行为。

(四)加强投资者教育和风险揭示工作,消除代客理财滋生的土壤

加强投资者教育和风险揭示工作,使投资者不盲目相信从业人员的违法承诺,

保持理性投资的理念。投资者教育和风险揭示工作是证券行业的一项基础工作，通过此项工作能使投资者拥有学习的路径，从根本上解决投资者与证券经营机构之间的矛盾。

证券公司在加强投资者教育的同时，还应明确告知其证券公司工作的制度和流程。明确投资者教育的内容、形式和经费预算，并指定高管和专门部门负责检查落实情况。投教工作应重点突出证券法规宣传、证券知识普及和风险揭示等内容，设立信息公示专栏，公告证券公司基本信息和获取证券公司财务报告的详细途径。证券公司可通过公司网站、交易委托系统、客服中心等多种渠道，综合运用电视、报刊、网络、宣传材料、户外广告、培训讲座、电话语音提示、手机短信等多种方式进行投资者教育，充分向投资者客观揭示投资风险。

另外，证券公司投资者教育和风险揭示工作应有机融入各项业务流程，具体体现在客户服务体系的各个环节。证券公司应当从开户环节开始着手风险揭示工作，向客户讲解有关业务合同、协议的内容，明示证券投资的风险，并由客户在风险揭示书上签字确认。要持续地采取各种有效方式让投资者充分理解“买者自负”的原则，真正明白“股市有风险，入市须谨慎”的警示。证券公司应当向投资者明确告知公司的法定业务范围，帮助投资者增强自我保护意识，提高识别能力，警惕和自觉抵制各种不受法律保护的非法证券活动。通过前述工作，使客户树立理性投资理念，认识到只有通过不断的学习，了解证券市场各类业务规则、产品，分析市场信息，独立进行判断，不断积累投资经验，才能有效地防范风险、获取投资收益。

四、本案例和解协议的执行，以及诉调对接机制的完善

（一）本案例和解协议的执行

本案例当事人人数多、金额大，三位投资者情绪激动，很难调和。在调解期间，三位投资者对调解的进程跟踪密切，对调解员的正常工作造成一定影响。2018 年 3 月 23 日当事人如约在投服中心见面，在协议签订时由于对枝节问题发生分歧，三位投资者冲动地欲将协议撕毁，在调解员的劝解下才缓和情绪签订协议。当事方约定“自协议签订之日起 7 日内对收款账户一次性给付约定数额的补偿款”。协议签订后，三位投资者明确表示对协议执行缺乏安全感，调解员们知道如果此时进行司

法确认,可以很好地解决3位投资者的焦虑,但当时司法确认尚未进入实际操作阶段,实属远水难解近渴。最后在调解员、补偿款给付方以及辽宁证券业协会领导的再三说服下,3位投资者才同意静待协议执行。随着补偿款的如期给付,这起纠纷终于圆满解决。

(二)诉调对接机制的完善

可喜的是,2018年11月13日最高人民法院、中国证券监督管理委员会下发了《关于全面推进证券期货纠纷多元化解机制建设的意见》(法〔2018〕305号,以下简称《意见》)。《意见》在2016年最高人民法院、中国证券监督管理委员会《关于在全国部分地区开展证券期货纠纷多元化解机制试点工作的通知》的基础上,为贯彻中共中央办公厅、国务院办公厅《关于完善矛盾纠纷多元化解机制的意见》、国务院办公厅《关于进一步加强资本市场中小投资者合法权益保护工作的意见》和最高人民法院《关于人民法院进一步深化多元化纠纷解决机制改革的意见》而形成,对在全国联合开展证券期货纠纷多元化解机制建设工作的工作目标、工作原则、工作内容、工作要求进行了细化规定。

《意见》要求证券期货纠纷多元化解机制要坚持依法公正、灵活便民、注重预防的原则,对自然人、法人和非法人组织之间因证券、期货、基金等资本市场投资业务产生的合同和侵权责任纠纷进行调解,特别强调了证券期货监管机构、调解组织的非诉讼调解、先行赔付等,均可与司法诉讼对接。《意见》明确了调解协议的司法确认制度。经调解组织主持调解达成的调解协议,具有民事合同性质。经调解员和调解组织签字盖章后,当事人可以申请有管辖权的人民法院确认其效力。经人民法院确认有效的具有明确给付主体和给付内容的调解协议,一方拒绝履行的,对方当事人可以申请人民法院强制执行;另外,可以运用在线纠纷解决方式开展工作。依托“中国投资者网”(www. investor. org. cn)建设证券期货纠纷在线解决平台,与人民法院办案信息平台连通,方便诉讼与调解在线对接。各级人民法院将借助互联网等现代科技手段,探索开展在线委托或委派调解、调解协议在线司法确认,通过接受相关申请、远程审查和确认、快捷专业服务渠道、电子督促、电子送达等方法方便当事人参与多元化解工作,提高工作质量和效率。

为保障责任主体落实,意见还要求对调解组织加强管理。要求规范调解组织内部管理,制定工作制度和管理流程,建立科学的考核评估体系和责任追究制度;

加强调解员队伍建设，调解组织要加强调解员政治思想、职业道德建设和专业技能培训，完善调解员从业基本要求，制定调解员工作指南，建立、完善专职或专家调解员制度；建立证券期货纠纷特邀调解组织和特邀调解员名册制度等。

《意见》的出台对诉调对接、司法确认进行了明确，为今后调解协议的执行提供了法律保证，增强了调解组织的公信力。如再遇此类代客理财问题，其纠纷化解程序无疑将驶入快车道。有机衔接、协调联动、高效便民的证券期货纠纷多元化解机制，将使纠纷多元化解形成合力，进一步助力资本市场的和谐健康发展。

案例9:通道型信托中受托人的公平对待义务之合理界定案例

范黎红*

一、案 情 介 绍[①]

(一)案件起始

2014年11月19日张某、A资产管理有限公司(以下简称A资管公司)和案外人B银行签订了《××××1号定向资产管理计划定向资产管理合同》(以下简称1号资管计划,约定张某委托A资管公司对初始不低于600,000,000元的委托资产进行定向投资、运作和管理,资金托管于某银行的银行账户中。合同中载明:张某自行选定投资标的并自行或委托第三方对投资标的及交易对手的经营情况、资信状况、还款能力、担保物的价值、保证人的资信等进行尽职调查,在选定投资标的后向A资管公司发出加盖公章的投资指令,A资管公司完全按照张某的投资指令执行,A资管公司对任何因投资造成的风险或发生的任何责任不承担责任;A资管公司保证遵守法律、行政法规和中国证监会有关规定,遵循公平、公正原则,诚实守信,审慎尽责,坚持公平交易,避免利益冲突,禁止利益输送,保护客户合法权益;A资管公司必须公平对待所管理的不同财产,不得从事任何有损委托资产及其他当事人利益的活动;关于违约责任约定为,任何一方不履行合同或履行合同不符合约

---

* 同济大学法学院副教授。

① 本案案情详见上海市第一中级人民法院(2016)沪01民初11号民事判决书,上海市高级人民法院(2017)沪高法民终285号民事判决书。

定的,构成违约,对于因此给守约方造成的直接损失,违约方应承担相应的赔偿责任。

合同签订后,张某于2014年11月28日和12月12日分别向资管合同项下的上海银行托管账户内汇入200,000,000元和400,000,000元。

(二)事发经过

2015年1月19日案外人D证券公司向B资管公司发送了案外人E公司的《E公司非公开发行股票认购邀请书》。2015年1月22日张某向C资管公司发出《××科技非公开发行股票申购报价单》,同意以每股5.51元、4.60元、每股4.26元3档价格认购6亿元。C资管公司依据张某和其他认购申请人的要求,于1月21日发出《E公司非公开发行股票产品认购信息表》,申请以每股5.51元、4.60元、每股4.26元3档价格认购10.5亿元,其中该案所涉1号资管计划认购6亿元,《××××22号集合资产管理计划》(以下简称22号资管计划)认购4.5亿元。根据之后的公告,B资管公司以每股5.51元的价格获配85,299,456股,共计470,000,002.56元。

根据C证券公司的陈述,2015年1月23日上午C证券公司员工潘某通过邮件与B资管公司员工李某沟通,要求B资管公司提供两个产品的获配金额。根据B资管公司向一审法院提交一份落款时间为2015年1月23日的《确认函》,内容为:"按照C证券公司通知,1号资管计划中签金额为99,999,998.20元,请贵方最迟于2015年1月23日下午14点前提供书面答复我管理人如下信息:同意管理人的上述中签金额。"《确认函》签字处有"张某"字样签字,并捺有手印。张某对该份函件上签字表示否认。根据C证券公司的陈述,当日下午18时左右B资管公司员工赵某通过邮件提供了两个产品的获配金额,并写明以此为准。B资管公司另提供了盖章确认文件。C证券公司根据B资管公司确认的数据进行了最后配售,××22号资管计划获配金额为370,000,004.36元,1号资管计划获配金额为99,999,998.20元。B资管公司与××科技签署了股份认购协议,并办理了登记。

2015年1月26日C证券公司向1号资管计划退回了未中签的499,999,687.98元。

2015年3月20日、24日,张某先后向B资管公司发出通知,要求提取295,014,260份及196,097,657份委托资产,在通知书中,张某确认发送、接收提取委托资产通知书及回执的电子邮件地址为 hello. yangzi@ 163. com,收件人刘某。2015 年 3 月 23 日、25 日,B 资管公司向张某划款 500,000,001.36 元,将委托资产返还张某。2015 年 3 月 24 日 B 资管公司收取 1 号资管计划的管理费 237,627.46 元。

张某认为,在本次非公开发行中,B 资管公司对自己名下的两支资管产品未能按资金比例同等确定比例,即对 1 号资管计划和 22 号资管计划确定的配售比例并不相同,违反了 1 号资管计划中约定受托人应承担的诚实守信,公平交易等义务,因而应承担违约责任,遂诉至法院,请求法院判决 B 资管公司赔偿张某因少获赔股票而导致的损失接近 4000 万元。[①] 在该案的审理过程中,双方当事人委托投服中心进行调解。

二、涉案相关法律关系梳理

在本案中,资管计划管理人参与××科技的非公开发行,其法律关系梳理如下:一是资管计划外部法律关系上,1 号资管计划参与认购 E 公司非公开发行股票时,1 号资管计划与 E 公司、C 证券公司的法律关系;二是资管计划内部法律关系上,1 号资管计划内部委托人张某与受托人 B 资管公司之间的关系。

(一)资管计划参与非公开发行时资管计划与上市公司、承销商之间的法律关系

资管计划一般以受托人资管公司的名义参与非公开发行时,与上市公司形成股票发行与认购之法律关系。上市公司发行股票,认购者以一定资金进行认购,确定配售比例之后,即按照比例获得相应的股票,并由上市公司退还剩余的资金。就认购者与承销商证券公司而言,证券公司承担承销义务,与认购者之间并不存在合同。若承销商违反法定义务,侵犯认购者合法权益,则可能对认购者承担侵权责任。该案中,值得讨论的问题是,认购者及发行对象究竟是资管计划还是作为受托人的资管公司。

在 1 号资管计划参与认购××科技非公开发行股票的法律关系中,1 号资管计划以自身名义开展认购活动,但是由于受托人 B 资管公司名义有两家以上公司参

① 详见上海市第一中级人民法院(2016)沪 01 民初 11 号民事判决书。

与认购,则需要按照监管法规的规定确定认购主体。我国 2017 年修订的《上市公司证券发行管理办法》(以下简称《管理办法》)中第 37 条规定:"非公开发行股票的特定对象应当符合下列规定:(一)特定对象符合股东大会决议规定的条件;(二)发行对象不超过十名。"同年我国修订的《上市公司非公开发行股票实施细则》第 8 条规定,《管理办法》所称"发行对象不超过 10 名",是认购并获得本次非公开发行股票的法人、自然人或者其他合法投资组织不超过 10 名。证券投资基金管理公司以其管理的 2 只以上基金认购的,视为一个发行对象。因此,根据该规则,基金本身作为发行对象,而非作为基金管理人的资管公司。只不过将同一基金管理人的两只以上基金或资管计划视为一个发行对象。

在将两个以上基金或资管计划视为一个发行对象时,意味着是以资管计划作为发行对象,而不是资管计划的受托人。但同一受托人下的不同资管计划获配比例究竟由谁确定,则是该案遭遇的争议焦点之一。对此,由于现有的发行规则将同一受托人名下的不同资管计划作为一个发行对象,所以内部分配比例的确定不属于发行人与发行对象之间的法律关系范畴,也不属于承销商对发行对象所承担的相关义务的范畴。

(二)1 号资管计划内部张某与受托人 B 资管公司之间的法律关系

根据 1 号资管计划合同,受托人 B 资管公司需根据委托人张某的指示进行投资,张某与 B 资管公司之间存在的是委托关系还是信托关系?尽管根据合同约定,委托人保留了对资金具体如何运用并进行投资决策的权力,但是在对外法律关系上,并不是以委托人名义进行交易,而是以 1 号资管计划本身名义进行交易,这正是信托合同与委托合同的区别之一,故 1 号资管计划是信托合同关系。在该信托合同中,受托人 B 资管公司需履行受托人的信义义务。本案特殊之处在于,B 资管公司在调解中主张该资管计划为通道型资管计划,B 资管公司收取的受托费用低廉,并只愿意在受托费用内承担责任。

对何谓通道型信托,学界说法不一。原中国银监会(2008 年更名为中国银保监会)下发的《信托业务监管分类试点工作实施方案》附件《信托业务监管分类说明(试行)》(以下简称《分类说明》)对此有所阐述,其明确了信托主动、被动管理业务的划分标准。主动管理型信托,是指信托公司具有全部或部分的信托财产运用裁量权,对信托财产进行管理和处分的信托。被动管理型信托,是指信托公司不具有信托财产的运用裁量权,而是根据委托人或是由委托人委托的具有指令权限的人的指令,对信托财产进行管理和处分的信托。根据上述标准,在本案中,1号资管计划为通道型资管计划。通道型资管计划,根据2018年4月27日中国人民银行、中国银行保险监督管理委员会、中国证券监督管理委员会、国家外汇管理局《关于规范金融机构资产管理业务的指导意见》(以下简称《资管新规》)第22条的规定,金融机构不得为其他金融机构的资产管理产品提供规避投资范围、杠杆约束等监管要求的通道服务。本案并不属于上述避法性质的通道型资管计划。更何况,合同签订、案件审理均在《资管新规》颁布之前,因此,在本案中《资管新规》并不适用。

在通道型信托中,委托人、受益人与受托人之间的权利义务,与主动管理型信托有所区别。在通道型信托中,尽管资管公司作为受托人,需履行受托人职责和义务。但其履行,存在一定限制。例如,在本案中,从投资标的来看,由张某自行选定投资标的并自行或委托第三方对投资标的及交易对手的经营情况、资信状况、还款能力、担保物的价值、保证人的资信等进行尽职调查;从投资指令的发出来看,在选定投资标的后向B资管公司发出加盖公章的投资指令,B资管公司完全按照张某的投资指令执行;从风险的负担来看,B资管公司对任何因投资造成的风险或发生的任何责任不承担责任。

三、通道型信托受托人的公平对待义务

(一)通道型信托受托人信义义务

受托人的公平对待义务,属于受托人的信义义务内容之一。在通道类业务中,受托人是否应承担信义义务,值得探究。2017年证监会发布了《机构监管通报》,分析了通道业务中管理人应尽的义务:一是保证主体适格义务,即管理人应当保证其具备并且在合同期内维持相关业务资格,不因违法违规行为而被撤销或者暂停;二是完全履行合同约定义务,即要勤勉履行管理职责,包括事前尽职调查(对项目、投资标的和资金来源等)、事中投资运作(投资和划款指令的审查、风控指标的把控、内幕信息的管理、利益冲突的防范等)和事后维护管理(风险跟踪监控,信息披露,风险处置等);三是诚信履行合同附随义务,即按照诚实信用的原则,忠实履行通

知、协助、保密等义务；四是遵守合同约定以外的法定或者规定义务，主要是合规以及配合监管等义务。[①]

通道型信托中，委托人与受托人之间的权利义务，与主动管理型信托有所区别。在通道型信托中，尽管资管公司作为受托人，需履行受托人职责和义务。但其履行，存在一定限制。例如，在本案中，从投资标的来看，由张某自行选定投资标的并自行或委托第三方对投资标的及交易对手的经营情况、资信状况、还款能力、担保物的价值、保证人的资信等进行尽职调查；从投资指令的发出来看，在选定投资标的后向B资管公司发出加盖公章的投资指令，B资管公司完全按照张某的投资指令执行；从风险的负担来看，B资管公司对任何因投资造成的风险或发生的任何责任不承担责任。

但这是否意味着通道型信托业务模式下受托人不需要承担任何法律责任，则并不尽然。在通道型业务模式下，首先，受托人仍然具有忠实义务，即根据委托人指令忠实管理受托财产的义务，忠实维护受益人利益。既然对外决策是由受托人根据委托人指令作出的，这就需要受托人忠实勤勉地执行受托人的指令。其次，受托人需要履行勤勉义务，即尽职尽责地管理受托财产，尽管表现为根据受托人的指令来管理受托财产。受托人的上述义务并不因该资管合同为通道型资管合同而免除。只不过，在通道型资管合同中，较之主动型资管合同，受托人并不需要承担综合各种信息进行管理决策、实现受托资产保值增值的义务。可见，目前通道型资管合同与主动型资管合同，主要区别在于受托人是否承担运用其专业知识进行自主投资决策。值得注意的是，受托人根据信托法应当承担的上述信义义务属于法定义务，并不能因合同约定了免责条款而免除，也不因合同未作具体约定而免除。例如，在(2017)最高法民终880号案中，最高人民法院认为“合同法、信托法以及金融监管部门有关规范性文件规定了委托合同或信托合同受托人应承担的法定履职和尽职义务，即使当事人之间所签订的合同中未作约定，如受托人违反该法定履职或尽职义务并因其过失给委托人造成损失的，亦应根据其过错情形承担相应的民事责任”。[②]

---

① 国际金融报：《证监会祭出机构监管罚例：明确通道有风险，通道不免责》，载证券之星网：http://stock.stockstar.com/SS2017110900000007.shtml，最后访问日期：2019年7月14日。

② 详见(2017)最高法民终880号案民事判决书。

(二)通道业务模式下受托人公平对待义务的界定

通道业务下受托人同主动管理型业务的受托人一样,均对委托人负有法定的信义义务,即需履行法定的忠实、勤勉等义务。受托人很难以“通道业务”为由进行免责。

同一受托人管理的不同资管计划,受托人有义务进行公平对待。“公平对待”并不等于受托人对所有的资管计划绝对地“一视同仁”。当受托人所管理的资管计划均为主动型管理计划时,受托人对内如何管理不同的资管计划,需要结合具体资管计划合同条款、委托人的风险承受能力、投资策略等进行决策,这属于受托人进行自主商业判断的范畴。当基于不同的投资策略,对不同资管计划进行不同操作时,并未违反“公平对待”义务。因而,司法在判断是否构成“公平对待”时需要慎重。当受托人代表资管计划对外进行投资时,对以受托人名义进行发生的对外交易法律后果,需要在受托人管理的不同资管计划间进行分配时,需要根据公平原则对其一视同仁。

问题在于,当所管理的资管计划一为通道型资管计划,一为主动型资管计划时,“公平对待”的内涵则需要区分资管计划内部事务或外部事务加以区分。该案所涉1号资管计划为通道型资管计划,22号资管计划为主动管理型。二者共同作为一个发行对象参与E公司非公开发行。在新股配售比例的确定上,就单个资管计划而言,既涉及资管计划内部投资决策事宜,如愿意配售多少数额的新股,也涉及资管计划外部事宜,由受托人代表资管计划参与和E公司之间的新股发行认购关系。从内部关系上来看,若为通道型资管计划,受托人应当依据委托人指示对外报送确认认购相关配售数额之指令;从外部关系上,受托人除非得到委托人确定配售数额的明确指示,否则,应该不区分资管计划的类型,而应一视同仁。

四、“非公平对待”资管纠纷案件的调解及司法裁判

(一)调解方案的确定

1. 当事人分歧大、立场尖锐对立

张某认为B资管公司违背了受托人信义义务,未能对其名下的两个资管合同公平对待,应赔偿损失4000万元左右。而B资管公司则认为,获配数额此前已经

获得了委托人张某的认可，其已经知道并认可了该获赔结果，其并无赔付义务。若要调解，只能在其收取的通道管理费数额内进行赔偿。

2. 释法析理，求同存异，缩小双方心理差距

调解相较于诉讼，不必执着于个案的是非曲直，可以结合道义、经济合作等，最大限度地寻求双方共赢的方案。然而，面对立场完全对立的个案主体，绕开案件的是非曲直开展调解，无法把双方拉到调解桌边。为此，调解员从以下两方面入手，促使双方当事人求同存异：

一方面，深入分析本案的法律关系。对两方当事人诠释本案1号资管计划参与非公开发行对外、对内的两层法律关系。在此基础上，背对背调解，告知双方当事人各自在本案中存在的劣势。例如，张某一方主要B资管公司对其不公平对待，但其出具了承诺函。而B资管公司尽管提出其已经尽到了受托人义务，但是对于是否告知了张某的获配情况，张某是否进行了确认，并无直接证据证明。

另一方面，从经济、社会效应等促成双方尽量缩小差距。告知原告调解较之诉讼的时间优势；告知被告作为证券公司，妥善调处本案对维护公司形象的积极效应；推动双方探寻有无可能在更大范围内达成合作而淡化本案争议。

（二）调解不成，司法及时裁判，提高纠纷解决的效率

因本案在事实方面争议大，调解组采用在法庭开庭后调解等策略。经过多轮的调解，本案原告虽同意调解，但其始终坚持原来的诉讼请求内容，被告坚持在收取管理费的范畴内进行赔付。原告当事人本人始终未出现在调解或审判的纠纷解决现场，也给调解组和当事人之间的沟通带来不小难度。投服中心与审理该案的一审法院及时对接沟通，恢复诉讼程序。在案件审理中，该案一审、二审法院均结合证据材料，就张某是否确认了1号资管计划获赔比例及此前是否已经获知两个资管计划的分别获配数进行了细致深入的认证和说理。

一审法院经审理认为，张某主张两个资管计划项下的分别获配股票数系由B资管公司确定，综合现有证据分析，该主张可以成立。而对该股票获配数额是否依据张某的指示确定，涉及该案的关键证据2015年1月23日《确认函》。张某对该函的真实性予以否认，B资管公司针对函件来源提交了系列公证邮件。系列公证邮件，可以证明B资管公司获取《确认函》的路径，与此前B资管公司获取案涉投资者指令及报价单的路径相同，故一审法院认为，B资管公司针对2015年1月23日《确

认函》的真实性,已完成证明责任,该函件系张某签署形成。

一审法院认为,该案中,虽无证据显示在张某签署《确认函》当时或之前,B资管公司曾直接告知张某1号及22号两个资管计划的分别获配数,但从前述双方在1号资管计划项下的交易习惯来看,在两次××科技股票的认购发行中,代表张某与B资管公司直接沟通的均是何某,B资管公司均系通过何某发送信息或获取张某签署的相关文件。事实上,经由何某向张某传达的信息,张某均已收到。根据上述交易习惯,就B资管公司角度而言的交易对方,系何某在代表张某。B资管公司于2015年1月23日向何某发送邮件,告知两个资管计划的分别获配数,亦为按照以往交易习惯的常规操作。何某在接收邮件之后,并未向B资管公司提出无法代表张某接收或要求B资管公司另行直接告知张某,故B资管公司向何某传达信息,应视为向张某履行了告知义务,张某在此情况下签署《确认函》,B资管公司并不构成违反诚实信用及公平交易义务的情形,张某关于B资管公司违约的主张不能成立。退一步而言,即使何某并未获得张某授权,B资管公司作为善意且无过失一方,基于以往的履约过程,完全有理由相信何某可以代表张某接收该获配数据等系列邮件,亦应视为向张某履行了告知义务。由此,张某以B资管公司违约为据请求赔偿损失的诉讼请求,一审法院难以支持。此外,张某在××科技第一次认购发行中获配金额为99,999,690元,××22号资管计划获配金额为370,000,308.30元,该数据与第二次认购发行中两个资管计划的获配比例基本相同,且两次股数分配比例均未按申购金额比例进行确定,张某亦未曾对第一次获配股数提出异议。[①]

综上所述,一审法院认为张某主张B资管公司违约并要求其承担违约赔偿责任的诉请缺乏事实依据,不予支持。在一审判决之后,张某上诉,仍然坚持原立场,二审法院维持原审判决。[②]

五、本案折射法律问题的进一步探索

(一)资管计划的民事法律主体地位

按照我国现行法律,资管计划不构成法人,不具有独立的民事主体地位。但

① 详见上海市第一中级人民法院(2016)沪01民初11号民事判决书。

② 详见上海市高级人民法院(2017)沪高法民终285号民事判决书。

从法理层面,资管计划是否具有独立的民事主体地位,存有争议。第一种观点"目的财团说"认为,信托财产作为权利客体有实体化特征,对目的的强调使财团人格化意味更浓,目的财团实体化程度介于财团法人与一般财团之间。[①] 资管计划不具有独立主体地位。第二种观点认为,资管计划具有选择性的主体化。立法例虽整体否认信托财产主体资格,但为破产、强制执行债务、登记等特定目的,临时赋予信托财产"权利主体"名义甚至只是独立名称,当特殊目的达成、消灭或该特殊目的无关的情形下信托财产又回复至作为"物和权利"的财产集合状态。例如,我国《证券投资基金法》第7条、第8条规定契约型基金可以自己名义开立资金账户和证券账户,以机构投资者身份出现在证券市场上,一定程度上承认信托的独立名义。此外,在税法和程序法上,承认信托财产特定法主体地位,赋予其不完全、受限制的权利能力。[②] 第三种观点"商事信托组织说"认为,商事信托具备"营业财产、实体保护、经营营业"等实质要件,构成特殊类型的主体。[③] 第四种观点"一般性主体地位说"认为,信托结构是由"个人要素"和"超个人要素"组合而成。基于信托的"超个人要素",信托财产整体是一种不完全的、限定意义上的实质性法主体。[④]

商事信托的建立,离不开信托契约,但成立之后,商事信托是否具有独立民事主体地位,则需要结合独立民事主体的法律要件进行判断。成为独立的民事主体,需要具有独立意思、独立财产和独立责任。首先,独立意思,在于信托以自身的名义对外进行意思表示。随着商事信托的发展,出现了集合性资金信托,受益人人数众多,有受益人大会等内部组织机构,商事信托获得了独立于委托人、受托人的自主意思。若是单一委托人和受益人的信托,一旦成立,信托财产属于受托人名义之下,相对独立于委托人,意思表示也以受托人名义对外进行,也具有明显的独立性。即使是本文所涉的通道型定向资管计划,受托人根据委托人的指令对外进行意思表示,该意思表示仍然独立于委托人与受托人。其次,独立财产,体现在商业信托成立之后,信托财产独立于委托人财产和受托人财产,免受二者的破产风险。最

---

① 陈一新:《论信托财产的主体性》,载《交大法学》2019年第2期。

② 同上。

③ 同上。

④ 同上。

后,独立责任体现在商事信托开展业务的过程中,以信托财产为限对外独立承担责任,并不能追及委托人和受托人。因此,商事信托具有自己独立的信托财产、管理机构、对外以自身名义开展营业,并以信托财产独立承担责任,这就使商事信托具备了称为独立法人的条件,应当赋予其民事主体地位。而在实践中,资管计划在一定范围内已经可以成为独立的民事主体。

若资管计划具有独立的民事主体地位,能以自身的名义参与非公开发行,则获配的股份数直接根据参与的资金数额确定,则可以避免本案的争议。同一受托人名下的不同资管计划,在民事法律地位上是完全独立的,有着各自不同的利益诉求。

在参与非公开发行时,为何要求一个受托人名下的不同资管计划视为一个发行对象?目前,相应规则并未明确的说明理由。笔者推测,是为了避免同一受托人名下的多个资管计划参与,导致发行对象突破非公开发行10家的上限,为此监管层要求1个受托人名下的不同资管计划视为1个发行对象。这就要求受托人在参与非公开发行时同等对待其名下的不同资管计划。

(二)受托人对名下不同资管计划公平对待义务的完善

受托人对名下不同资管计划具有公平对待义务,除非合同另有约定,原则上包括下述几方面:首先,公平对待义务应当覆盖受托人名下的所有资管计划。既包括通道型资管计划,也包括主动管理型资管计划。其次,公平对待义务应当适用于所涉及的各个投资领域。包括股票市场、债券市场、货币市场;包括境内市场和境外市场;包括一级市场和二级市场;包括场内交易市场和场外交易市场。再次,公平对待义务应当贯穿于整个资产管理过程,包括资产负债管理、战略配置、交易配置、集中交易一级绩效评价等等。最后,公平对待义务禁止对某些资管计划进行“最优惠待遇”,对其进行利益输送。

应当注意的是,受托人毕竟是提供金融服务的营利性机构。公平对待是否应当考虑管理费的差异?换言之,如果管理费有差异,能否实行差别的服务体系呢?这是被允许的,符合商业运行规则。服务存在差别,需要实现向委托人披露,公开费用以及相应的服务内容,赋予委托人知情权和选择权。

案例10：投诉纠纷典型案例

中证湖南调解工作站　方正证券股份有限公司

案例一：融资融券成本价纠纷案例

一、引　　言

2006年至2008年，中国证券监督管理委员会、中国证券登记结算有限公司、上海证券交易所、深圳证券交易所、中国证券业协会相继颁布了《证券公司融资融券试点管理办法》《中国证券登记结算有限责任公司融资融券试点登记结算业务实施细则》《融资融券交易试点实施细则》《融资融券合同必备条款》《融资融券交易风险揭示书必备条款》等系列制度、规范性文件。2010年3月31日我国融资融券交易试点启动，正式进入市场操作阶段。

（一）业务概念

融资融券业务，是指投资者向证券公司提供担保物（包括证券和资金），证券公司向投资者出借资金供其买入证券或提供证券供其卖出的业务。由融资融券业务产生的证券交易称为融资融券交易。融资融券交易又分为融资交易和融券交易两类，投资者向证券公司借资金买证券叫融资交易，投资者向证券公司借证券卖出为融券交易。

在完善的市场体系下，信用交易制度能发挥价格稳定器的作用，即当市场过度投机或者做庄导致某一股票价格暴涨时，投资者可通过融券卖出方式沽出股票，从而促使股价下跌；反之，当某一股票价值低估时，投资者可通过融资买进方式购入股票,从而促使股价上涨。

(二)业务风险

融资融券交易与普通证券交易不同,具有财务杠杆放大效应,投资者虽然有机会以约定的担保物获取较大的收益,但也有可能在短时间内蒙受巨额的损失。投资者在参与融资融券交易前应审慎评估自身的经济状况和财务能力,充分考虑是否适宜参与此类杠杆性交易。现列举以下几点风险:

1. 融资融券交易具有证券类产品普通证券交易所具备的政策风险、系统风险、市场风险、违约风险等各种风险,以及其特有的投资杠杆放大等风险。

2. 在融资融券交易期间,如果不能按照约定的期限清偿债务,或上市证券价格波动导致担保物价值与其融资融券债务之间的比例低于追保平仓线,且不能按照约定时间、数量等追加担保物时,将面临担保物被证券公司强制平仓的风险。

3. 在证券公司强制平仓时,投资者将面临不能自主选择交易券种、时机、价格及数量等的风险。强制平仓规模可能超过投资者对证券公司所负债务或实际需平仓金额,上述操作可能给投资者造成经济损失。

4. 如投资者信用资质降低,证券公司会相应降低对其的授信额度,或者证券公司调整相关重点关注线、追保平仓线、追保到位线、可充抵保证金证券范围及折算率、标的证券范围、融资保证金比例、融券保证金比例、担保证券的公允价值、单一证券持仓集中度控制指标等,可能会给投资者造成经济损失。

总而言之,融资融券业务的推出是加深我国证券市场基本制度建设的一项重要举措,其利大于弊。它将改变我国证券市场单边市的状况,改善证券市场中资金的供给和需求关系,对提高证券市场的效率和价值发现具有重要的意义。

由于融资融券业务复杂的交易制度以及各种市场风险,而部分投资者在进行融资融券交易前,没有充分理解融资融券交易规则以及其中可能存在的风险,自融资融券业务开展以来,出现了不少投诉纠纷事件。

对于融资融券纠纷问题,国家及行业监管部门非常重视,相继出台了相关规定以促进有效解决融资融券纠纷。在制度保障上,近年来中国证监会出台了多个层级的投资者教育保护专门制度,其中最具有代表性的是2013年国务院办公厅发布的《关于进一步加强资本市场中小企业投资者合法权益保护工作意见》,以及2016年证监会发布实施的《证券期货投资者适当性管理制度》。前者构建了保障投资者知权、行权、维权的投保制度体系，是指导我国资本市场投保工作纲领文件。后者构建了市场统一的适当性管理体系，规定了市场经营主体应当将适当的产品销售给适合的投资者。最高人民法院与中国证监会联合下发了《关于在全国部分地区开展证券期货纠纷多元化解机制试点工作的通知》，该通知针对证券期货纠纷涉众性强、利益巨大、专业性强、需要及时稳定市场预期等特点，在总结实践经验的基础上规定了一系列重要制度和机制创新，主要包括：第一，建立了法院认可证券期货试点调解组织制度，增强了证券期货行业试点调解组织权威性。第二，规定了调解协议的司法确认制度，符合条件的调解协议可以申请人民法院强制执行。第三，明确了保障落实调解协议的督促程序功能，符合法定条件的调解协议，当事人可以向人民法院申请支付令。第四，建立了专门的示范判决机制，符合条件的纠纷可进行集中调解，人民法院将通过司法判决宣示法律规则、统一法律适用，为调解同类纠纷提供参考。第五，明确了在线调解等多种灵活便民调解方式的有效性。

二、纠纷简介

投资者Y某于2008年4月25日现场开立证券账户，后于2014年7月3日开立信用账户。

Y某于2015年6月通过信用账户购买股票时发现营业部将股票的成本价格抬高了2分钱，后Y某发现对方在自己每一次购买股票时均将股票价格抬高2分钱，导致账户中的资金越来越少。故其产生疑问，认为营业部存在“抬高投资者信用账户成本价格、套取投资者账户资金”，以及“融资融券账目不清晰，存在‘透支冲正’等资金变动流水，导致账户金额减少”的情况，由于亏损严重，Y某于2017年3月向开户营业部进行投诉索赔。

在投诉过程中，Y某同时提到该营业部与投资者约定融资融券的比例为1∶1，而股市行情不好时营业部将投资者的融资融券比例更改为1∶1.5，导致投资者的8万元自有资金，可融券11万元，产生了超额损失。此外，Y某要求提供2015年年度至投诉期间账户内每日历史持仓记录汇总，因营业部出具对账单格式无法满足Y某所提到“历史持仓记录汇总”要求，其再次进行投诉。

2017年3月至2018年1月Y某就融资融券成本价显示及打印持仓记录相关

问题共投诉了 5 次。

三、纠纷争议点

该案例主要争议点在于:

1. 融资融券账户"盈亏计算方式"的设置选择不同,故收盘价与日终清算值存在差异,投资者 Y 某认为是营业部员工私自调整了其账户资金。

2. Y 某对融资融券账户"透支冲正"名词产生误解,认为该类清算导致其账户资金被券商划扣,使其资产减少。

3. Y 某认为两融账户授信额度"超配",融券时借入比例高于 1∶1,不符合规定。

4. Y 某要求出具账户历史持仓记录汇总,因系统无此功能,认为营业部推诿回避责任。

四、处理过程及结果

(一)处理过程

1. 迅速响应,成立投诉处理工作小组

证券公司营业部在接到投诉后,第一时间进行了受理。根据证券公司及营业部关于投资者投诉处理方面的制度,营业部安排专人受理该投诉并根据投资者诉求形成处理建议,组成了由负责人牵头,专岗专人负责解释沟通的投诉处理工作小组,积极应对 Y 某的投诉。

2. 积极安抚,仔细核查,多方协同

营业部一方面对 Y 某进行情绪安抚,调查核实其投诉内容的真实性。同时,第一时间与总部相关部门联系,由信用业务部协同营业部,通过电话连线方式,对 Y 某存疑的问题逐一进行耐心细致的讲解,以保障专业度高、回复清晰准确。

Y 某投诉的理由主要系其认定营业部存在"抬高投资者信用账户成本价格、套取投资者账户资金",以及融资融券账目不清晰,存在"透支冲正"等资金变动流水,导致账户金额减少的情况,针对上述情况,营业部进行了充分调查核实:

(1)关于"投资者 Y 某质疑营业部工作人员在每日收盘后对其账户调高成本

价 2 ~6 分钱,造成投资者账户内资产减少"

事实情况:Y 某多次提到营业部员工擅自修改其账户持股"成本价",实际因成本价存在两种不同计算方式(保本价、买入均价):Y 某普通资产账户与信用资产账户设置的"盈亏计算方式"不同,普通资产账户中显示为"保本价"(体现为账户内实时计算数值),信用账户的成本价为"买入均价"(体现为账户内日终清算后数值),两种成本价均为柜台系统默认设置,对其他投资者统一按该方式设置。

具体例如:对于 Y 某指出的 2017 年 9 月 7 日收盘后(16 时 14 分)与 2017 年 9 月 8 日开市前(9 时 18 分)数据存在差异,及 2017 年 9 月 12 日收盘后(15 时 7 分)与 2017 年 9 月 13 日开盘前(1 时)数据存在差异,是对清算前的时点数据与清算后的时点数据比较而得,现做分析解释如下:

在清算前,为保证运算逻辑合理性,不出现交收资金不足,资金透支的情况,故在交易过程中,系统在盘中交易时会多冻结(买入时)或少释放(卖出时)1 元作为扣收费用、校准基差的预扣金额,若根据中登文件,清算时无须使用该笔金额的,则清算后退回到 Y 某的可用资金中,从而使清算后的"总资产"增加相应金额,故 9 月 8 日开市前或 9 月 13 日开市前数值一般大于前一天收盘时的"总资产"。

(2)关于"融资融券账户账目不清晰,其中透支冲正合计 16,628.28 元,造成投资者账户资金减少"

事实情况:对 Y 某投诉上述流水核实,经查柜台恒生系统中,投资者账户内"透支冲正"流水中,备注为"投资者透支转其他负债"。可参考融资融券合同条款中第 55 条"甲方在本合同有效期内直接还券、卖券还款的,在清算时扣收融券费用及管理费。扣收不到的差额转为其他负债,按融资利率计收利息。"

例如,投资者偿还融券负债后,账户资金余额不足扣除相关利息、红利扣缴等费用,如果直接扣减,账户内产生负值,不符合业务逻辑,故将未能扣减部分自动转为其他负债,由系统补入一笔资金到投资者账户冲平该笔负债所欠利息等款项,并同时生成一笔其他负债。在柜台系统中体现为"投资者透支转其他负债"。

(3)关于"营业部与投资者约定融资融券的比例为 1∶1,而股市行情不好时营业部将投资者的融资融券比例更改为 1∶1.5"

事实情况:Y 某办理信用业务时,个人账户资产较少,故对其授信额度较低,后 2015 年行情好转,投资者账户市值跃升,投资者申请调高信用额度至 78 万元,且操作中融资或融券借入金额均由投资者提起操作，证券公司系统不存在主动为投资者提升信用额度的情况。Y 某指出 2017 年 3 月 27 日在其信用账户净资产 8 万余元的情况下，融券借入 11 万余元，不符合之前约定的融资融券比例 1∶1 的规定。

营业部立即再次向 Y 某讲解信用账户融资融券业务规则，告知 Y 某交易所规定融资保证金比例最低为 100%，融券保证金比例最低为 50%，证券公司根据现行两融合同“第十一条：乙方确定的标的证券范围、可充抵保证金证券范围及折算率标准不超过证券交易所公布的标的证券范围、可充抵保证金证券范围及折算率标准，乙方确定的融资、融券保证金比例和维持担保比例不低于证券交易所公布的融资、融券保证金比例和维持担保比例最低标准”的相关规定，设定融资保证金比例为“100% ~105%”，融券保证金比例为“63% ~105%”，故因保证金比例及折算率的区别，净资产 8 万元是有可能融券 11 万余元的，并无投资者描述“超配”情况。

（4）关于“拒绝向其提供 2014 年 7 月至 2017 年 2 月股票持仓记录”

事实情况：Y 某多次至营业部咨询融资融券账户的计算方法，并要求营业部出具流水资料，根据相关法规和两融合同约定，营业部已为投资者提供历年融资融券对账单，2015 年交易记录、普通及信用账户银行转账记录等资料，并告知 Y 某其可自行在自助机上打印交割记录，或在证券公司网上交易系统中，通过登录手机 APP 软件“账户—查询—资金流水查询/对账单”自助查询 2016 年以来的交易和资金变动情况。在营业部提供相关材料后，Y 某在与营业部的微信对话中已承认收到材料。

虽然 Y 某要求营业部提供其历史持仓记录并非监管条例和合同约定的内容，但从做好投资者服务工作的角度考虑，营业部仍尝试在柜台系统中查询历史持仓信息数据，因系统不支持对投资者历史持仓证券进行某一时间段的汇总查询（柜台系统提供投资者历史对账单、交割单查询打印功能，可查询投资者持仓变动流水和投资者当前持仓情况），但对于历史持仓的明细数据，需根据持仓流水进行推算。故无法按照 Y 某的要求向其提供，营业部已向 Y 某说明相关情况。

（二）投诉处理结果

收到投诉后，营业部立即对 Y 某进行安抚，了解其诉求，同时要求对其投诉的问题逐一梳理核实、与其多次约谈进行解释答疑，按照其要求出具相关融资融券对账单等纸质流水资料，与其进行多次电话回访及面谈，考虑其情绪反复，状态欠佳，曾尝试向其家属打电话询问了解其当时身体、精神状况。

2017年3月至9月由营业部安排多人数次就成本价等问题向Y某讲解说明或进行演示计算，Y某在营业部现场接受讲解时表示接受理解，而后又就同一问题提出质疑及赔偿要求。营业部建议投资者使用理性方式寻求解决办法，但其拒不接受，考虑Y某情绪偏激反复，并得知其已透支信用卡并借钱数万元炒股，无法归还，精神接近崩溃，为了避免Y某作出极端行为，维护社会稳定，履行企业社会责任的初衷，营业部通过总经理办公会议多次讨论最终决定对Y某进行一定程度的经济关怀，用以缓解投资者还款压力。通过2017年7月21日与Y某长时间交流协商，营业部长时间安抚、演示计算、劝解及思想开导，Y某表示愿意接受营业部的处理结果，同时签署了撤诉书。

在收到该笔款项后，Y某未进行信用卡还款，而仍将资金存入证券账户进行股票交易，但行情下跌，在该笔资金存入后盈利情况不及预期，故Y某携其亲属到营业部吵闹，要求再次给予经济帮助。基于之前已进行过该类资助，Y某明知账户未存在问题且持续使用的情况，营业部保持积极态度抚慰Y某，但未应允投资者多次无理索赔的要求。

2018年1月Y某就营业部拒绝打印持仓记录一事，向证监局再次投诉，营业部本着服务至上的理念，继续向Y某作出解释说明，同时营业部坚持晓之以理、动之以情，做好投资者安抚工作。2018年下半年至今，Y某未再继续投诉。

五、案例评析与启示

从本案例中投资者与证券公司争议点的出现、矛盾的激化、投诉的升级以及处理的结果来看，其无论对于证券公司还是投资者都是一种消耗、折磨和伤害。从该案例中我们也得到了一些启示：

（一）证券公司方面

1. 将适当性管理落到实处

证券公司应当充分落实我国《证券期货投资者适当性管理办法》有关规定，切实了解投资者的基本信息、收入来源、投资经验、期望收益、风险偏好等，并科学有效地评估投资者的风险承受能力,提出明确的适当性匹配意见,将适当的业务推荐给合适的投资者。不能因为开展业务而让适当性要求流于形式。在两融业务开户环节切实做好业务规则介绍、风险提示、风险测评等适当性管理工作,让投资者充分了解融资融券业务“双刃剑”的性质并知悉融资融券业务的相关规则以及违约后会被平仓等各类风险。

2. 加强业务学习,注意换位思考

证券公司分支机构工作人员作为面对投资者的一线人员,平时应注重业务知识的学习和积累,特别对于一些专业知识更要牢记于心。只有在投资者出现质疑时,能快速、专业、及时的给予解答,才能获得投资者的信任和理解,也能在纠纷升级前有效将其化解。在纠纷处理过程中,也应注意换位思考,站在投资者的角度看待问题,以同理心安抚投资者。

3. 及时总结经验,加强投资者教育

及时总结工作经验,提升员工的投诉处理能力,并且在日常服务中做好投资者适当性管理和风险提示,做好两融客户的服务工作,在通知和送达环节注意规范和留痕等工作。尽心尽力做好投资者教育工作,从源头减少两融客户投诉纠纷事件的发生。

(二)投资者方面

1. 投资者在参与某项业务前,应认真地、耐心地听取证券公司有关该项业务的介绍、风险提示及适当性匹配意见等,并根据自身的财务状况、投资经验、风险偏好等自主作出判断,避免盲目跟风,冲动地作出决定。

2. 投资者应重视和理解“入市有风险、投资需谨慎”这句话,必须尊重市场规律、敬畏市场,理性面对投资亏损,合理表达自身诉求。

3. 在出现矛盾纠纷时,投资者应积极配合证券公司的相关解释工作,客观地看待问题,相信证券公司的专业性和职业性,避免主观情绪影响自身的判断。

案例二：投资者与证券公司交易系统纠纷案例

一、纠 纷 简 介

投资者S某是某证券公司营业部的客户。2018年2月14日其融券卖出机器人(股票代码:300024),3月6日买券还券,交易系统显示成交,但清算交割时却没有这只股票。其对此存疑,就此事问询营业部,工作人员向总公司反映后回复称:“没有问题,3月6日您没有成交。”投资者表示:“3月6~11日投资者的账户中均未显示有股票机器人,但3月12日晚上其账户中却又出现这只股票。”投资者不认可,认为证券公司交易系统存在问题导致其亏损不合理,故致电投诉,要求该公司恢复投资者2018年3月6日买券还券的成交数据,并赔偿损失1万多元。

二、纠纷争议点

投资者看到系统显示其买券还券委托已成交,而证券公司查询到未成交,证券公司交易系统是否存在问题,证券公司是否应当赔偿投资者的损失。

三、处理过程和结果

1. 仔细核实,妥善处理

在该投诉事项发生后,证券公司营业部对S某交易情况进行了仔细核实,具体情况为:投资者S某于3月6日14时57分26秒(深市收市集合竞价阶段)进行买券还券委托,根据交易所交易规则(价格优先、时间优先),该笔委托于3月6日15时收市时仍未成交,通过系统查询,投资者有委托记录,无成交记录。投资者2月14日至3月19日,投资者两融账户的机器人股票负债合约无变化(投资者于3月20日进行了机器人股票的买券还券委托并成交),不存在投资者所说的修改交易系统数据的情况。

2. 耐心沟通，积极引导

营业部针对投资者诉求内容，对投资者2月14日至3月20日机器人(股票代码:300024)的委托记录及两融合约流水记录进行了查询与核对，已和投资者联系，将系统查询的具体情况向投资者作了详细说明和解释，并告知投资者，交易系统的委托成交记录及清算数据是不能且不可以被修改的，投资者可打印交割单进行查询核对。

投资者表示希望通过第三方机构进行查询，已向投资者提供中国证券登记结算有限公司官网的查询方式。投资者对处理结果满意，并致电“12386”撤诉。

四、案例评析与启示

从本投诉案例可以看出，有时虽然该证券公司并无过错，但投资者还是不依不饶地进行投诉。证券公司在接到投资者投诉后，及时与投资者进行沟通、解释，安抚投资者情绪，同时积极向投资者提供第三方机构查询方式，有理有据地进行回复，最终投资者接受了解释，并继续在该营业部交易，避免了营业部的客户流失。

(一)证券公司方面

1. 加强沟通，提升服务意识。当投资者Y某对其账户交易情况质疑时，证券公司客服人员没有进行充分解释，只是告知投资者交易系统没有问题，导致投资者心中疑惑没有解开，故而投诉。证券公司接到投资者咨询时，即使明知责任在投资者一方，也应耐心解释，加强沟通，当投资者对证券公司解释不予采信时，可以引导其通过第三方机构查询，提升服务意识。

2. 加强投资者教育及适当性管理。分析该起投诉的形成原因，也在于投资者对交易系统和软件的功能的不太了解，主观以为系统是证券公司的，证券公司就可以随意在后台修改交易数据。对于证券公司来说，在投资者开户及日常服务时应适当向投资者讲解系统和软件功能。

(二)投资者方面

目前很多投资者在交易时只要遇到一些小问题就喜欢将问题归结到证券公司

系统存在故障、甚至怀疑存在内幕交易，并且要求赔偿。建议投资者产生疑问时不宜过早下结论，而应主动咨询营业部，平时也应加强证券知识的学习。

案例三：通柜业务办理产生的投诉纠纷评析

一、纠 纷 简 介

投资者 Z 某是某证券公司营业部客户，开户营业部位于吉林长春。投资者目前在湖南长沙，欲注销证券账户。因投资者证券账户绑定的身份证号为 15 位的身份证号，故投资者在销户前需将身份证号更新为 18 位的身份证号。投资者于 2018 年 5 月 16 日前往该证券公司长沙营业部要求帮助自己更新身份证信息且填写了相关资料。营业部工作人员在投资者填写完资料后告知投资者“必须去开户营业部办理，我们无法办理”。投资者对此不认可，认为证券公司营业部为难自己，故致电投诉该营业部告知投资者必须前往开户营业部更新身份证信息不合理，要求该营业部帮助自己更新身份证信息且帮助自己销户。

二、纠纷争议点

投资者是否可以在非开户营业部办理销户业务，证券公司营业部是否存在故意为难投资者的情况。

三、处理过程及处理结果

（一）处理过程

1. 核实原因，对症处理

经营业部核实，投资者 Z 某账户，由于存在留存的身份证信息为一代身份证、柜台小额休眠、资金账号冻结、在中国证券登记结算系统存在多个“一码通”账户、上海中登证券账户休眠、本地证券账户关联了多个“一码通”问题，证券公司营业部柜员在给其办理柜台及中登账户信息规范的过程中,集中柜台系统进行了报错,后续通过UF 2.0系统处理该问题时,系统提示该业务不允许“一柜通”,故导致后续其他业务办理受阻。营业部柜员将次情况告知投资者,投资者当即表示业务流程烦琐,要求销户。但因投资者未完成柜台及中登账户信息规范操作,故销户业务也受阻。由于投资者不理解,不认可业务流程,主观认为营业部存在推脱、为难自己的情形。

营业部在受理投资者投诉后,与总部多方进行沟通,根据投资者的实际情况结合业务办理的要求,形成了解决方案。2018年5月30日,营业部积极邀约投资者至现场解决问题。

2.站在投资者角度,提供超预期服务

由于该营业部正处于装修改造阶段,现场环境较杂乱,且2018年5月30日遇上暴雨恶劣天气,为保障投资者顺利办理业务,营业部对投资者提供了专车接送服务。特将当日柜面日常业务提前办完,专为投资者留出空当,让其体验尊贵业务办理环境,高效流畅办理完业务,为投资者提供超出预期的服务,以体现人文关怀。

(二)处理结果

最终,在营业部相关岗位全力配合及证券公司相关部门协同支持下,投资者于2018年5月30日临柜办理完成投诉事项中所提及的业务,并在现场签署了撤诉书。投资者Z某被营业部工作人员奔波忙碌的身影、热情专业的服务所打动,主动要求对原账户销户并指定在该营业部,该营业部在成功化解投诉之余,为营业部引进新增资产50余万元。

四、案例评析与启示

(一)证券公司方面

1.注重细节,提升服务水平

目前A股市场1人可以开3户,这意味着投资者有更多的选择权,并促使着证券公司提升服务水平。在本案例中,虽然营业部并没有故意为难投资者,但当办理业务受阻时,应积极协调沟通处理,对于投资者不理解业务办理规则,应耐心做好解释工作。

2. 妥善处理,变诉为金

投诉对证券公司来说也提供了一次二次开发的契机,在本案例的投诉处理过程中,正是由于营业部给投资者提供了超预期的服务,导致投资者对营业部的看法发生了转变,成功吸引投资者到该营业部开户。

(二)投资者方面

当遇到问题时,积极联系证券公司寻求解决方案,听取证券公司的解释,协商解决,不要因为错误的主观判断及情绪因素对证券公司产生误解。

案例11:“诱空型”虚假陈述民事责任因果关系的认定案例

熊　杰*

一、案 件 简 介

A公司系公开发行股票并在深圳证券交易所上市交易的上市公司,B公司系A公司的控股股东,C公司系A公司的大股东、B公司的一致行动人。2013年6月13日A公司在中国证监会指定信息披露网站发布提示性公告,载明:A公司接到B公司和C公司通知,C公司已经与D公司签订股权转让协议,拟将其持有的A公司6.71%的股票转让给D公司,D公司与B公司、C公司不存在一致行动关系。2014年7月12日A公司在中国证监会指定网站发布公告,载明:D公司已于2014年7月7日至11日通过深圳证券交易所集中竞价交易系统减持A公司股票,减持后,D公司持有的A公司股票不到A公司总股本的5%。

2017年5月5日中国证监会作出(2017)44号行政处罚决定书,载明:D公司通过A公司公告拟受让C公司出让的占A公司总股本6.71%的股票,于2013年9月完成股权过户手续。2013年6月至9月,B公司的一致行动人E公司与D公司签订《股权代持协议》,约定由E公司实际出资以D公司名义购买A公司股票并由E公司享有相关投资权益,由E公司出资购买并交由D公司代持的A公司股票占A公司总股本6.71%;A公司没有及时履行D公司与E公司签订股权代持协议事项的信息披露义务,D公司及相应证人证言均指称A公司时任董事长李某某参与了

* 北京市中伦律师事务所合伙人。

股权代持协议的签订,A 公司未按规定履行信息披露义务违反了我国《证券法》第 63 条、第 67 第 2 款第 8 项的规定,构成《证券法》第 193 条所述的违法行为……依据我国《证券法》第 193 条的规定,决定:对 A 公司、E 公司给予警告,并分别处以 60 万元罚款……

2014 年 10 月 31 日投资者甲以 18.31 元价格买入了 3200 股 A 公司股票,成交金额为 60,512 元。2014 年 11 月 28 日甲以每股 17.86 元卖出 3200 股 A 公司股票,成交金额为 57,152 元。

投资者甲于 2018 年 6 月向重庆市第一中级人民法院提起诉讼,要求 A 公司赔偿其投资 A 公司股票遭受的损失。重庆市第一中级人民法院立案后将案件提交中证中小投资者服务中心进行调解,因双方分歧太大未能达成一致意见,终止调解。投资者甲在诉状中提出诉讼请求:请求判令 A 公司赔偿原告损失 3360 元;诉讼费用由 A 公司承担。甲提出的事实和理由:A 公司未按照规定披露 D 代 E 持有 A 公司股票的信息,导致了甲的损失;甲是在 A 公司虚假陈述实施日之后至揭露日之前的期间之内购买的 A 公司股票,根据我国《证券法》、最高人民法院《关于审理虚假陈述引发的民事赔偿案件的若干规定》(以下简称《若干规定》)等法律法规的规定,甲的投资损失与 A 公司的虚假陈述行为之间具有因果关系。A 公司辩称:A 公司受到行政处罚的信息披露违法行为,系 A 公司未及时披露 D 公司与 E 公司签订代持 A 公司股票协议事项,该代持行为未改变 A 公司控股股东 B 公司的持股比例和控股地位,也未改变某某大学的实际控制人地位,不影响投资人的投资决策,不具有重大性,且属于消极沉默的“诱空型”虚假陈述,不会诱导投资者作出积极买入 A 公司股票的交易决策,投资人甲的投资决策、投资损失与前述虚假陈述行为之间不存在因果联系;投资者甲的损失系 D 公司发布对 A 公司具有负面影响的歪曲事实的声明叠加证券市场系统风险导致股价下跌造成的,与 A 公司的信息披露违法行为无关,A 公司不应当承担投资者甲投资损失的赔偿责任。

重庆市第一中级人民法院经审理后认为,A 公司虽未及时履行 D 公司与 E 公司签订代持 A 公司股票协议事项的信息披露义务,但 D 公司与 E 公司签订代持协议事项不属于我国《证券法》第 67 条规定的对 A 公司股票交易价格产生较大影响的重大事件;且无论实际股东 E 公司还是记名股东 D 公司均非 A 公司控股股东,A 公司实际控制人地位也不受该股权代持事项的影响,故该股权代持事项不具有重大性,不会对股票价格涨跌产生实质性影响,对投资者的交易决策不具有明显的利空或利好意义;在本案中,控股股东 B 公司及其一致行动人 C 公司对外呈现出减持 A 公司股票,但实际仍由 B 公司另一一致行动人 E 公司持有相应股票,隐藏利好消息,发布利空消息,属于"诱空型"虚假陈述,该行为不会诱导投资者作出积极买入 A 公司股票的决策;投资者甲买入 A 公司股票的时间是在 A 公司虚假陈述行为实施日 1 年以后,表明了投资者甲的投资行为与 A 公司的虚假陈述行为无关;投资者甲的投资损失系 D 公司发布对 A 公司具有负面影响的声明,叠加证券市场系统风险等其他因素所致。故 A 公司的虚假陈述行为不具有重大性,对投资者甲的投资行为不具有实质影响,与投资者甲的投资损失不具有因果关系,遂判决驳回了投资者甲的诉讼请求。

二、"诱空型"虚假陈述的含义

"诱空型"虚假陈述是虚假陈述之一种类型。因此,要理解"诱空型"虚假陈述,需先理解虚假陈述。虚假陈述,也称为不实陈述,泛指一切过失或无过失状态下作出的与事实不相符合的陈述、信息披露行为。根据《若干规定》第 17 条的规定,证券市场虚假陈述,是指信息披露义务人违反证券法律规定,对重大事件作出违背事实真相的虚假记载、误导性陈述,或者在披露信息时发生重大遗漏、不正当披露信息的行为。虚假记载是指信息披露义务人在披露信息时,将不存在的事实在信息披露文件中予以记载的行为;误导性陈述,是指虚假陈述行为人在信息披露文件中或者通过媒体,作出使投资人对其投资行为发生错误判断并产生重大影响的陈述;重大遗漏,是指信息披露义务人在信息披露文件中,未将应当记载的事项完全或部分予以记载;不正当披露,是指信息披露义务人未在适当期限内或者未以法定方式公开披露应当披露的信息。

根据《若干规定》第 17 条的规定,证券市场虚假陈述行为具有如下特征:

1. 主体的特定性,虚假陈述行为的主体是特定的。虚假陈述行为主体限于信息披露义务人。根据我国现行证券法律法规和规范性文件的规定,信息披露义务人包括发行人、上市公司及其董事、监事、高级管理人员和其他直接责任人员,上市公司控股股东及实际控制人、持股 5% 以上的大股东,承销商、中介机构及其从业人员等。

2.违法性,虚假陈述行为必须是违反了证券法律法规中关于信息披露的强制性的义务性规范或禁止性规范的行为。

3.重大性,虚假陈述行为内容必须是对证券交易价格和投资者交易决策可能产生较大影响的重大事件。

4.时间和空间的限定性,虚假陈述行为发生在证券市场信息披露义务人履行强制信息披露义务的过程中。证券市场包括发行人向社会公开募集股份的发行市场、通过证券交易所报价系统进行证券交易的市场、证券公司代办股份转让的市场以及国家批准设立的其他证券市场。根据最高人民法院《若干规定》第3条的规定,在国家批准设立的证券市场之外进行的交易以及以协议转让方式进行的交易,不包含在《若干规定》规定的证券市场之内。

5.表现方式具有多样性,包括虚假记载、误导性陈述、重大遗漏、不正当披露等。

根据不同标准可以对证券市场虚假陈述进行不同的分类。按照虚假陈述对投资者投资交易决策和证券交易价格的影响方向,可以将虚假陈述行为分为"诱多型"虚假陈述与"诱空型"虚假陈述。"诱多型"虚假陈述,是指能够诱使投资者产生证券价格上涨预期,作出积极买入证券的交易决策,助推证券交易价格上涨的虚假陈述。如虚增利润,虚构大额业务订单,隐瞒利空消息等。"诱空型"虚假陈述是指能够诱使投资者产生证券价格下跌预期,作出提前卖出证券的决策,压低证券交易价格的虚假陈述。如发布虚假的利空消息,隐瞒利润,隐瞒实质的利好消息等,使证券价格应上涨却未上涨,不应下跌却下跌。"诱空型"虚假陈述被揭露或被更正后通常会使相关联的证券价格回升,使提前卖出的投资者应得的利润减少从而蒙受损失。"诱空型"虚假陈述往往与并购、内幕交易、操纵证券价格等违法行为相关联,通常是出于实现低成本的对目标公司的并购或者操纵证券市场的目的而进行的虚假陈述。

三、"诱空型"虚假陈述与损害后果之间的因果关系的认定

(一)虚假陈述民事责任因果关系的特殊性

虚假陈述的民事责任属于侵权责任,而且属于特殊的侵权责任。无论是一般

的侵权民事责任还是特殊侵权民事责任,因果关系都是民事责任构成要件之一,没有因果关系,侵权责任不成立。在处理民事赔偿责任案件,尤其是在确定损害赔偿的范围与赔偿金额时,因果关系都是极为重要的问题。

就哲学意义而言,一个现象引起另一个现象发生,前者被称为原因,后者被称为结果。原因与结果之间引起与被引起的关系就是因果关系。整个世界处于因果关系的链条之中。从一定意义上来看,昨天是今天的原因,今天是昨天的结果,今天又是明天的原因,明天又是今天的结果。因果关系具有复杂性,存在一因一果,多因一果,还存在一因多果,多因多果等复杂现象。

根据不同标准,可以对因果关系进行不同分类。根据原因对结果的影响大小,因果关系可以分为必然因果关系与相当因果关系。必然因果关系指一种原因必然引起一种或多种结果的关系。相当因果关系指一种原因对一种或多种结果的发生具有一定或相当的影响力,与其他原因或者条件共同作用导致了一种结果或多种结果的发生。从因果关系是否具有法律拟制属性,因果关系可以分为事实因果关系和法律因果关系。事实因果关系,是指单纯从客观事实上具有引起与被引起的因果关系,与法律的拟制无关。法律因果关系,是指法律规定在一定情形下,因法律规定或推定而成立的因果关系。相当因果关系和法律因果关系可以较好地解释证券市场虚假陈述民事责任的因果关系认定。

单一证券价格尤其是股票价格变动的因果关系更是具有复杂性和特殊性,属于典型的多因一果的因果关系。原因如下:

第一,影响证券市场价格变动因素众多,政治、经济、社会、心理等各种因素都可能引起证券价格的变动。整体的证券市场价格变动趋势受到一国甚至全球政治经济事件的影响,如重大政治事件、重要国家的金融危机事件、重要国家的利率政策及整体的资金供应等因素影响。对于一个具体的证券,例如,一个公司的股票,既要受到系统性因素的影响,也会受到个股因素的影响。这些个股因素包括影响该公司经营业绩的各种因素的变动,内幕交易和价格操纵者的活动,该公司或利益相关者发布的真实的或虚假的信息等。

第二,证券交易方式具有特殊性。普通的货物买卖等,买方和卖方都是特定的,多是一对一和面对面的交易,一般都要经过交易谈判、订立合同和执行合同等程序,交易双方都相互较为了解,双方的责任边界也较为清晰。而证券市场的交易多是通过证券交易所的集中竞价交易系统进行交易，交易量大，参与交易的人数众多，交易价格即时变化，卖者不知所卖出的证券是谁买的，买者也不知所买入证券是谁卖的，相互间更不知道对方何以买或何以卖，属于背对背的交易。

第三，证券交易决策具有个体差异性和主观性。面对一个突发的利好消息，多数投资者会认为会导致证券价格上涨，会作出积极买入证券的投资决策，众多的积极买入交易也会客观上推动证券价格上涨；另一些投资者会认为，利好消息公布，证券价格上涨，是一个好的卖出机会，从而作出卖出的交易决策。面对一个突发的利空消息，引发多数投资者的证券价格下跌预期，从而作出卖出止损的交易决策，另一些投资者可能会认为，利空消息公布，股票价格下跌，是一个好的买入机会，从而作出卖出的交易决策。由此可见，面对同一只证券和同样的市场信息，是买入、卖出，还是等待，不同的投资者完全会有不同的选择。

最后，投资者投资证券市场，本身应当承担必然的投资风险。股票交易有风险，入市须谨慎。投资者投资于证券市场，理所应当接受和承担除证券欺诈行为之外的因素导致的证券价格市场变动风险，应当有承担投资损失的心理准备。

由于证券市场价格变动的因果关系的特殊性和复杂性，决定了虚假陈述民事责任因果关系的特殊性和复杂性。虚假陈述民事赔偿案件投资者的损失通常是投资者受到虚假陈述行为欺诈作出的投资决策导致的损失与其应当承担的投资商业风险导致的损失交织在一起，要区分清楚哪部分损失是投资者应当承担的商业风险导致的损失，哪部分损失是投资者受到虚假陈述行为欺诈导致的损失，实非易事。

（二）虚假陈述民事责任因果关系的两分法：交易因果关系与损失因果关系

没有交易就没有损失。投资者的损失都是通过交易来实现的。例如，应当低价买入却高价买入，应当高价卖出却低价卖出，都是投资者的损失，前者是买入者的损失，后者是卖出者的损失。在虚假陈述民事赔偿案件中，受虚假陈述影响的投资者遭受的损失，也是通过交易实现的。交易是遭受损失的直接原因，虚假陈述是影响交易的直接原因，是投资者遭受损失的间接原因。虚假陈述行为本身不会直接导致投资者损失，是通过影响投资者的交易决策间接导致投资损失。虚假陈述与投资者交易行为之间的因果关系为交易因果关系，虚假陈述行为与投资者交易行为导致的损失之间的因果关系为损失因果关系。交易因果关系为直接的因果关系,损失因果关系为间接因果关系。根据我国的司法实践,在虚假陈述民事赔偿案件中投资者要获得赔偿,需要满足交易因果关系与损失因果关系同时成立的条件。

在虚假陈述行为影响期内,投资者因合理信赖该陈述行为而实施了交易行为,应当推定虚假陈述行为与投资者交易行为之间的交易因果关系成立,投资者因前述交易行为遭受了实际损失,应当认定虚假陈述行为与投资者损失之间的因果关系成立。如果在虚假陈述行为影响完全消退,例如,虚假陈述行为实施日久远之后或揭露日或更正日后或明知是虚假陈述而交易的,应当认定交易因果关系不成立。如果交易因果关系成立,但因各种原因影响,投资者没有遭受实际损失,司法实践中多认定为损失因果关系不成立。

(三)“诱空型”虚假陈述民事责任的交易因果关系与损失因果关系

在“诱空型”虚假陈述行为实施日后,投资者在“诱空型”虚假陈述行为影响期内,因合理信赖“诱空型”虚假陈述行为而实施了卖出的交易行为,应当推定“诱空型”虚假陈述行为与投资者的卖出交易行为之间交易因果关系成立。如果投资者在“诱空型”虚假陈述影响力完全消退后如在“诱空型”虚假陈述实施日时间久远之后或者“诱空型”虚假陈述被揭露日或被更正日后,或者明知是“诱空型”虚假陈述而卖出关联证券的,应当认定为“诱空型”虚假陈述对投资者的交易决策没有发生影响,“诱空型”虚假陈述与投资者卖出交易行为之间交易因果关系不成立。

投资者因受到“诱空型”交易行为影响,信赖“诱空型”虚假陈述而实施了卖出交易行为遭受实际损失的,应当认定为“诱空型”虚假陈述行为与投资者损失之间损失因果关系成立。就理论上而言,如果交易因果关系成立,投资者本能以更高价格卖出,因受“诱空型”虚假陈述影响,却只能以较低价格卖出,投资者失去了本来应该获得的利润,即使相比较于投资者买入该证券的价格没有损失,投资者本应获得的利润损失,也应该认定为损失因果关系成立。只不过投资者本应获得的利润损失证明难度较大。

就理论而言,“诱空型”虚假陈述实施日后在“诱空型”虚假陈述影响下买入证券,投资者是受益的,不存在受损的问题,无损失则无赔偿,因而不存在损失赔偿问题。即使投资者在“诱空型”虚假陈述实施日后买入证券,在“诱空型”虚假陈述揭露日或更正日后卖出该证券遭受了实际损失,该等损失也必然是其他因素导致的损失,与“诱空型”虚假陈述之间既不存在交易因果关系,也不存在损失因果关系,

“诱空型”虚假陈述行为人也不应当予以赔偿。

（四）我国现行司法政策缺失对“诱空型”虚假陈述民事责任因果关系认定规则成文规定

我国现行《证券法》并没有对虚假陈述民事责任的因果关系进行详细规定。《若干规定》首次对虚假陈述与投资者损失之间的因果关系的认定规则进行了明确规定，对人民法院审理由虚假陈述引发的民事赔偿案件民事责任因果关系的认定了发挥了极为重要的作用。《若干规定》第18条规定：“投资人具有以下情形的，人民法院应当认定虚假陈述与损害结果之间存在因果关系：（一）投资人所投资的是与虚假陈述直接关联的证券；（二）投资人在虚假陈述实施日及以后，至揭露日或者更正日之前买入该证券；（三）投资人在虚假陈述揭露日或者更正日及以后，因卖出该证券发生亏损，或者因持续持有该证券而产生亏损。”《若干规定》第19条规定：“被告举证证明原告具有以下情形的，人民法院应当认定虚假陈述与损害结果之间不存在因果关系：（一）在虚假陈述揭露日或者更正日之前已经卖出证券；（二）在虚假陈述揭露日或者更正日及以后进行的投资；（三）明知虚假陈述存在而进行的投资；（四）损失或者部分损失是由证券市场系统风险等其他因素所导致；（五）属于恶意投资、操纵证券价格的。”

从《若干规定》第18条规定的虚假陈述与损害后果因果关系成立的必要条件之一是投资人在虚假陈述实施日及以后，至揭露日或者更正日之前买入该证券，但只有“诱多型”虚假陈述民事责任因果关系才需要这一条件。从《若干规定》第19条规定的虚假陈述与损害后果之间不具有因果关系的情形之一就是投资人在虚假陈述揭露日或更正日前已经卖出该证券。而在“诱空型”虚假陈述实施日及以后，至揭露日或更正日前卖出证券，恰好是理论上的“诱空型”虚假陈述民事责任的因果关系成立的条件之一。因此，完全可以认为《若干规定》仅仅规定了“诱多型”虚假陈述民事责任及其因果关系的认定规则，这可能与我国证券市场虚假陈述行为主要是“诱多型”虚假陈述，“诱空型”虚假陈述数量较少、更具隐蔽性有关。对“诱空型”虚假陈述民事责任及其因果关系认定的规定缺失，不能不说是《若干规定》的一大缺憾。

（五）“诱空型”虚假陈述民事责任因果关系成立要件

由于“诱空型”虚假陈述具有诱使投资者产生证券价格下跌预期、作出卖出证券的交易决策、打压证券价格的本质特点,因此,“诱空型”虚假陈述民事责任因果关于的成立要件与“诱多型”虚假陈述民事责任因果关系的成立要件具有本质的差异。“诱空型”虚假陈述民事责任因果关系的成立要件应当包括如下要件:

1.“诱空型”虚假陈述具有重大性,能够对直接关联的证券交易价格产生实质性影响;

2.投资者投资的是与“诱空型”虚假陈述直接关联的证券;

3.投资者在“诱空型”虚假陈述实施日及以后至揭露日或更正日前卖出了该证券;

4.投资者因“诱空型”虚假陈述实施日及以后至揭露日或更正日前卖出该证券遭受了实际损失。

在满足以上4个条件的情形下,应该认定“诱空型”虚假陈述民事责任因果关系成立。前3个条件满足可以认定“诱空型”虚假陈述民事责任的交易因果关系成立,在交易因果关系成立的情形下,遭受到了实际损失,即第四个条件也满足的情形下,可以认定损失因果关系也成立。

具有以下情形之一的,应当认定诱空型虚假陈述民事责任的因果关系不成立:

1.“诱空型”虚假陈述不具有重大性。依据普通投资者的判断标准,如果“诱空型”虚假陈述对投资者交易的证券价格不具有实质性的影响,说明“诱空型”虚假陈述不具有重大性。

2.投资者买入和卖出证券的时间节点不符合要求。“诱空型”虚假陈述民事赔偿案件的投资者要成功地向信息披露义务人索赔的条件之一应该是该投资者在“诱空型”虚假陈述行为实施日前买入证券,在“诱空型”虚假陈述实施日及以后至揭露日或更正日前卖出证券。这一点是由“诱空型”虚假陈述对投资者交易决策和证券价格变动的影响方向决定的。如果投资者是在“诱空型”虚假陈述实施日后买入或者在揭露日或更正日后卖出证券,说明“诱空型”虚假陈述对该投资者的交易决策没有影响,“诱空型”虚假陈述民事责任的交易因果关系不成立。

3.投资者明知是“诱空型”虚假陈述而在“诱空型”虚假陈述实施日及以后卖出该证券。即使投资者买入和卖出的时间节点符合要求,但投资者明知是“诱空型”虚假陈述而卖出证券,说明投资者的交易决策没有受到“诱空型”虚假陈述的影响,而是因为其他原因如担心证券市场系统风险,投资者自身有紧迫的资金需求等原因而卖出该证券。投资者明知是“诱空型”虚假陈述而交易的,说明“诱空型”虚假陈述行为与投资者的交易决策没有因果关系,即交易因果关系不成立。

4. 投资者没有受到损失。投资者即使在“诱空型”虚假陈述实施日及以后揭露日或更正日前卖出了相应证券,但投资者没有因信赖“诱空型”虚假陈述行为作出的交易决策遭受损失,说明损失因果关系不成立。此处的是否遭受损失应当在扣减系统性风险的影响后作出判断。

5. 投资者的损失全部或者部分是由系统风险所导致。在司法实践中,如果投资者交易的证券走势与大盘或同类股票的走势基本一致,法院通常认为虚假陈述行为与该证券的价格变动没有因果关系。投资者因交易该证券遭受的损失,与“诱空型”或“诱多型”虚假陈述均无损失因果关系。

四、证券市场虚假陈述民事责任因果关系认定规则的完善

因果关系是侵权行为民事责任的重要构成要件。一般侵权民事责任构成要件要求加害行为与损害后果之间存在直接的因果关系。在证券市场虚假陈述民事赔偿案件中,增加了投资者受虚假陈述影响或因信赖虚假陈述行为而进行投资交易这一行为要素。没有投资者投资交易这一行为要素作为中间环节,投资者的投资损失也就不会发生。《若干规定》在虚假陈述民事责任因果关系认定规则方面未能明确区分交易因果关系与损失因果关系,也未能涵盖“诱空型”虚假陈述民事责任因果关系的认定,因此,建议在以后的证券立法或司法解释中:

1. 明确区分虚假陈述民事责任交易因果关系与损失因果关系

虚假陈述行为人要赔偿投资者损失,应当满足交易因果关系与损失因果关系同时成立的条件。但交易因果关系与损失因果关系的功能侧重点不同。交易因果关系重点在于解决虚假陈述对投资者交易行为的影响问题,解决民事赔偿责任是否成立问题;损失因果关系重点在于解决投资者是否因信赖虚假陈述实施的交易行为遭遇到损失的问题,解决赔偿范围问题。区分交易因果关系和损失因果关系,有利于正确地处理证券市场虚假陈述引发的民事赔偿案件。

2. 补充“诱空型”虚假陈述民事责任因果关系认定规则

相对于“诱多型”虚假陈述,“诱空型”虚假陈述数量较少。但“诱空型”虚假陈

述也是一种证券市场欺诈行为,理当承担民事赔偿等法律责任。从我国证券市场实际运行情况来看,在国企改制、管理层收购、员工持股、并购等活动中,上市公司或相关利益方隐瞒资产,隐瞒利润,不及时披露重大利好消息,刻意压低证券价格的行为也不时见诸报端。在一些操纵证券价格的违法活动中,为低价吸筹,故意打压证券价格,发布虚假的利空消息的行为,也时有所闻,或者在多年后爆出真相。因此,在司法政策中,补充包括因果关系认定规则在内的"诱空型"虚假陈述民事责任构成要件认定规则,有利于完善我国证券市场民事赔偿制度,有利于调动社会力量打击包括"诱空型"虚假陈述在内的证券市场欺诈行为,加重证券市场违法行为的违法成本,抑制证券市场欺诈违法冲动,维护公正的证券市场环境,有利于保护社会公众投资者,也有利于保护国有控股上市公司中的国有资本,防止国有资本被低价出售。

五、结　　语

随着我国证券市场的发展,人民法院审理的证券市场虚假陈述案件的增多,法官、律师、学者对相关案例的研究日益深入,对证券市场虚假陈述的成因、种类、影响机制、影响范围等认识更加深刻、全面,有必要总结人民法院审理证券市场民事赔偿案件的经验教训,可以借鉴发达资本市场的成熟理论,在证券立法和司法解释中,补充完善"诱空型"虚假陈述民事责任因果关系认定规则,充分发挥民事赔偿制度在调动各种社会力量参与与证券市场欺诈行为作斗争中的作用,以建立一个更加公正、高效的证券市场,完善证券市场持续良性发展的基础设施。

案例12：证券公司经纪业务中的纠纷案例

中证湖南调解工作站　财富证券有限责任公司

证券公司与客户（或称投资者）之间的关系，是各国证券立法规制的核心问题。从已公开的我国《证券法》修改草案来看，我国证券立法也面临着从证券发行监管向证券交易规制的转型，证券公司与客户之间关系正变成越来越重要的问题。证券公司既是证券市场的重要参与者，也是证券服务的专业提供者，更是金融商品交易的媒介者。证券公司既要面对各类证券发行主体，又要面对数量众多的投资者，也必然面临各种市场风险和法律风险。只有妥当处理证券公司与客户之间的关系，才能有效预防、化解各种法律风险，才能最终形成证券公司的持续服务能力和市场竞争能力。我国证券市场正处于新兴加转轨的时期，融合了传统经济与市场经济的复杂因素。证券公司既要面对证券业不断推陈出新的竞争局面，又要面对传统经济秩序和社会观念的顽强挑战；既要实现自身向市场化主体的转型，又要承受来自政治、社会、文化和习惯的各种制约；既要坚持证券市场的法制化道路，又不得不面对复杂因素带来的现实羁绊。在如此背景下，证券公司与客户关系变得复杂。对于证券公司来说，重视投资者需求，提供满足投资者需求的产品和服务是其成功的关键。良好的投资关系以及投资者权益管理，在平衡投资者价值和证券公司价值、给予投资者让渡自身利益的理由的基础上，提升投资者满意度，增加投资者的重复购买可能性，培养投资者忠诚，实现挽留投资者和将投资者终身价值最大化，降低高度扰动的市场环境下企业经营风险的同时，增强证券公司长期盈利的能力，最终才能实现促进证券公司自身发展的目的。

一、证券纠纷调解特点

1. 涉及主体众多,影响广泛

证券争议可能涉及的类型包括以下几种:投资人与经纪商之间的委托合同争议、投资人与证券投资顾问公司之间因投资顾问行为所发生的争议、投资人与证券金融事业单位之间因融资、融券行为发生的争议、经纪交易商相互之间的争议、证券发行人与证券承销商之间因承销合同所产生的争议,以及经纪交易商和证券交易所之间的争议等。该等类型的案件往往争议标的较大,其中尤以涉及公众投资者的争议案件为典型代表。单个投资者要求的赔偿额可能并不大,但由于受到波及的投资者众多,因此总赔偿额度往往很大。对于涉及争议的上市公司或证券公司来说,一旦因违规行为被揭露而引发大规模索赔事件,往往也会使其运营受到严重影响,索赔有可能导致公司资金链断裂而陷入严重的困境,如果由此导致公司破产,则会引发更大规模的信用风险,引起更大范围的震动。

2. 证券争议案件的专业性强

证券纠纷往往涉及证券的发行、交易等环节,具有很强的专业性和技术性,与其他民事、商事争议相比,对证券纠纷案件作出判断不仅需要对法律具有充分的理解,还需要掌握相应金融领域的专业知识和经验,同时对证券市场的各种规则也要有熟练的把握。我国目前处理证券纠纷的相关实体法与程序法的缺位,给目前作为处理证券纠纷主体的法院系统带来了很大的负担。综观目前已进入法院诉讼程序的证券诉讼案件,它们一般都经历了非常漫长的诉讼历程,除因政策原因而被耽搁外,证券争议案件的复杂性是最根本的原因。

3. 受证券市场其他因素影响而复杂化

在证券纠纷处理过程中,往往会因其他事件的产生而进一步复杂化。如我国证券交易结算资金的存管制度,经历了独立存管、第三方存管的变革,其间涉及大量的证券委托理财纠纷、风险券商"挪券""挪保"案件。这些事件的产生以及随之而来的制度变革,使纠纷中的各个主体必须据之作出新的选择,同时这也是一个互相影响的过程,其对于纠纷解决态度和立场的不同,也使冲突与纠纷更加复杂化。

二、证券纠纷调解的性质

一般而言，证券纠纷调解具有以下几个主要的性质：

1. 证券纠纷调解是在第三方介入的情况下完成的纠纷解决活动。证券调解由独立的调解人居中主持。调解人与自己正在调解的民事纠纷及其当事人没有利害关系，必须公平地对待纠纷双方当事人。居中调解人的存在，使调解与和解显然区别开来。"和解"是指纠纷双方主体以自由平等协商、相互妥协的方式和平解决纠纷，其间没有居中调解人主持解决纠纷。虽然担任调解人的可以是国家机关、社会组织、专门机构或个人，但作为第三方的角色只是协助当事人达成调解协议或促进调解进行，而并不能作为裁判者，虽然其意见能够影响纠纷的处理，但其并不能替代当事人对纠纷处理作出决断。

2. 证券纠纷调解是以双方当事人自愿为前提。是否运用调解、如何进行调解、调解结果如何，均取决于纠纷双方当事人的合意。调解的本质功能是促成合意的形成，是非强制性的纠纷解决程序，所以从调解程序的启动到调解程序的进行和调解结果的达成均以当事人自愿为根本原则。但就在法院附设的替代性纠纷解决方式而言，对于特定类型的纠纷当事人需要经过调解程序后才能进入诉讼程序。当然，纠纷处理结果依然要依据当事人自愿而定。

3. 调解协议不具有国家强制力。就本质上而言，调解协议是双方当事人间解决纠纷的合意，是当事人自由处分自己权利的体现，需要当事人自愿遵守和履行，一旦当事人反悔另行起诉则协议自然不生效。为了防止滥诉和司法资源的浪费，很多国家规定达成的和解协议一旦经过法院及其他权威机构的登记认证后即产生严格的法律约束力。

4. 调解具有便利性和灵活性。与审判程序相比较，调解无须严格的程序，一般都可以不公开，当事人可以在比较和谐的而非对抗性的氛围中化解矛盾；而作为纠纷解决所适用的规范，除法律规范和原则外，还可以以各种有关的社会规范作为依据和标准，如地方惯例、行业标准、公共道德标准、通行的公平原则等。由此，当事人可以根据自身的利益和条件充分地进行协商和交易，达成双方都能接受的协议。

三、经纪业务中的客户关系

“经纪业务中的客户关系”指投资者在证券公司开立证券账户,证券公司受“委托”从事证券交易产生的证券公司与客户的法律关系。我国《证券法》在规定经纪业务的有关规则时,使用了“委托”的概念。经纪业务中的客户关系建立在证券账户之上,故要考虑不同于一般委托代理的情形。处理经纪业务中的客户关系,既要做好风控,又要作足应诉准备。

证券账户是无纸化证券的核心。无纸化证券成为目前我国证券表征方式的主流。无纸化证券表现为证券账户形式,证券的占有和交易不能适用民法上物的占有和交付规则。依据我国《证券登记结算管理办法》第17条的规定,证券账户与证券的持有、表彰、证明与变动等密切关联,投资者通过持有和操作证券账户支配证券。

2002年实施的《中国证券登记结算有限责任公司证券账户管理规则》首次专门规定了证券账户管理问题,基本实现了沪深交易所证券账户各环节的统一,但未完全统一业务操作和管理规则。2014年10月经过修订的《中国证券登记结算有限责任公司证券账户管理规则》开始实施。依据该规则,投资者证券账户包括“一码通”总账户及其关联子账户,二者共同形成多层次证券账户架构。“一码通”总账户的职能是统一记录各子账户的证券持有和变动的总情况,记录适当性管理信息;子账户的职能是记录投资者的特定证券持有和变动的具体情况。多层次证券账户架构建立了总账户与子账户以及各子账户之间的关联,便于对账户信息的集中储存与统一管理。

1. 案例简介

线上引流客户李先生来电反映,其于2015年10月通过网络在某证券公司开户,现因从业要求,需注销账户。2017年4月27日其到公司广州营业部欲办理销户手续,被告知其归属杭州营业部,因此需到杭州营业部办理销户,广州营业部无法办理。李先生就此投诉。

2. 调解过程及结果

在调解员将李先生的投诉情况告知广州营业部后,广州营业部表示由于李先生为异地营业部的客户,销户过程中需要其输入相关密码,因此无法在本营业部办理。调解员告知广州营业部,根据我国《中国证券登记结算有限责任公司证券账户业务指南》(以下简称《证券账户业务指南》)第5.1.1条的规定,营业部应当受理李先生的销户申请,为其异地办理销户提供便利条件。调解员建议营业部与杭州营业部沟通。后营业部致电调解员,称已帮李先生办理销户手续。

3. 案件评析及启示

本案主要是由于广州营业部不了解相关销户规则所引起的。《证券账户业务指南》第5.1.1条第2款规定:"开户代理机构应当为投资者异地办理证券账户注销业务提供便利条件,所属各开户代理网点应当通柜受理投资者账户注销业务申请,履行必要的审核义务后转交具有办理权限的开户代理网点办理。"该条款中的"应当"是指必须,因此,各证券营业部不得以各种理由拒绝投资者提出的异地销户业务申请。

本案的启示:由于《证券账户业务指南》是2014年发布的,部分证券营业部的员工因不太熟悉,故旧思路想当然地认为不能异地销户。本案告诉我们,证券从业人员要时刻关注证券行业最新的规定,及时学习、掌握新规则,从而更好地为客户服务。

四、证券账户的使用

(一)证券账户的保管与盗用

投资者应当妥善保管账户,证券公司须妥善管理和保护账户。投资者有协助义务,因未尽协助义务所致损失应由其自行负责。证券公司擅自使用投资者证券账户违反我国《证券法》第79条。若擅自使用带来账户盈利的,现有规则无法处理。若放任证券公司占有盈利将鼓励违法,有必要引入不法管理规则,要求其返还盈利。

(二)指令错误

1. 类型化分析

第一,投资者自身原因造成的损失:投资者应自行承担所致损失。

第二,证券公司原因造成的损失:一是证券公司工作人员的行为导致,应由证券公司承担损失。二是证券公司交易系统发生故障导致,证券公司应承担损失。三是证券公司系统信息与交易所系统信息不同步导致,证券公司发布信息仅作参考,投资者应依据法定信息平台的信息作出决策,证券公司无责任。

第三,第三人原因造成的损失:若证券公司已尽到正常的维护义务,则证券公司无责任;若相反,证券公司应承担相应责任。

2. 应对指令错误的措施

为防控风险,必须提高交易系统用户友好度,建立系统事前检查、交易过程监控和预警机制,做好系统防护准备,建立异常交易实时问询机制,建立风险管控基金和相关保险制度。

3. 案例简介

营业部客户任先生通过全国统一客服热线反映,其于 2017 年 3 月 16 日通过手机客户端进行买卖委托,任先生表示在自己点击限价委托买卖下方的对方最优价格后,系统以最高价格成交了相关股票,并扣除了资金。随后其咨询营业部,被告知:“主要是你自己操作失误买入股票,与营业部无关。”任先生认为营业部对该问题没有解释清楚,且其本人是不会在股票上涨到最高时买进,其怀疑证券公司手机版的交易软件存在问题,因此投诉,要求营业部给予合理解释。

4. 调解过程及结果

调解员将任先生的投诉情况告知营业部后,营业部便立即向任先生解释,告知其选择的委托方式是市价委托,与限价委托方式有所区别,同时也教导其应如何正确使用手机交易软件,最终任先生表示理解。后调解员回访任先生,任先生表示营业部已解释清楚,其已无异议了。

5. 案例评析及启示

本案主要是任先生分不清两种委托方式所引起的。我国《上海证券交易所交易规则》第 3.3.5 条规定:“客户可以采用限价委托或市价委托的方式委托会员买卖证券。限价委托是指客户委托会员按其限定的价格买卖证券,会员必须按限定的价格或低于限定的价格申报买入证券;按限定的价格或高于限定的价格申报卖出证券。市价委托是指客户委托会员按市场价格买卖证券。”在本案中,由于任先生选择了市价委托中的对方最优价,所以其委托后的申报价就以涨停价成交,而并非其所说的是由于手机交易软件存在问题导致。另外,客服人员的回答也是引起任先生投诉的原因之一。任先生在向营业部咨询时,客服人员并没有做好解释工作,只强调是由于任先生的个人问题导致,与营业部无关。因此,导致任先生投诉要求营业部对该问题给予合理解释。

6. 本案的启示:目前很多投资者在交易时只要遇到一些小问题就喜欢"以小化大",将问题归结于营业部的软件存在故障,甚至怀疑存在内幕交易,投资者有疑问时不宜过早下结论,应主动咨询营业部,平时也应加强证券知识的学习。另外,从本案可以看出,营业部客服人员的沟通技巧仍有待提高。在接到投诉时,客服人员即使明知责任在投资者一方,也不应急于撇清责任,相反客服人员更应耐心地向投资者解释,从而消除其对立情绪。

五、融资融券业务中的客户关系

融资融券业务由于引入了杠杆交易,对股票涨跌会带来放大效应,从而易引发纠纷。融资融券中的纠纷多以合同纠纷的形式存在,集中于客户被强制平仓引发的损害赔偿纠纷和虽没有被强制平仓,但因融资融券放大了客户亏损从而引发损害赔偿的纠纷。

(一)融资融券业务中证券公司与客户的法律关系

所谓融资融券业务,是指在证券交易所或者国务院批准的其他证券交易场所进行的证券交易中,证券公司向客户出借资金供其买入证券或者出借证券供其卖出,并由客户交存相应担保物的经营活动。在融资融券业务中,证券公司与客户之间并非某种单一的法律关系,而是委托关系、借贷关系、担保关系及信托关系4种法律关系的综合体。第一,融资融券业务是在经纪业务的基础上发展起来的,其基础法律关系是经纪业务中的委托关系。第二,融资融券业务的核心环节是证券公司向客户出借资金供其买入证券或出借证券供其卖出证券,证券公司和客户之间存在借贷关系。第三,证券公司与客户之间还存在担保关系。证券公司向客户收取的保证金与客户融资买入的证券及融券卖出所得价款均作为担保物。第四,证券公司与客户之间还有信托关系,保证金及融资买入的证券和融券卖出所得价款是为担保证券公司因融资融券所生债权的信托财产,主要目的是将客户提供的担保性财产与客户其他财产及证券公司的财产隔离开。

(二)投资者适当性管理

投资者适当性原则要求证券公司在对证券和投资者进行合理调查的基础上,向投资者推荐符合其投资目的和投资需求的证券。目前,我国《证券公司监督管理条例》和《证券公司融资融券业务管理办法》都明确规定了投资者适当性管理制度。但我国《证券公司监督管理条例》和《证券公司融资融券业务管理办法》关于合格投资者标准的界定较为原则和笼统,导致了很多法律适用上的争议。实际上,对投资者适当性的判断是一个系统性工作,应当有一个综合且相对具体的系统性标准(财务/资产状况仅是其中一个标准),使证券公司能够据以判断投资者的证券交易经验及风险承担能力。有关部门规章应当对相关标准进一步系统化和具体化,使其更加具有可操作性,而非仅通过排除法予以规定。

证券公司违反投资者适当性管理原则,主要可能引发缔约过失责任和侵权责任。关于缔约过失责任,证券公司违反投资者适当性原则,可能属于我国《合同法》"故意隐瞒与订立合同有关的重要事实或者提供虚假情况"的情形,承担损害赔偿责任。关于侵权责任,行为人的过错、因果关系与举证责任规则是关键。根据最高人民法院《关于审理证券市场因虚假陈述引发的民事赔偿案件的若干规定》(法释〔2003〕2 号),最高人民法院对虚假陈述行为适用过错推定原则、因果关系推定以及举证责任倒置。与虚假陈述行为类似,证券公司违反投资者适当性原则也同样存在信息不对称、经济实力悬殊、投资者举证困难等问题,因此,类比适用虚假陈述的规则既符合法学理论要求,也符合实践需要。

强制平仓,是证券公司在符合融资融券合同有关条款的情形下,自主决定卖出客户账户内的证券。中国证监会 2015 年修订《证券公司融资融券业务管理办法》,将"证券公司应当立即按照约定处分其担保物"修改为"可以按照约定处分其担保物",并解释"不再将强制平仓作为证券公司处置客户担保物的唯一方式,增加风险控制灵活性和弹性"。由此可见,强制平仓已不再是证券公司的义务,而是一项权利。

客户缴纳的保证金与融资买入证券及融券卖出所得价款不仅是证券公司的担保物,还是以担保证券公司债权为目的的信托财产。因此,强制平仓的本质是担保物和信托财产的处分问题。根据我国的《物权法》与《担保法》,客户的担保物转移给证券公司占有,应属于动产质押和权利质押,质权人可以与出质人协议以质押财产折价,也可以就拍卖、变卖质押财产所得的价款优先受偿。

1. 案例简介

营业部客户罗先生来电反映,称 2016 年 10 月至 12 月,其发现自己购买的某支股票的股数无故变少了,由此,其到营业部打印对账单,发现与其手工记账的数据都对不上,普通账户少了 2500 股,信用账户少了 100 股。另外,罗先生不明白其不停地卖信用账户里的股票,营业部还说他欠钱,其也就该问题咨询营业部多次,但营业部都未能解释清楚,因此,投诉要求营业部给予合理解释。

2. 调解过程及结果

调解员将罗先生的投诉情况告知营业部后,营业部立即与罗先生沟通,向其解释对账单的数据,并讲解融资融券合同中的相关条款。由于罗先生已近 70 岁,经营业部解释多次其还是认为营业部篡改了数据,对于合同的内容仍是难以理解。调解员也向罗先生解释,但其不接受,坚持认为只要卖出股票,无论盈亏与否债务都已经还清。调解员了解到罗先生并不清楚两融业务的具体操作,不符合投资者适当性管理的要求,为此调解员建议营业部可尝试劝导罗先生不要再进行两融操作。后营业部多次联系罗先生,但罗先生都不愿沟通,鉴于罗先生不愿与营业部沟通,也不愿由调解员调解,因此调解员终止调解。

3. 案件评析及启示

本案是营业部执行投资者适当性制度不到位所引起的。目前投资者适当性制度在现实中落实不到位的情况并不鲜见。部分机构在客户资源竞争日益激烈的情况下,由于业务压力、业绩考核目标的存在,未能严格执行投资者适当性制度,使投资者在不了解投资产品、不清楚投资风险的情况下进行投资,加剧了投资风险。据了解,本案中的罗先生年纪较大,缺乏基本的两融知识。首先,由于罗先生分不清普通账户和信用账户,导致其在手工记账时总是无法准确计算出两个账户中的具体股数,当手工记账的数据与对账单的数据有出入时,其便认为营业部篡改了数据;其次,罗先生未充分了解两融业务具有盈亏放大的特性,其认为亏损是不可能超过本金,只要卖出股票,无论盈亏与否债务都已经还清。但在两融交易中,当亏损较大时除亏掉本金外,甚至还要偿还额外负债;最后,罗先生并不了解我国《融资融券业务合同》中的相关规定,如该规定第 9 条第 3 款规定:“乙方在强制平仓时有权自由选择处置的品种、数量及平仓顺序。同时乙方有权选择乙方认为合适的价格、数量进行申报。”因此,罗先生无法理解营业部有权通过强平其他股票来了结其到期合约。另外,在投资理念方面,罗先生认为只要高收益即可,风险大不大无所谓,其认识存在一定的偏差。对于不符合投资者适当性标准的罗先生,营业部还是为其开立了信用账户。我国《上海证券交易所融资融券交易实施细则》第 6 条规定:“会员应当加强客户适当性管理,明确客户参与融资融券交易应具备的资产、交易经验等条件,引导客户在充分了解融资融券业务特点的基础上合法合规参与交易。”从以上规定可以得出,营业部并未履行好适当性管理义务。罗先生不懂融资融券的业务规则,缺乏一定的风险承受能力,当股票下跌时,其无法接受两融业务中亏损放大的风险,因此,罗先生不停地向营业部及相关部门投诉。

4. 本案的启示:应认真当好投资者适当性管理的“守门人”,定期组织公司员工学习相关法律法规、新产品及新业务,保证员工在工作的每个环节都贯彻好适当性管理的要求,将适当的产品推介给适当的客户,并引导客户充分了解其所购买产品的特点及相关知识。对于年纪较大的客户,证券公司更应谨慎评估,做好营销规范化管理,加强投资者教育,保护投资者利益。此外,投资者在购买前也应端正投资心态,对于较为复杂或风险较高的产品,需谨慎选择,权衡投资产品是否在自身的承受能力范围之内,而不应盲从及过分追求高收益。

证券公司与客户纠纷解决机制是构成证券市场和谐稳定发展的重要一环,只有完善发展证券公司与客户纠纷解决的机制,才能更好地构建投资者友好的证券市场,促进证券市场繁荣,带动经济发展。就目前的纠纷解决机制,从法律上来看,首先,应当明确废除限制客户或者投资者争取权利的条款,比如,前置程序的规定,并且制定相应的证券侵权诉讼规则和条文,使客户和证券公司都有法可依。其次,司法实践中应当更加鼓励对仲裁条款的认可,在公平、合法的前提下尊重当事人双方的意思自治。仲裁的专业性可以弥补一般法院的不足,其隐秘性也能够维护稳定,促进行业的良好形象和健康发展。对于证券行业和证券公司本身来说,在与客户签订相关格式条款时,要注意自身的提请注意义务,不应在格式条款中设置实质上排除对方主要权利、免除自身责任的内容。并且,应有效利用各种多元化纠纷解决方式(专门调解组织等),以便更高效、经济地解决客户纠纷。

案例13：证券虚假陈述责任纠纷调解难点和对策案例

姚新战[*]　封文丽[**]　吕佳垚[***]

一、引　　言

近年来，我国证券业在迅速发展的同时，证券虚假陈述责任纠纷也随之增多。最高人民法院《关于审理证券市场因虚假陈述引发的民事赔偿案件的若干规定》第17条规定："证券市场虚假陈述，是指信息披露义务人违反证券法律规定，在证券发行或者交易过程中，对重大事件作出违背事实真相的虚假记载、误导性陈述，或者在披露信息时发生重大遗漏、不正当披露信息的行为。"尽管证券虚假陈述是资本市场较为常见的违法行为，但由于该类行为认定和赔偿标准的复杂性，以及诉讼成本和诉讼风险等问题，多数投资者维权并不积极。在这种情况下，通过调解解决该类案件就显得十分重要。调解在一定程度上保护了投资者的诉求和权益，同时也为涉事企业找到了合理的纠纷解决途径。

本文以S集团证券虚假陈述责任纠纷为例，通过案件分析阐明证券虚假陈述责任纠纷调解过程中的难点并提出相应的对策。

---

* 中证河北调解工作站主任。

** 河北经贸大学金融学院教授、中证中小投资者服务中心兼职调解员。

*** 河北经贸大学金融学院硕士研究生。

二、案情简介

2018年6月13日中国证监会就S集团(某A股上市公司)信息披露违法行为出具了《行政处罚决定书》,认定S集团存在三项违法事实:S集团法定代表人、S集团未如实披露权益变动情况;S集团未按规定披露关联交易;S集团未披露自身涉嫌犯罪被司法机关调查的事实。S集团的证券虚假陈述行为给投资者带来了巨大损失。2018年7月上旬,中证河北调解工作站收到Z市中级人民法院委托投资者与S集团证券虚假陈述责任纠纷50余件,依法展开纠纷调解工作。

2018年7月中旬至8月中旬,中证河北调解工作站积极准备调解方案,与纠纷双方充分沟通,详细了解纠纷情况和当事人诉求。中证河北调解工作站组织双方进行多轮沟通协商,还前往S集团总部展开调解工作。部分投资者代理律师提出了该案虚假陈述实施日、揭露日认定和赔偿金额计算方法,并表示同意在法定赔偿金额基础上适当降低诉求。但S集团认为虚假陈述实施日、揭露日、基准日及基准价暂无法确定,投资者方认定的揭露日尤其不能认同,而且在损失计算过程中应该排除系统性风险。2018年9月3日S集团向中证河北调解工作站报送了《关于与投资者证券虚假陈述责任纠纷调解事宜的意见》,最终双方因为观点差异较大且法院委托期限到期未能达成和解。中证河北调解工作站于2018年9月7日将案件材料退回Z市中级人民法院,由法院进行审理。

三、调解原则

(一)自愿原则

自愿原则作为最基本的原则贯穿于整个调解过程。它表现为纠纷当事人调解受理、调解过程和调解结果的自愿。自愿原则包含两个含义:一是当事人对纠纷调解组织受理案件和最终形成的协议都是自己真实的意思表示;二是对于调解结果,双方自愿接受并自愿实施。由此,在证券虚假陈述责任纠纷调解过程中,当事人的意愿最为重要。只能在双方自愿情况下才能达成有效的协议。

（二）公平公正原则

第三方调解以当事人信任为前提。作为第三方调解机构，只有坚持公平公正原则才能取得调解双方的信任。坚持公平公正原则，首先，要求调解机构应当是中立的，调解机构和调解员与任何一方当事人均不存在利益关系，时刻保持调解机构的中立性。其次，双方当事人在调解程序中都是平等的，任何一方不会因自己在实力和地位上的优势而得到偏袒。另外，调解员应当具备一定程度的专业素养，这样才能给出公平公正的调解建议。

（三）方便便利原则

第三方调解机构在调解时应当本着方便便利的原则，采取灵活的调解方式使双方达成调解协议。调解员在调解过程中应当根据纠纷的复杂程度决定调解程序，对于相对简单的调解案件应适用简易调解程序，提高工作效率。

四、案情分析

（一）证券虚假陈述责任纠纷认定难点

1.3 个时间点的认定

（1）虚假陈述实施日

最高人民法院《关于审理证券市场因虚假陈述引发的民事赔偿案件的若干规定》（以下简称《若干规定》）第 20 条规定：虚假陈述实施日，是指作出虚假陈述或者发生虚假陈述之日。对于本案例中的虚假陈述，S 集团因信息披露虚假记载和重大遗漏造成了虚假陈述的事实。由此可见，虚假陈述的认定主要围绕发行人或上市公司信息披露的义务，认定虚假陈述实施日的关键点即为信息披露的时间。

虚假陈述行为包括积极的作为与消极的不作为，积极行为包括虚假记载和误导性陈述，而重大遗漏则属于消极行为。[①] 虚假记载是指信息披露义务人在披露信息时，将不存在的事实在信息披露文件中予以记载的行为。误导性陈述则是指虚假陈述行为人在信息披露文件中或者通过媒体，作出使投资人对其投资行为发生

① 参见陈舒筠：《证券虚假陈述侵权行为因果关系的认定——基于三个时间点的认定为核心》，载《东南大学学报》（哲学社会科学版）2018 年第 S2 期。

错误判断并产生重大影响的陈述。这两种行为的认定时间较为简单,相关的法律法规对信息披露的时间作出了详细规定,信息披露的时间即可作为虚假陈述实施日。而对于重大遗漏这样的消极行为,认定虚假陈述实施日就比较困难。在司法实践中,例行信息披露如果出现了重大遗漏,那么虚假陈述实施日由信息披露的法定时限决定,即法定期限最后一个期日。[①] 但是对于在非例行信息披露时出现重大遗漏,由于信息的重要程度和法定期限模糊与非准确性,这时虚假陈述实施日的认定存在困难和不确定性。在本案例中,S集团未披露自身涉嫌犯罪被司法机关调查这一信息属于非例行信息披露的重大遗漏,所以在认定虚假陈述实施日时存在不确定性。

(2)虚假陈述揭露日

根据《若干规定》第20条的规定,虚假陈述行为的揭露分为两类:一类是“被动式”,即所谓监管机关、媒体或其他人针对虚假陈述行为的揭露,称为“揭露日”;另一类是“主动式”,即所谓义务人主动披露自身虚假陈述的相关事宜,称为“更正日”。根据案例情况可知,S集团虚假陈述揭露属于“被动式”,本文将主要讨论虚假陈述揭露日。

虚假陈述揭露日的认定较为复杂,在司法实践中,时点的认定有以下几种情况:媒体报道的时间、中国证监会《立案调查通知书》公告时间、《行政处罚事先告知书》公告时间、中国证监会《行政处罚决定书》公告时间。其时间点依次顺延。[②] 对于投资者来说,不同时间点对是否处于赔偿范围有很大影响。

若以媒体报道时间来认定虚假陈述揭露日则存在媒体报道是否属实的问题。以中国证监会《立案调查通知书》公告时间来认定虚假陈述揭露日则存在公告内容明确程度不同,无法判定是否具有警示性继而影响投资决策的问题。以中国证监会《行政处罚事先告知书》公告时间来认定虚假陈述揭露日的,存在两种情形:一种是法院判定披露的《行政处罚事先告知书》和最终证监会认定的处罚事实一致,则以《行政处罚事先告知书》公告时间为揭露日;另一种是证监会《行政处罚事先告知

① 参见张勇健:《论虚假陈述侵权行为的几个时间点》,载《法律适用》2003年第4期。
② 参见陈舒筠:《证券虚假陈述侵权行为因果关系的认定——基于三个时间点的认定为核心》,载《东南大学学报》(哲学社会科学版)2018年第S2期。

书》没有公告全部内容,那么公告时间就不能被认定为披露日。[①] 若以中国证监会《行政处罚决定书》公告时间认定虚假陈述揭露日,则需要判定虚假陈述的事实揭示程度,是否具有很好的提醒或警示作用,但由于《行政处罚决定书》的公告时间会很靠后,容易过分扩大投资人保护范围。[②] 在本案例中,S 集团尤其不能认同投资者方认定的揭露日也是基于这一考虑。

(3)虚假陈述基准日

《若干规定》第 33 条规定:“投资差额损失计算的基准日,是指虚假陈述揭露或者更正后,为将投资人应获赔偿限定在虚假陈述所造成的损失范围内,确定损失计算的合理期间而规定的截止日期。”虚假陈述基准日的判定标准为:揭露日或更正日起,至被虚假陈述影响的证券累计成交量达到其可流通部分 100% 之日。[③] 其中累计的成交量不包括大宗交易协议转让形成的成交量。但这样的规定有些刻板,在现实的证券市场中,曾有这样的情况出现:虚假陈述发生后,股价受到了巨大影响,大幅震荡,然而股票成交量未能达到预期,若想股价恢复平稳则需要很长的一段时间,股票的换手率无法达到 100% 。在这种情况下,就需要其他方法加以弥补。

确定虚假陈述基准日,一是为了通过在合理期内的证券交易,将股价受到虚假陈述事件的影响减到最小,并逐步恢复至事件未发生时的状态;二是为投资人提供合理减损的机会,将虚假陈述事件对自己造成的损失尽可能降到最小。虚假陈述基准日是确定投资者可求偿范围的关键因素,基准日之后股票价格的上涨或下跌都将与虚假陈述事件无关,投资者在基准日之后的交易损失自担。基准日是计算投资者可求偿金额的分界线。在本案例中,S 集团虚假陈述基准日的确定对投资者和企业都十分重要,由于揭露日存在争议,虚假陈述基准日的认定就比较困难。

2. 系统性风险与非系统性风险的认定

系统性风险,是指影响所有资产的、不能通过资产组合而消除的风险。比如,国家经济政策和宏观经济的变化等。这样的风险是无法避免的,它影响的是整个

---

① 参见陈舒筠:《证券虚假陈述侵权行为因果关系的认定——基于三个时间点的认定为核心》,载《东南大学学报》(哲学社会科学版)2018 年第 S2 期。

② 同上。

③ 参见山西省高级人民法院课题组:《证券期货虚假陈述责任案件专题分析报告》,载《法律适用(司法案例)》2018 年第 2 期。

证券市场,并不只对某一种证券产生影响。[①] 虚假陈述和投资者利益受损之间因果关系的认定十分重要,如果投资者受到的损失是由系统风险造成的,那么在确认投资者受损金额时,应当扣除因系统性风险造成的损失。

对于判断风险事件是系统性风险还是非系统性风险,其主要依据有大盘指数、综合指数等指标。由于上市公司所处的行业不同,仅仅以大盘指数作为判定标准是不够严谨的。不同行业会有不同的市场表现,甚至可能会与大盘走势相反。[②] 所以在判定风险事件是系统性风险还是非系统性风险时不仅要参考大盘指数,还要参考其他指数,如行业板块指数,这样在判定时更为准确。在本案例中,S 集团提出了应扣除系统性风险损失的观点,这对投资者获赔金额存在较大影响,所以系统性风险与非系统性风险认定也是企业和投资者之间的一个关注点和本案调解的难点。

3. 对企业法律责任的认定

法律责任是指行为人违反法律规定,应当承受的法律制裁和不利的后果。企业虚假陈述法律责任包括行政责任、刑事责任和民事责任。

首先是虚假陈述的行政责任。当企业发生虚假陈述事实时,将会受到国家行政机关作出的处罚。对于上市公司来说,上市公司在证券市场上的活动由中国证监会监督管理。中国证监会一系列带有警示作用的公告,可以作为判定企业发生虚假陈述行为的直接依据。投资者应当密切关注所投企业的消息,从而更好地保护自身的合法权益。

其次是虚假陈述的刑事责任。此时虚假陈述行为情节严重并构成犯罪。行为人主观上故意作出虚假陈述行为的,分为两种情形:直接故意和间接故意。故意虚假陈述行为是指行为人在知晓所公开的信息有不真实陈述、误导或者重大遗漏等虚假内容的前提下,仍然决定公开这些信息或知晓该类信息公开后无所作为的主观行为状态。判定虚假陈述刑事责任的难点是要区分虚假陈述行为是否构成犯罪以及行为人是否提前知晓公开的信息存在虚假内容。

最后是虚假陈述的民事责任。其造成的民事后果是损害了投资者的知情权,

① 参见何林峰:《我国证券虚假陈述因果关系问题及完善》,载《牡丹江大学学报》2019 年第 2 期。

② 同上。

并使投资者的财产受到了损失，权利受到侵犯的投资者享有损害赔偿请求权。而虚假陈述行为人应承担侵权的民事责任。信息披露义务人对信息的真实程度负有完全责任。披露的信息有不真实、误导和遗漏等情况会使投资者作出错误的投资决策。发行人以外的虚假陈述责任主体如有过错，也需要对投资者的损失负赔偿责任。

（二）证券虚假陈述责任纠纷调解难点

1. 诉讼与调解之间导流不够

在司法实践中，虽然第三方调解机构在虚假陈述责任纠纷调解上具备一定优势，取得了令人瞩目的成绩，但是多数当事人还是选择直接采用诉讼程序，诉讼与调解之间导流数量偏少。

2. 调解协议的效力有待加强

调解协议是双方当事人自愿达成的契约，调解协议经过签字、盖章后只具有民事合同性质，而不具备强制执行力。当事人一般可以通过三种途径提高调解协议的"强制力"：一是申请公证机关依法赋予强制执行效力；二是申请人民法院确认调解协议效力；三是申请人民法院强制执行被确认有效力的调解协议。虽然当事人可以通过公证机关和人民法院赋予调解协议一定"强制执行力"，但调解协议效力不足仍在一定程度上影响了诉调对接的吸引力。

第一，确认调解协议效力需要双方当事人共同提出申请。我国《人民调解法》第33条规定，经人民调解委员会调解达成调解协议后，双方当事人认为有必要的，可以向人民法院申请司法确认。在这种情况下，证券纠纷调解协议的义务方如果既不履行调解协议，也不配合对方当事人提出司法确认申请，那么调解协议仍然无法进入效力确认程序。

第二，调解协议效力确认程序较为复杂。当事人需要先去人民法院申请确认调解协议效力，然后才能申请人民法院强制执行。①

第三，调解协议即使达成，当事人仍然可以通过起诉等其他方式解决纠纷，这会降低调解协议的权威性，调解机制功能受到损害。②

---

① 参见陈明克：《我国证券纠纷调解机制研究》，载《武汉金融》2018年第4期。

② 同上。

3. 调解救济资源不足

虽然上市公司自身经营管理能力是决定企业是否能够持续经营的关键因素，但上市公司的经营状况还受到宏观经济政策、行业周期等其他因素的影响。证券虚假陈述责任纠纷对调解组织的专业性要求也比较高。而我国目前通行的调解免费模式不利于调解组织持续的专业化、职业化建设。尽管部分调解组织有一定经费的支撑,但随着案件增多,分摊到每个案件的调解救济资源就会显得十分单薄。[①]如果不能设立长期有效的经费保障制度,证券行业纠纷调解的发展就会受到制约。

4. 调解双方立场差异较大

在证券虚假陈述责任纠纷中,由于企业涉及赔偿金额较大,所以企业更倾向通过诉讼解决问题,因为法院判决更具有公信力,公司向投资者赔偿金额会更加固定,有利于维护公司在虚假陈述案件之后的稳定经营。而对于投资者来说,调解的成本低、周期短、方式灵活,投资者显然更希望通过调解解决问题。调解双方的立场差异继而会影响双方的沟通效率和效果。

五、对策分析

(一)完善诉调对接机制

1. 建立示范判决机制

示范判决机制是指对同类型、同系列案件,法院通过对其中的个案进行示范性判决,从而起到示范效果的一种机制。虚假陈述责任案件是证券侵权案中最为普遍和常见的案例,它波及范围广、受损失的投资者多,并且具有群体性纠纷的特点。虚假陈述责任案件非常适合通过建立示范性判决机制来有效解决争议。示范判决机制通过对典型案例的示范性判决,为后续审理或调解提供标准,促使投资者和上市公司达成共识。

2. 完善与人民法院的协调工作

证券纠纷调解机构可以和人民法院建立联席工作会议机制。调解机构在与人

---

① 参见官勇华:《证券纠纷调解机制调研报告》,载中国证券业协会编:《创新与发展:中国证券业2015年论文集》,中国财政经济出版社2016年版,第232页。

民法院进行交流学习时，可以以某一类证券纠纷案件作为切入点，针对受理范围、法律责任、赔偿标准等问题请求法院作集中统一的解读。另外，人民法院应当对调解机构进行业务指导，明确法律条款适用范围，使调解程序更加规范简明，对于重大疑难案件还要加强沟通、协调。

（二）建立证券纠纷申诉专员制度

国外证券纠纷申诉专员制度中的申诉专员机构是“准官方性”。[①] 这个机构由行业监管部门设立，主要开展金融纠纷调解工作。因为是由行业监管部门授权建立，带有了更多的行政色彩，从而权威性也增强了。而且，申诉专员制度的调解程序分为正式程序和非正式程序，可针对不同的案件类型进行分类调解，同时调解程序还融合了投诉与处理、磋商协调等多种调解形式，彼此独立又联系。证券纠纷申诉专员制度的调解程序效率较高，可以进一步增强调解权威性。此外，申诉专员制度的调解人员和经费支持都是独立的，与涉事企业、金融机构无利益关系，这也有利于调解机构保持中立性，保证公平公正地纠纷解决。

（三）充实调解救济资源

1. 设立公平基金等投资者赔偿基金制度

我国可以借鉴国外经验，设立一案一设的公平基金，也可以设立专门的投资者赔偿基金。我国正在逐步推行的行政和解制度将在纠正违规行为、消除不良后果等方面作出具体详细的规定。[②] 相关基金成立后，应法定基金用途，以做到专款专用，防止资金被挪用、占用等违规违法现象的产生。

2. 试点调解收费制度

我国调解以公益性为原则，但长期免费不利于实现调解机制的长远发展。建议应在适当时机，推行调解收费制度，明确收费对象与收费标准。在谨慎原则基础上应先选择部分地区试点运行，待时机成熟后再向全国推广。[③]

（四）建立调解包容机制

调解包容机制是指对于通过调解和平解决争议的机构，可以在行业自律惩戒

① 参见陈明克：《我国证券纠纷调解机制研究》，载《武汉金融》2018 年第 4 期。

② 参见官勇华：《证券纠纷调解机制调研报告》，载中国证券业协会编：《创新与发展：中国证券业 2015 年论文集》，中国财政经济出版社 2016 年版，第 236 页。

③ 同上。

中给予其一定的包容和减轻,给涉事企业一个自我纠正的机会,促使其积极参与调解、支持调解。

(五)加强宣传,培育良好的调解文化

调解本身具有公平公正、成本低的特点,[①]但是在证券行业,调解尚未能形成常态化的选择,所以应当加强宣传,形成良好的调解文化氛围。调解组织工作人员应当积极展开调解宣传并加强宣传力度,宣传调解优势,加强投资者和上市公司对调解的理解和认识,提高外界对证券纠纷调解工作的了解,提升调解人员对自身调解工作重要性的认识。

(六)加强调解员队伍专业化、专职化建设

目前,我国证券行业的大部分调解员都是兼职从事调解工作,随着未来证券市场的不断发展,寻求通过调解解决纠纷的投资者和机构将会越来越多,调解案件的数量也会随之上升。兼职调解员目前在证券行业纠纷调解工作中发挥了巨大作用,但由于兼职调解员的主要精力还在其本职工作上,难以保证有足够的时间和精力投入调解和培训中,不利于提高调解的专业化水平。因此,加强在时间、精力上都能配合调解工作的专职调解队伍建设非常必要。

另外,在日常工作中,还需要强化对专、兼职调解人员的培训。调解组织要引导调解员学习最新的法律法规和必要的经济、金融等专业知识,邀请专家学者和法官、律师等进行知识分享和经验交流,不断提高调解人员的专业化水平。

六、总　　结

总体而言,调解应当秉持自愿原则、公平公正原则与方便便利原则。从S集团案例中可以发现,在证券虚假陈述责任纠纷调解工作中,仍然在认定和调解等方面存在难点。在认定难点中,双方对三个时间点即虚假陈述实施日、虚假陈述揭露日与虚假陈述基准日的认定,经常存在不一致的情况;双方对是否扣除系统性风险也容易产生争议;企业行政责任、刑事责任和民事责任的认定问题也增加了调解的难

① 参见官勇华:《证券纠纷调解机制调研报告》,载中国证券业协会编:《创新与发展:中国证券业2015年论文集》,中国财政经济出版社2016年版,第236页。

度。在调解过程中，诉讼与调解之间导流不够、调解协议效力有待加强、调解救济资源不足和调解双方立场差异较大都在一定程度上制约了调解协议的达成。

鉴于此，建立示范判决机制、完善与人民法院协调对接等诉调对接机制，建立证券纠纷申诉专员制度，设立公平基金等投资者赔偿基金制度、试点调解收费制度、充实调解救济资源，建立调解包容机制，加强宣传、培育良好的调解文化，加强调解员培训，加强调解员专业化、专职化建设就显得十分重要。

案例14:林某与某证券营业部的新股缴款纠纷案例

曹赫男*

一、案情简介

某证券营业部客户林某于2018年11月2日中签新股,因未在当日16时前备足相应款项,致缴款失败。林某及其女小林某当天均未主动登录手机交易软件查询中签情况,且林某未在营业部柜台登记手机号码,故未能收到新股中签短信。营业部客服人员于当日15时5分发现林某未备足应缴款项,遂致电林某,此时林某才知自己账户中签,并表示银行账户无钱转入,只能无奈放弃缴款。客服人员又致电其女小林某,小林某表示其当天无时间查询中签情况,同时提到林某的三方存管在某银行,但由于林某记不起银行账号,无法给账户存钱。客服人员便与营业部副总经理前往银行营业点,协助林某查询到三方存管银行账号,并告知小林某转账步骤及注意事项。15时45分,客服人员发现林某保证金账户余额仍不足,再次致电小林某,得知小林某委托其弟代为转账,其弟选择通过ATM卡转账的方式,致使资金无法及时到账。林某终因未能在16时前完成银证转账,导致新股缴款失败。小林某认为营业部通知不及时,因此投诉,要求营业部道歉。

* 新晟期货有限公司合规审查部、监察审计部负责人、总经理。

二、调解过程及结果

调解中心将小林某的投诉情况告知营业部后，营业部反馈，在事件发生后曾去过林某家中登门拜访，林某表示不追究营业部的责任，但小林某认为营业部有一定责任，需要其道歉，营业部认为其已尽到提醒义务，未向客户道歉。在接受调解阶段，营业部又一次去到林某家中进行沟通，林某表示营业部需直接找其女小林某沟通。据林某及其女儿反馈，在沟通过程中，林某将此事授权给小林某进行处理，营业部的确登门拜访两次，但都是直接与林某沟通。因营业部拒不道歉，林某亦认同小林某不愿撤下投诉的做法。经多次沟通，营业部坚持认为自身无责，无须道歉；小林某则认为营业部有责任，须作出道歉，不要求赔偿或者其他优惠政策。双方都坚持己见，不肯让步，导致调解陷入僵局，终未能接受调解员的调解与建议。

三、案件评析

本案的争议焦点在于营业部的通知是否及时以及对新股缴款失败营业部是否应当承担责任。小林某认为营业部通知不及时，16 时截止缴款，营业部 15 时 5 分才通知林某，15 时 19 分才电话通知到小林某，加之银行转账迟延的因素，根本来不及备足资金，据此，小林某认为营业部应承担一定责任。营业部则辩称，客服人员在林某表示放弃后，仍本着认真负责的态度，立即采取措施，提供多种解决方案，并将银行转账事宜尽数告知小林某，营业部自己已尽提醒义务，不应对此事承担责任。15 时 5 分至 16 时，虽不足 1 小时，但中签需缴纳的资金数额不大（2 万多元），在正常操作情况下也能在 16 时之前缴款成功。若双方并未约定在客户林某中签时，营业部需要通知或者需要提前多久通知，则可认为营业部已尽到服务义务。但同时考虑林某已有 70 岁，连银行账号都不记得，银行转账之类的操作对于林某来说是不容易的，相较之下时间就显得仓促了。

林某及其女小林某也是具有一定过错。林某未在营业部柜台登记手机号码，导致其当天未能收到新股中签的短信提示。林某及其女小林某当天均未登录手机交易软件进行查看，因此，未能收到系统发出的新股中签弹窗提示。并且林某之前也曾中签过其他新股,了解新股申购规则,熟悉相关流程,完全是可以避免发生前述问题的。客服人员曾多次致电小林某,均被挂断,并在客服人员告知其银行转账步骤及注意事项后,仍是出现了因选择不恰当的转账方式导致资金无法及时到账的问题。根据深交所2018年6月15日发布的《深圳市场首次公开发行股票网上发行实施细则(2018年修订)》(深证上〔2018〕279号)第18条第1款的规定:“投资者申购新股中签后,应依据中签结果履行资金交收义务,确保其资金账户在T+2日日终有足额的新股认购资金。投资者认购资金不足的,不足部分视为放弃认购,由此产生的后果及相关法律责任,由投资者自行承担。”据此可知,在林某申购新股中签后,应备足认购资金,购买新股失败不能归咎于证券营业部的通知不及时。

此外,还有一处值得探讨,本案以调解失败告终,小林某要求营业部道歉,但不要求赔偿或者其他优惠政策,营业部则认为自身没有责任,拒绝道歉,双方坚持己见,不肯让步。小林某不索要任何经济上的赔偿,仅要求道歉,这一点在民事赔偿层面是不过分的,对于营业部来说也是容易做到的。而营业部的客服人员在林某表示放弃缴款后,仍采取多种措施来促使新股申购成功,并在银行转账时将操作事宜和注意事项均告知了小林某,但因选择不恰当的转账方式致转账迟延,缴款失败。就此而言,小林某也有过错,其要求营业部道歉的做法似有不妥。

四、本案启示

投资者从事证券交易活动,应对涉及交易活动的基本法律法规及相关规定有常识性的了解和掌握,与证券机构建立相互信任的关系和顺畅的沟通联系,提高主动性,时刻关注交易最新动态,积极配合证券机构开展各项工作。而证券机构应进一步完善职责,及时提醒投资者查看中签情况,拓宽通知渠道,提前排查中签未缴款客户,及时通知,留足资金准备时间。在为投资者服务过程中,适当体现人性化考虑,增强服务意识,提高服务质量,努力为投资者提供便捷、优质的服务。

案例15：证券纠纷中调解机制案例

严　骄[*]　付向洁[**]

一、引　言

调解作为民商事纠纷的一种解决机制，因快捷、自愿、低成本等优势而为人们所广泛接受。所谓调解，是指通过第三人的斡旋、调停、劝说等方式使纠纷当事人之间达成协议，消除争议的制度。而与之对应的诉讼制度是一种刚性的解决纠纷的手段，诉讼中存在法律事实与客观事实的矛盾、诉讼资源有限与社会纠纷剧增的矛盾等。这些矛盾在很大程度上限制了诉讼作为纠纷解决手段的功能与效果。针对上述矛盾，调解机制通过自身的“柔性”纠纷处理方式对诉讼审判方式有补偏救弊、分担压力、提升司法权威之具体功效。

诚然，在我国证券纠纷解决机制中，由于证券类纠纷具有专业性和复杂性，调解方式处于“瓶颈”状态。调解在我国的法律规定中分为诉讼外调解和诉讼中调解。诉讼外调解作为一种非诉的纠纷解决方式，其灵活性和效率性是诉讼所不可比的。本文以法院调解书、调解协议司法确认裁定书、法院调解书执行书为数据样本，通过对同类案例的观察来分析调解制度，尤其是司法调解与人民调解在证券期货纠纷中的冲突及困境，以此探寻调解制度在证券行业内的发展路径。

* 北京市尚公律师事务所高级合伙人，贵州大学法学院硕士研究生校外导师。
** 贵州大学法学院法律硕士研究生。

二、现状:证券纠纷中运用调解制度的同类案例分析

在证券纠纷发生时,当事人有多种渠道获得救济,但是实践中各种渠道之间的畅通衔接可能存在一定难度。因此,笔者以实证分析法观察证券纠纷中运用调解制度的样本案例现状,尤其是司法调解与人民调解的交叉与并轨,以"观察—分析—总结"的思路探寻证券纠纷中调解制度的出路。

(一)同类案例筛选情况

民事调解书一般不公布,但是行政调解书、民事公益诉讼调解书依法应当公布。另外,除调解书外,其他类型的司法文书中也有涉及调解的内容。因此,为了探究证券纠纷中的调解制度,笔者在无讼案例数据库上以"证券纠纷"及"调解"为关键词检索截至 2019 年 6 月 24 日的相关案例,[①]共检索到 66 份裁判文书,其中裁定书 42 份,判决书 10 份,通知书 9 份,调解书 5 份。为了维持该数据样本中定量和变量的比对关系,笔者以"证券纠纷""调解"为定量,从所有案件中的案由、案件数量、裁判年份、结案方式等若干变量着手,进行了描述性的统计。

(二)同类案例态势分析

通过对同类案例的态势分析获得相关数据,作为证券纠纷在调解组织及司法调解中的调解运用信息,以此态势确定调解制度的现状,并展望其未来的发展态势,并据此作为证券类纠纷在调解制度运行中的完善建议依据。

1. 案由及地域情况

案由分布情况。样本数据中有 24 份是与公司、证券、保险、票据等有关的民事纠纷判决书。36 份是民事执行案件;5 份是适用特殊程序的案件;1 份是行政处罚案例。这说明在样本数据的证券纠纷案例中纠纷解决具有多样性,进行诉讼解决的证券纠纷也具有结案方式的多元性。

地域分布情况。样本数据中的案例主要分布在北京市、广东省、上海市、山东省、安徽省等地。可以看出证券纠纷的发生地仍然是以证券行业发达的地域为主。

---

① 无讼案例数据库网址:https://www.itslaw.com/,最后访问日期:2019 年 6 月 24 日。

2. 裁判年份情况

裁判年份情况。通过数据的采集和整理,样本中数据跨度从 2009 年到 2019 年。其中,2016 年的案例数量居于首位,一共 16 件,2018 年次之,共 3 件。2009 年之后的证券纠纷的调解案件较少,但随着年份增加,证券纠纷的调解相关的案例呈上升趋势,2016 年达到该类案件数量的波峰。2016 年以后其呈下降趋势,且其中多数是确认调解协议的案件,说明证券纠纷中涉及调解的诉讼案件逐渐减少,纠纷的解决不再依赖传统的诉讼调解。

3. 结案方式情况

一是经纠纷调解中心调解,当事人对争议事项达成一致并签署调解协议,后再就调解协议向人民法院申请司法确认。例如,某证券公司与北京某公司及张某《股权转让协议》纠纷案中,该证券公司就争议事项向中国证券业协会证券纠纷调解中心申请调解。经调解中心征求意见,北京某公司和张某同意调解。调解员主持现场调解后,三方达成调解协议。① 这是目前较为常见一种的调解方式。

二是当事人向纠纷调解中心申请调解,但当事人之间未就争议事项达成一致或一方当事人不同意调解,后当事人再就纠纷事项向人民法院提起诉讼。例如,李某与某证券公司证券纠纷案中,李某主张在与该证券公司签订融资融券业务合同前,该证券公司故意隐瞒了融资融券交易的手续费收取比率,且该比率远超过深圳普通账户证券交易手续费的平均值,给李某造成了经济损失。针对该纠纷,某证券公司向深圳证券期货业纠纷调解中心申请调解,提出愿意退回多收取的手续费,但其对于捏造事实及欺诈行为拒不承认,故双方未就争议事项达成一致。后李某向人民法院提起诉讼,由人民法院就争议事项作出裁决。② 在双方通过调解未达成一致的情况下,向人民法院提起诉讼是目前最常见的权利救济途径。

三是当事人就争议事项直接向人民法院提起诉讼,但在诉讼过程中,人民法院组织进行调解并达成调解协议,并由人民法院出具民事调解书,但双方未根据调解书履行相应的义务,后又由人民法院出具执行裁定书,执行民事调解书的内容。例如,二人等请求某证券公司将某集团的股权、红利变更登记到其名下,在诉讼过程

① 参见(2019)京 0102 民特 858 号民事裁定书。

② 参见(2015)深罗法民二初字第 4864 号民事判决书。

中,各方达成了调解并由法院出具调解书,[①]后由于双方未按调解协议的约定执行,最终由法院出具执行裁定,[②]强制双方按调解协议的内容进行执行。这是一种很常见的证券纠纷调解的处理方式,即诉中达成调解,如双方仍未依据具有法律效力的调解书履行相应义务,由人民法院出具执行裁定,强制执行。

(三)同类案例分析结论

从上文的案例样本来看,检索到的与调解相关的证券纠纷为数不多,且主要是与调解相关的证券诉讼纠纷,主要涉及民事执行案件、调解协议司法确认的案件等。自2016年起,证券诉讼类纠纷的判决、调解、执行都有下降趋势。从侧面反映出调解机制对于纠纷案件发挥了重要的引流作用。在调解方式上,主要归纳为以下三种类型:一是通过调解组织达成调解协议并向人民法院申请司法确认程序;二是双方通过非诉调解并未达成一致,而后又就争议事项向人民法院起诉,通过诉讼手段解决;三是双方在诉讼过程中经人民法院调解达成一致并出具调解书,后依据民事调解书申请强制执行。

该同类案例展现出证券纠纷的调解机制存在一个典型特征,那就是“以放弃正式程序的保障来达成纠纷低成本、高效率的解决”。[③] 因而,达成的纠纷解决方案可能是一种带有妥协性质的后果。例如,在任某与被告上海某科技公司的证券纠纷案件中,任某自称事实为在被告处认购了某公司法人股1500股,并支付了价款人民币139,200元,双方约定该股权属于原告所有,股权及其所产生的配股、红利、股息等权利的归属,并办理相关过户手续。而后经过调解,任某对持股数量依然确定,但是对持股价格总和进行了退让。[④] 因此,尽管调解方式可以最大限度地缩减纠纷解决流程,但是它也进一步加剧了纠纷当事人之间的实力不均衡,“处于弱势地位的一方当事人对调解方案的‘同意’常常存在着被迫的因子,致使真正的纠纷自治不能实现,实质正义不得彰显”。[⑤] 因此,如何避免这种失衡造成的妥协性的结果是

① 民事调解书依法不予公开。

② 参见(2017)闽0402执1271号执行裁定书。

③ 参见吴德昌:《我国诉讼外纠纷解决机制通论:基于纠纷解决方式为中心的专题分析》,江西人民出版社2015年版,第37页。

④ 参见(2009)虹民二(商)初字第454号。

⑤ 参见吴德昌:《我国诉讼外纠纷解决机制通论:基于纠纷解决方式为中心的专题分析》,江西人民出社2015年版,第37页。

一个非常迫切的问题。

三、困境:证券纠纷调解机制运行缺陷

基于前文对数据案例的分析,我国当前的证券纠纷调解制度在实践的运行中还存在若干问题,阻碍了纠纷解决的功效发挥。通过证券纠纷调解机制的现状观察,笔者分析了在证券调解机制运行中的一些困境。

(一)调解协议的执行力受到质疑

调解机制的非司法性,使其解决程序的启动、进行乃至解决方案的执行往往不具有诉讼机制下的确定性和执行力。因而,它特别需要得到诉讼机制的支持。

由于调解机制秉承"形式灵活""简易可行"的理念,使纠纷解决程序大都不可能符合诉讼法上高标准、严要求的正当程序原则,直接造成诉讼外纠纷解决过程中许多具体问题没有诉讼机制下的确定性和执行力。众所周知,调解机构大多非国家公权力机构,因而证券期货类调解中心、投服中心等既不能直接强制当事人或者其他相关人员提供必要的证据支持,也不能直接采取必要的财产保全,即使是某些调解机构在调解纠纷时能够克服上述问题,但是由于其性质上的局限也不可能具备与人民法院类似的司法最终裁判的权威。

(二)未明确违反调解协议的法律后果

经过调解中心达成的调解协议,具有法律的约束力,当事人应当按照约定履行。当事人之间就调解协议的履行或者调解协议的内容发生争议的,一方当事人可以向人民法院提起诉讼。但是我国立法并没有明确当事人是否可以就原纠纷事项提起诉讼。这造成了实践中在一方不履行调解协议时,另一方当事人往往选择将原有纠纷诉至人民法院,法院对当事人之间是否已经达成调解协议不予考虑,而当事人也通常并不主动要求去追究违反人民调解协议另一方当事人的责任,也即另一方当事人可以在不付出任何代价的前提下破坏调解协议。

这种实践不仅与立法规定的"调解协议具有法律约束力"相去甚远,而且减损了社会大众对调解方式化解纠纷的选择。我国现有立法虽然明确了调解协议的一定法律地位,通常认为其是一种特殊的民事合同,但是对于不履行这种特殊合同的法律后果却没有明确进行规定。所以,现在亟待解决的问题就是为已经达成调解

协议但未经司法确认的调解协议设置法律保障。

(三)人民调解与司法调解的制度衔接不畅通

1. 调解制度不够全面

从受理范围来说,专业纠纷事项调解受理范围相对较窄。以中国证券业协会证券纠纷调解中心为例,其受理的"证券纠纷当事人中至少一方应是中国证券业协会会员单位或其分支机构的纠纷"。[①]

调解协议司法确认程序存在确认不能的问题。我国现有立法明确规定提起司法确认申请的适格主体只能是双方当事人。对于只有一方当事人申请确认的,不予受理。这种确认程序以"合意"为基础,违背了确认程序的初衷。如果双方当事人对人民调解并无异议,自愿履行的,是不需要司法确认程序的;而如果一方有异议,按照现有的制度设计,也无法进行司法确认。"面临这种情况,没有反悔的一方当事人只能够提起履行调解协议的诉讼,这无疑比简单的司法确认程序更冗长繁杂,成本更高。"[②]因此,仅将申请主体限定为双方当事人,直接导致了该司法确认程序无法真正运作。

调解协议司法确认程序规则中缺少对当事人不服司法确认决定书的救济途径。目前立法中,只规定了案外第三人的撤销权。最高人民法院《关于人民调解协议司法确认程序的若干规定》中作出规定,案外人认为经人民法院确认的调解协议侵害其合法权益的,可以自知道或者应当知道权益被侵害之日起 1 年内,向作出确认决定的人民法院申请撤销确认决定。

2. 纠纷化解对接机制尚不成熟

2018 年 11 月最高人民法院和中国证监会联合发布的《关于全面推进证券期货纠纷多元化解机制建设的意见》明确调解协议司法确认制度、委派调解或者委托调解机制、调解范围的确定、调解前置程序的探索等都属于纠纷解决对接机制,但这些对接机制都局限于诉讼与调解的对接。实践中,对接机制的不完善主要有两方面难题:一是诉讼机制不能完全承受处理所有的纠纷;二是证券纠纷中投资者依赖

---

① 中国证券业协会证券纠纷调解中心:《在线申请调解须知》,载中国证券业协会网:https://www.sac.net.cn/hyfw/zqjftj/zxsq/,最后访问日期:2019 年 8 月 21 日。

② 乔欣:《民事纠纷的诉讼外解决机制研究——以构建和谐社会为背景的分析》,中国人民公安大学出版社 2018 年版,第 143 页。

于向证券期货经营机构的上级监管部门信访投诉。而在具体的信访投诉与诉讼之间没有一个比较完善的对接机制,往往是在信访投诉走不通的情况下才选择进行诉讼解决。例如,前文引用的李某与某证券公司之间的证券纠纷,李某首先就争议事项向证券公司所在地的证券监督管理局进行了投诉,在证监局的主持下双方进行和解,但由于未达成和解,所以双方才又通过其他途径解决纠纷。由此看来,投诉、调解、诉讼之间的对接仍不够畅通,需要紧密的衔接机制充当纠纷解决的润滑剂。

四、出路:完善证券纠纷调解机制

从上文中可以看出证券类纠纷的调解制度的现状表现和困境表现,其困境主要集中在调解机制的正义认可度、调解的司法确认制度、非诉与诉讼的调解机制衔接不上等方面。基于此,笔者针对以上问题,尝试探索完善证券纠纷调解机制的出路。

(一)扩大司法确认管辖法院的范围

调解协议的法律效力对于调解功能的实现和对当事人的吸引力都有非常重要的影响。在现有法律制度下,对于调解机构达成的调解协议,通常仅具有民事合同效力,只有经由人民法院司法确认的具有给付内容的调解协议才能获得强制执行力。然而关于司法确认的管辖法院,却存在一个问题等待完善。

我国现行《民事诉讼法》第194条规定,调解协议司法确认的管辖法院是调解组织所在地的基层人民法院,且实践中也主要依据该规定确认管辖。未来将要建立的全国证券期货纠纷调解中心是全国性的证券民事纠纷调解组织,纠纷调解工作覆盖全国各地,纠纷数量势必会很多。如果仍依照原来的规定,未来全国证券期货纠纷调解中心所在地基层法院将面临巨大的考验。关于该问题,早在2009年,最高人民法院发布的《关于建立健全诉讼与非诉讼相衔接的矛盾纠纷解决机制的若干意见》第21条就明确规定过,当事人可以在调解协议中选择当事人住所地、调解协议履行地、调解协议签订地、标的物所在地基层人民法院对调解协议进行司法确认,但不得违反法律关于专属管辖的规定。为避免证券纠纷的调解协议确认案件过于集中,同时出于便于投资者及证券公司申请司法确认的目的,建议将前述意见中的相关规定以法律的形式明确下来,为双方当事人自主选择确定调解协议司法确认的管辖法院提供明确的依据。这样做不仅能够解决调解协议司法确认的管辖过于集中的问题,也能提升纠纷调解和司法确认的便捷度,增加调解解决证券纠纷的吸引力。

(二)规范人民调解与司法调解的衔接制度

构建多元化纠纷解决机制的关键是使不同的纠纷解决渠道之间形成合力,尽可能避免各渠道相互之间的壁垒与损耗,克服人为障碍。从现有案例来看,通过不同的纠纷解决渠道尤其是人民调解和司法调解的相互渗透、相互支撑、相互借力,才能追求最大化效果。

1. 构建专业人员衔接途径

第一,证券纠纷具有专业性强且疑难复杂的特质,对于此类纠纷的调解更需要交叉领域的专家参加。因此,相关证券纠纷调解组织在调解的过程中,可以邀请相关的证券监督管理部门或其他具有丰富证券专业知识的人员参与调解。第二,将投诉与调解进行有效结合。调解组织作为独立于纠纷的当事人,同时也独立于依职权处理具有民事纠纷的行政机关的组织,更能够中立、客观地调解纠纷。因此,当证券监督管理部门接到证券纠纷当事人的投诉时,可在经双方当事人同意的前提下,委托、邀请相关调解组织参与到投诉事项的处理过程中。第三,人民法院对已经立案的证券期货纠纷案件,经双方当事人同意,在进行诉前调解时可以按照有关规定邀请具有证券专业知识的组织或者人员参与到诉中调解中。

2. 建立调解与诉讼之间的绿色通道

证券行业的纠纷复杂多样,直接诉讼会给当事人都带来费用高、耗时长、精力多的困扰。因此,可以建立相关制度,引导当事人在发生纠纷时优先选择其他途径进行纠纷解决。因此,建议针对经调解但未达成调解协议的诉讼案件,人民法院建立优先立案、及时、快速审理的制度,例如,在一定期限内通过简便的手续,快速地完成对案件的立案,文书制作和送达的程序。这样能够有效地促进当事人首先就纠纷事项申请调解,有效地支持证券纠纷调解机构的工作,同时为法院处理的纠纷进行分流,而且使相关纠纷能被优先处理,一举三得。

3. 建立效力上的有效衔接

我国《人民调解法》从制度上明确了人民调解协议的性质与效力,从法律的角度肯定了人民调解活动的正当性,同时实现了人民调解机制与诉讼机制的整合。审理涉及人民调解协议的纠纷,无论是支持还是判决变更、撤销或者被确认无效,应当及时将审理结果反馈给司法行政部门及基层人民调解组织;人民调解委员会对部分久调不结、当事人有可能提起诉讼的案件,应该根据案件的实际情况,及时将有关情况告知人民法院,并积极配合、协助法院做好有关调解工作。

(三)建立全国性证券纠纷调解中心

1. 明确调解中心的性质

近两年来,投服中心虽然在解纷与行权工作方面齐头并进发展甚好,然而投服中心行权工作的基础是通过买入所有上市公司股票,取得股东资格地位,而在其同一机构下的纠纷调解部则担任证券市场中投资者与上市机构及证券公司之间的调解者,作为中立的组织进行调解工作。目前,机构设置的重叠致使投服中心陷入了运动员与裁判员的困境。另外,专业性的证券纠纷调解机构应当具有公益属性,而投服中心的公司性质意味着其又需要开展经营性业务,这与其公益性不符。就机构性质而言,投服中心目前是由5家单位联合出资设立的有限公司,公司形式的营利性属性以及股东对公司施加控制的可能性对于调解中心的独立性和受信任度有所不利。因此,可以将投服中心的调解职能分离出来,由纠纷调解部单独设立独立的全国性证券纠纷调解机构,是解决这一困境的办法。在设立调解中心时,应明确其公益性单位定位,消除在同一机构设置下可能导致的利益冲突,保证调解中心对证券纠纷的中立性和权威性。在国际上,由国家或者地区设立专门统一的证券市场或者金融市场纠纷调处机构和专门的调解机制是普遍现象。如英国和澳大利亚的金融投诉管理局(Financial Ombudsman Service,FOS)组织、美国的金融业监管局(Financia Industry Regulatory Authority,FINRA)、我国台湾地区的"证券投资人及期货交易人保护中心"、我国香港金融纠纷调解中心等。在2018年我国的"两会"上,吕红兵委员也提出了设立国性证券期货纠纷调解机构的提案,认为设立这样的第三方调解机构对于完善资本市场纠纷解决机制具有重要意义。全国性证券调解中心可以通过与地方机构深入强化合作,使地方机构加强对多元化解决证券纠纷机制的支持,也体现了前文提到的各机构有效衔接的证券纠纷解决机制应当具备的价值追求。

2. 明确调解中心的职责定位

监管部门近年来在多元化解证券期货纠纷工作上多处布局,证券期货市场行政监管、自律监管、中介机构监管的“三驾马车”齐头并进的纠纷化解机制正在形成合力。目前除投服中心外,中国证券业协会建立了中国证券业协会主导、地方证券业协会协作参与、证券公司配合的证券民事纠纷行业调解机制,中国证券投资者保护基金有限责任公司也具有类似的证券纠纷调解职能,许多大的证券公司也联合各营业部推出了调解服务。然而,各调解机构的功能重叠,力量分散,未形成合力,反而造成部分资源的浪费。在调解中心成立后,其应作为资本市场中统管纠纷调解的第三方机构,以其独立性、专业性、客观性发挥作用。

因此,应当厘清调解中心与中国证监会、派出机构、各交易所、各协会、人民调解委员会以及其他调解组织之间的职责定位,建立有效的衔接机制。中介机构(交易所、行业协会等)作为与市场和纠纷最靠近的主体,应积极向调解中心提供案源,并推动证券公示与调解中心的密切配合,参与和运用调解机制。除与系统内单位和中介机构的对接外,证券公司内部还应在成立专门的部门协助处理证券民事纠纷。证券公司与投资者之间往来最多,且大多数的证券民事纠纷也与证券公司有关,通过调解中心与证券公司内部机构合作处理纠纷,在矛盾发生之初及时将其化解,不仅缓和矛盾,促进社会和谐,也体现了对投资者合法权益的保护。

(四)探索创新发展的调解机制

1. 推进各专业调解中心与地方合作

从投服中心给出的信息了解到,2019 年投服中心普通调解成功的案例和投资者获赔金额已达全国半数以上。投服中心已在全国范围内建立了 35 个辖区调解工作站,在多个辖区与超过 100 家法人机构签署了小额速调协议,小额速调机制的确立提高了辖区内纠纷调解的效率,降低了投资者维权成本,这对于辖区内投资者保护具有极大的积极意义。在证券期货纠纷多元化解机制试点工作结束后,全面推进证券期货纠纷多元化解机制就要求各地相关单位诸如证监局、法院等积极与全国性的调解中心建立联系,积极推进覆盖全国的调解业务网络,以便利各地投资者,降低投资者维权成本。

2. 探索在线调解机制

在线纠纷解决机制(Online Dispute Resolution)是从替代性纠纷解决机制

(Alternative Dispute Resdution, ADR)演化而来的,即通过把ADR的方法和经验运用到电子商务环境中,以网络化(在线)方式解决纠纷的机制(也可用来解决离线纠纷)。在线调解(Online Meditation)是指当纠纷发生时,双方当事人以在线的方式将纠纷提交至中立调解员进行调解。具备相关专业知识和技能的调解员按照规定的程序以及公平原则,帮助双方当事人分析焦点,明确双方利益,找出可能的解决途径,达成解决方案。就我国证券纠纷解决的现状而言,可以充分利用"互联网+",探索建立专门的适合证券纠纷调解的工作机制,同时配合专门的案源承接机制,创建在线纠纷调解平台,在互联网时代运用互联网技术开展网络调解、远程调解等形式。这不仅会极大地方便投资者参与调解,降低当事人解决争议的成本,实现纠纷解决的高效便捷价值追求,同时也可以打破传统的面对面调解形式,突破原有的空间和时间上的限制。对于当事人来说,通过互联网和大数据技术,可以找到适合自己纠纷的专业调解员,足不出户即可解决纠纷。对于调解员来说,在线调解省时省力,在办公室甚至家中也可以完成调解,不用全国各地跑,提高了调解的效率,实现了高效便捷的价值,真正实现全国性全方位的证券纠纷调解。

五、结　　语

由于调解制度在中国是一种历史悠久并应用广泛的传统的纠纷解决方式,因此,调解制度的研究范围是非常广泛的。笔者在文中的研究对象为证券类纠纷的诉讼调解并对非诉调解进行了回溯与展望,本文的研究样本主要包含诉讼中调解未成径直判决、诉讼中调解达成申请执行、调解组织调解协议申请司法确认等情况。这都是诉讼调解与非诉调解的交叉与重合,以文中检索的案例样本管中窥豹,得出了一些针对证券类调解纠纷的发展结论,这有利于多元化纠纷解决机制的加速构建。

社会运行中会产生纠纷,而纠纷产生及其解决反过来会对社会发展产生影响。"从法社会学的角度看,在人类社会发展中,冲突或者纠纷的出现可能预示着新的利益调整的必要;在社会矛盾激化时,冲突和纠纷可能成为导致社会变革的重要动力;在社会的转型期,纠纷频发可能表明了传统社会规范和权威及诚信度的丧失以及新的秩序形成中博弈的艰难。”[1]诚然,从法学角度来说,纠纷和冲突同时也意味着发展和完善。调解机制中的证券纠纷有冲突和矛盾,研究者当以此为契机探寻出路,为证券类型的纠纷在调解机制多元化化解矛盾上贡献力量。

① 参见范愉:《纠纷解决的理论与实践》,清华大学出版社 2007 年版,第 103 页。

第二篇

多元化解证券期货纠纷协调对接机制研究

上海市高级人民法院*

* 课题负责人：郭伟清。课题组成员：张新、史伟东、徐晓骁、沙洵、沈竹莺、杨晖。

摘　要　随着证券市场的发展,近年来证券期货纠纷日益频繁和复杂。由于证券期货类纠纷相比较普通类纠纷具有一定特殊性,因此,其处理方式也较一般的纠纷具有一定的差异性,专业化调解方式在证券期货纠纷非诉制度中应当扮演更加重要的角色。虽然目前专业化调解机制已对我国的证券期货纠纷问题的解决发挥了积极作用,但囿于相关协调对接机制尚不完善,在具体实践中还存在诸多问题,有待完善制度加以解决。本课题通过对证券期货纠纷调解制度概念的界定、理论的分析,以及对目前证券期货多元化纠纷解决机制的现状和存在的问题进行分析和研究,从而总结我国现有证券期货多元化纠纷解决协调和对接机制的缺陷,课题根据我国的实际情况,借鉴境外的相关经验,最终寻得对我国多元化解证券期货纠纷协调和对接机制的完善建议。

关键词　证券　期货　纠纷解决　多元化　机制

引　言

我国资本市场经过改革开放40年的发展,法治发展逐步完善,风险意识深入人心,政府监管日趋完善。自中央提出了构建和谐社会理念开始,全社会逐步形成化解社会矛盾、合理解决纠纷的共识,为多元化解证券期货纠纷协调对接制度的建立提供了有利的大环境。从世界范围来看,各国无一例外地存在多种形式的纠纷解决机制。随着我国国际交往日益深入,我们可以通过吸收、借鉴国外在这方面的先进经验和有益做法,进一步完善我国诉调对接的相关制度。目前,我国非诉讼的纠纷解决机制比较复杂,各个机构之间的衔接尚需进一步加强,特别在司法和调解这两大主渠道纠纷解决机制的衔接方面,还需要进一步整合和完善,从而提高纠纷解决的数量和质量。

目前,在证券期货业,中国证监会、证券业协会连同司法部门,已初步建立由证券经营机构、投资者等积极参与的证券纠纷多元化解机制。此外,在多地区开展了证券期货纠纷多元化解机制试点工作,健全司法确认、委派调解、委托调解、示范判决、在线纠纷解决等诉调对接工作机制。现有证券期货纠纷调解制度已经得到社会的广泛重视,但多元化解证券纠纷协调对接机制的建立时间较短,还处于探索阶段,对该制度的研究有利于推动立法将相应的创新成果以法律的形式予以确认。在我国证券期货市场中,主要的参与者为中小投资者。中小投资者可谓是证券期货市场的重要组成部分。因此,保障中小投资者的权益直接与证券期货市场的发展相关。当中小投资者的权益受到侵害时,由于其受到自身能力的限制,难以依法保护自身的合法权益。建立和完善证券期货纠纷协调和衔接机制,既是保护中小投资者合法权益,公正、合理、高效解决纠纷的重要途径,也是法律赋予经济法学科的职责与使命。

本课题研究的根本目的,在于维护我国证券市场的长久稳定和健康发展。此外,运用多元化纠纷解决手段处理证券期货纠纷,不仅能够有效缓解法院审判压力,避免当事人的诉累,节省当事人的时间成本和经济成本,还能有效缓解司法资源紧张的问题,提高证券期货纠纷解决的专业程度。对该制度进行研究,对保护中小投资者的合法权益有着重要意义。最后,通过对证券期货纠纷协调对接机制的构建,能够促进证券期货纠纷各方的调解意识,积极处理不断出现的纠纷。

一、多元化解证券期货纠纷概述

（一）多元化解证券期货纠纷对接协调机制概述

1. 概念分析

多元化解纠纷协调对接机制，系指在一个社会内，多种纠纷解决的方式构成的系统，该系统内部各方式有机结合、协调运作，对外还能与综合治理等外部工作机制相衔接。对接机制既涉及调解机构内部与外部的对接问题，也涉及不同的司法、仲裁、调解机构之间的对接问题。本课题主要研究和探讨司法机关与调解机构之间的诉调对接问题。

2. 多元化解证券期货纠纷协调对接机制的特征

（1）开放性

多元化解证券期货纠纷协调对接机制的开放性体现在多个方面。首先，纠纷解决的主体既包括司法机关、行政机关等具有国家属性的主体，还包括行业组织、专业机构等在内的民间主体；既包括组织形态的主体，也包括自然人主体；既包括法律机关和法律职业主体，也包括各种社会力量。其次，纠纷解决的方式可以是诉讼方式，也可以是调解、仲裁等非诉讼方式。再次，纠纷涉及的范围非常广泛，除了民事纠纷、行政纠纷等，还包括各种新型的社会诉求。最后，纠纷解决的依据除了成文的法律规范，还包括监管规定、交易规则、行业惯例等。

（2）灵活性

多元化解证券期货纠纷协调对接机制具有较大的灵活性：首先，基于其丰富的纠纷解决方式，当事人可以根据与发生冲突方的关系、纠纷的具体情况等来选择合适的方式；其次，较之诉讼方式，纠纷解决程序的开始、结束等都可以由当事人自主确定;最后,只要不违背法律的基本原则,当事人可以对其权益作出灵活的处理或交易,也更易于让当事人达成共识,有利于纠纷的实质性解决。

(3)有效性

多元化解证券期货纠纷协调对接机制作为一个内部协调、有机运作的整体系统,应能满足社会纠纷解决的需求,各种类型的纠纷都应在系统内找到适配的化解方式或方式的组合。相对于诉讼程序更侧重于通过裁断达到纠纷化解的法律效果。多元化纠纷解决机制更侧重于在法律框架内,更加灵活地达到纠纷化解的社会效果,而这也是多元化纠纷解决机制的题中之意。证券、期货纠纷的特点,决定了以专业化调解机构为依托,能够更有利于证券、期货纠纷的有效化解。

3. 多元化解证券期货纠纷协调对接机制的调整范围

多元化解证券期货纠纷协调对接机制的调整范围,即纠纷解决的各种方式。作为多元化纠纷解决机制的基础,纠纷的解决方式应尽量丰富,能多方位、多层次地满足社会的纠纷解决需求。多元化解证券期货纠纷协调对接机制的最大价值便在于能够让各种解纷方式的协调运作,而诉讼作为当前我国适用最普遍的纠纷化解方式,若将其单列出来,无疑不利于整体系统的构建,同时,也有误导公众否定诉讼方式,或将诉讼方式与其他方式对立的倾向,因此,多元化解证券期货纠纷协调对接机制应涵盖诉讼方式,且只要是不违背法律规定,能够有效化解纠纷的都应被纳入机制内。

纠纷化解的方式多种多样,根据不同的分析比较标准,会有不同的分类。如根据纠纷解决的主体不同,可以划分为私人解决机制、共同体解决机制、社会解决机制和裁判解决机制。其中,共同体解决机制主要指由各个集团、团体内部依据其自身的规约、章程解决本组织的内部纠纷;社会解决机制主要指社会全体基于社会部分成员的合意的规则来解决纠纷的机制。[①] 根据方式的产生基础不同,可以分为合意解决方式和公力解决方式。合意解决,即该纠纷解决方式是当事人在不违反法律规定的前提下自主选择的;公力解决,是指该方式的适用是基于法律的强制性规定,由法定的纠纷解决机关主导纠纷的解决过程。而最常用的分类方式是根据审判权的行使与否,将纠纷解决方式分为诉讼方式与非诉讼方式。其中,非诉讼的纠

① 刘荣军:《程序保障的理论视角》,法律出版社1999年版,第16页。

纷解决方式也即替代性的纠纷解决方式或审判外的纠纷解决机制。

(1)诉讼方式

诉讼具有其他纠纷解决方式不可替代的深层次功能,但也不宜抱持“诉讼万能论”。过度倚重诉讼方式有其危害性,原最高人民法院副院长刘家琛曾指出:“近几年来,在法院内部也出现了包揽一切矛盾纠纷、解决一切社会问题的倾向。似乎通过诉讼可以解决一切社会矛盾、一切社会纷争,可以包打天下。一些法院因为自身经济利益的驱动,而愿意主动扩大案源,以多收案、多办案为荣;一些地方的相关部门为了推卸责任,也把大量应当由其相关部门解决的纠纷也推到了法院。但由于体制等诸多因素的原因,法院事实上又不可能解决所有社会问题。这样造成的结果是,少数案件审判质量不高,法院不堪重负,又不可避免地成为社会关注的焦点,司法应有的权威也受到损害。”①因此,应客观全面地看待诉讼方式的优势与局限性,对其理性适用。

(2)非诉方式

非诉讼纠纷解决方式是相对于诉讼方式而言的,指审判以外的各种纠纷解决的方式,即起源于西方国家的 ADR(Alternative Dispute Resolution)程序。ADR 是一个总括性的概念,准确界定其内涵和外延难度较大,理论界更倾向于从要素上把握 ADR,即将 ADR 的共同性特征概括为以下几个基本要素:第一,程序上的非正式性(简易性和灵活性)。第二,在纠纷解决基准上的非法律化。即无须严格适用实体法规定,在法律规定的基本原则框架内,可以有较大的灵活运用和交易的空间。第三,从纠纷解决主体角度,ADR 具有非职业化特征,可以使纠纷解决脱离职业法律家的垄断。第四,形式的民间化或多样化,其中民间性 ADR 占据了绝大多数。第五,从纠纷解决者与当事人之间的关系看,包括仲裁在内的 ADR 的构造是水平式(horizontal)的或平等的。中立第三人并不是行使司法职权的裁判者(法官),当事人的处分权和合意较之诉讼具有更重要的决定意义,因而被称为更彻底的新当事人主义。第六,纠纷解决过程和结果的互利性和平和性(非对抗性)。② 从这个意义上来看,我国的人民调解等纠纷解决方式都可以被涵盖在内。

---

① 参见《人民法院报》2002 年 7 月 12 日。

② 参见[日]小岛武司:《裁判外纷争处理与法的支配》,有斐阁 2000 年版,第 183 页。转引自范愉:《当代中国非诉讼纠纷解决机制的完善与发展》,载《学海》2003 年第 1 期。

根据不同的标准或从不同的角度出发，可以对我国的ADR作出多种划分，较重要的一种分类是根据其性质或机构，将ADR分为民间性ADR、行政性ADR、司法ADR等。其中民间性ADR指由民间团体或组织主持的ADR，如人民调解与仲裁都是适用率较高的民间性ADR；行政性ADR是行政机关或法律法规授权的组织所设或附设的解纷程序，如行政调解、行政仲裁等。

（二）多元化证券期货纠纷解决机制的价值

1. 多元化解证券期货纠纷解决机制的优势

（1）节约司法资源

据统计，截至2017年年底，沪市投资者账户数为1.45亿户，其中95%为中小投资者，个人投资者从事证券期货交易活跃度不断提升。但由于证券期货市场主体经营不规范，导致证券期货数量案件激增。以上海法院受理的证券期货纠纷案件数量为例，2013年上海法院仅受理一审证券期货纠纷61件，至2016年却增长至1567件，达2013年案件数量的25倍。2017年证券期货案件数量略有回落，为1246件。

可见，在司法资源未出现明显增长的情况下，证券期货纠纷案件数量的大幅增长，使法院面临较大的审判压力。从法院受理的证券期货案件来看，涉众性是此类案件的显著特征，即案件均为群体性诉讼，维权的投资者数量往往在数百人以上，甚至达上千人，法院处理此类案件的难度也较大，大量的审判事务性工作在极大程度上消耗了有限的司法资源，甚至可能导致司法资源无法在所有的案件中实现均衡分配，案件的审判质量亦难以保证，从而损害了司法公信和司法权威。证券期货多元化纠纷解决机制在司法渠道以外，为中小投资者开辟了新的纠纷解决路径，通过对中小投资者的合理引导，通过调解方式化解矛盾纠纷，能在一定程度上缓解法院的审判压力，有效节约司法资源。

（2）提升纠纷解决专业性

高度专业性是证券期货纠纷案件的一大特征，证券期货交易产品结构复杂，交易规则高度专业化和集中化，市场创新程度活跃，新类型交易产品层出不穷。随着改革开放的不断深入，股票、债权、基金、衍生品已经成为证券市场的4大交易品种。

以证券交易为例,近年来相继推出融资融券、"沪港通"、"沪伦通"等新型交易产品和交易模式。期货方面,也有金融期货交易、贵金属、原油期货交易等。这些新类型证券期货交易模式对金融创新起到了极大的推动作用,而随着市场细分的不断深化,各类创新交易模式所带来的专业化程度也在不断加深。专业化的证券期货交易纠纷一旦进入诉讼渠道,对法院的审判专业化程度就提出了很高要求。目前,我国法院的法官,大部分都是法律专业出身,相对缺乏金融专业背景知识,对于金融专业知识的掌握程度还不够高,尤其是在证券期货领域,专业化的审判人才还比较匮乏,给专业化化解矛盾纠纷造成了负面影响。在此情况下,法院与证券期货行业监管部门和专业化调解机构开展矛盾纠纷化解机制合作,依托监管部门和专业化调解机构在证券期货方面的专业知识,可以有效借助外力,为矛盾化解提供专业化意见建议,提供矛盾化解思路,使矛盾纠纷在专业化条件下得以化解。

(3)降低纠纷解决成本

维权成本始终是中小投资在维护自身合法权益中需要考虑的重要因素。由于证券期货交易的远程化、电子化特点,投资者分布在全国各地,而且证券期货案件很多都由特定法院管辖,导致此类纠纷多为异地诉讼。异地诉讼势必导致维权成本的增加,如交通、住宿、误工费用、诉讼费用等各类费用,加之中小投资者本身在法律、金融专业化知识上的弱势,需要专业化的诉讼代理人协助其维权,也在一定程度上推高了维权成本。专业化的证券期货调解机构可以通过远程调解、异地调解、集中调解等方法,贴近投资者进行纠纷处置,对批量纠纷进行集约化调解,有利于减少中小投资者的来回奔波,有效降低中小投资者的维权成本。

(4)提升纠纷解决效率

程序正义是法院处理各类纠纷案件的基本原则之一,严格按照我国《民事诉讼法》规定的审判程序解决矛盾纠纷是法院所必须遵循的规则。一般认为,诉讼程序较为漫长复杂,在审判程序上分为一审、二审和审判监督程序,一个案件进入法院后,按照我国《民事诉讼法》的规定,从立案到终审判决,时间基本都在半年以上,甚至更长。加之有的案件当事人在诉讼中存在不诚信诉讼行为,故意怠于诉讼、拖延诉讼的情形层出不穷,有的债务人甚至在法院判决后拒绝履行债务,导致案件还要进入执行程序。诉讼和执行程序对于急于得到经济补偿的中小投资者来说显然过于漫长。而专业化的证券期货调解机构的优势在于,其可以省去法律规定的举证、开庭等一系列法定程序的时效限制，双方当事人可以在调解机构制定的快速纠纷解决机制下直接协商，同时，借助调解协议的司法确认机制，其利益实现的效率得到了有效的提升，完全符合市场经济条件下对解纷效率的要求。

2. 多元化解证券期货纠纷解决机制基本原则

(1) 自愿、合法、公平原则

自愿、合法、公平原则是我国民法规定的当事人开展一切民事法律活动的基本原则。自愿原则要求当事人从事民事行为是按照自身意志行事，出于本人的真实意思，任何一方当事人不得将自己的意志强加于对方，迫使对方作出违背自己意志的意思表示。合法原则要求当事人从事民事法律行为时不得侵犯他人合法权益，不违反公序良俗，不违反法律的强制性、禁止性规定，一切行为都在法律规定的范围内进行。公平的含义则是指“公正、不偏袒任何一方”，在西方法哲学理念中，公平是实现社会正义的首要途径。公平原则要求在当事人法律地位平等的前提下，对双方的利益给予平等保护，不做偏袒。在证券期货纠纷调解工作中，应把握的核心问题是公平，由于投资者和机构之间诉讼能力的不对称性，我国的证券法特别规定了有利于投资者的举证责任制度，保障投资者合法权利。证券期货专业化调解机构作为中立机构，应当遵从自愿、合法、公平的基本要求，在调解工作中尊重当事人调解的真实意思，不得强迫任何一方接受调解结果。其应在法律规定的范围内，依照公平正义的理念，开展一切工作，在证据的采集、认定等方面切实保障投资者利益，对双方的权利给予公平保护，实现调解结果的公平。

(2)效率原则

效率原则是社会经济的重要原则之一，从促进交易、实现社会资源的有效配置的目的出发，有时效率的价值位阶在经济活动中甚至要高过公平原则。证券期货行业具有高度市场化的特点，追求交易的高效、准确、便捷，体现在纠纷的解决上，也要注重纠纷的快速处理。证券期货纠纷的调解结果也是社会资源的分配方式之一，从资源配置效率化的角度出发，效率原则也是证券期货调解所应遵循的基本原则之一。为了确保当事人利益的及时实现，应提升调解效率，调解规则的制定也应将效率考虑在内。对于双方当事人心理预期差距较大的纠纷不应久调不决，在确定无法达成调解协议的情况下，应及时引导当事人通过其他渠道解决纠纷。

(3)公益性原则

证券期货纠纷调解应遵从公益性原则,所谓公益性就是以实现社会公共利益为目标,而不以营利为目的。证券期货行业中涉及大量中小投资者的权益保护问题,如果在调解工作中收取高额费用,必然挫伤投资者通过调解解决纠纷的意愿,不利于保障中小投资者权益和行业的规范发展。目前,我国的证券期货调解机构均由监管部门、行业协会出资设立,经费由调解机构自筹解决,调解工作均以公益为宗旨,不向当事人收取任何调解费用,有效降低了当事人的维权成本。

(4)保护投资者原则

由于证券期货市场存在信息不对称、当事人力量对比悬殊等问题,中小投资者的合法权益容易受到侵犯。具体包括以下几个方面:一是对于市场信息掌握的不对称,中小投资者与其他专业化市场主体存在信息掌握上的重要差距,而市场信息正是投资者作出投资决定的基本依据,中小投资者所获取的市场信息相对滞后,导致其无法像专业化机构那样根据市场的变化及时作出调整,从而发生交易损失。二是格式化合同的大量采用导致中小投资者的谈判能力被大幅削弱,格式合同是由优势地位的市场主体事先拟定的合同条款,且合同条款不得更改,中小投资者欲从事交易,对于对方提供的合同仅有接受或者不接受的选项,一旦接受则意味着全盘接受,合同条款中含有大量不公平交易规则,剥夺了中小投资者的议价权,导致其权益容易被侵犯。三是经济力量对比的悬殊导致维权能力的差距。中小投资的经济实力与专业化的市场主体相比较弱,一旦发生纠纷,其在维权过程中的取证、诉讼能力方面均无法与专业投资机构相比。从以上三点分析可知,中小投资者的权利保护在证券期货市场中的重要性已经越来越大。在中小投资者维权纠纷的调解中,应以保护中小投资者的理念为原则,在调解程序、调节方式、调解方案的形成等过程中,充分考虑中小投资者的利益诉求,指出市场主体在交易中的不足,对中小投资者给予倾向性的保护。

二、境外证券期货纠纷协调对接机制的经验考察与借鉴

(一)英美法系国家及地区的经验考察

1. 美国金融专业调解制度概况

2007 年 7 月 30 日经美国证券交易委员会(the V. S. Securities and Exchange Commission,SEC)批准,美国证券业自律组织完成了历史上最大的一次整合:美国证券交易商协会(National Association of Securities Dealers,NASD)与纽约证券交易所(New York Stock Exchange,NYSE)通过合并二者的会员监管业务,重组为美国最大的非政府证券监管机构——美国金融业监管局(Financial Industry Regulatory Authority,FINRA),成为美国乃至世界最大的证券仲裁和调解机构。FINRA 作为最大的证券业自律组织,其证券调解服务在美国占据着主导地位。

(1)FINRA 调解规则的适用范围

FINRA 在涉及其会员的证券纠纷调解,沿用原来 NASD 的《调解程序规则》。NASD 将《仲裁程序规则》一分为三:《投资者争议仲裁程序规则》《证券商之间争议仲裁程序规则》《调解程序规则》。

关于适用范围,《调解程序规则》规定:“本规则适用于任何提交给 FINRA 调解的事项。”“事项”指纠纷、索求或者争议。如果所有当事人同意,任何根据《投资者争议仲裁程序规则》或者《证券商之间争议仲裁程序规则》,符合条件提交仲裁的事项,或者该事项的任何部分,或者任何与该事项有关的争议,包括程序上的问题,都可以根据本规则提交调解。《调解程序规则》并没有就其适用“事项”的类型作细分。

(2)FINRA的调解程序

《调解程序规则》对调解程序并没有作具体规定,而只是在第14108条中提出一些基本要求,当事人可以再协商修改。当事人对调解程序的高度自治,充分体现了FINRA调解机制的灵活性,基本流程如下:

①提起调解

FINRA给予当事人充分的自由,允许当事人灵活地协商改变调解程序。当事人既可以在提起正式的仲裁申请或提交仲裁答辩之前申请调解,也可以在仲裁程序中的任何一个阶段申请调解。采取调解与仲裁分开的原则。通常一方当事人表达调解意愿,若各方当事人都同意,则调解程序立即开始。当事人须自愿向FINRA调解主任呈递《提交调解协议》,而不能被强迫参加调解。

②选定调解员

FINRA将根据当事人的需要,从调解员名册中提出调解员建议名单,并提供相关信息,例如,教育背景、职业情况、调解经历等。当事人可以从这批名单中选择调解员,也可以要求FINRA补充建议名单以供选定,还可以在建议名单外选定调解员,如果当事人没有选定调解员,FINRA调解主任可以代为指定。调解员的中立性是FINRA调解的基本要求,调解员必须披露可能影响其公正性或引起偏袒的任何关系。

③调解排期

在仲裁员选定之后,FINRA的调解工作人员就着手协助调解员和各方当事人调解排期。调解员、当事人及其代理人一般会共同讨论调解的具体的时间、地点。在通常情况下,第一次开庭调解,在几天至几个星期内就可以得到安排。

④庭前准备

在开庭调解之前,调解员通常会要求当事人提交他们认为将会有助于调解员理解涉案争议和各自立场及利益的资料,有些调解员会分别接触当事人,提问一些问题,理顺案件的脉络,但调解员必须对其从该名当事人处所获得的所有材料、信息以及其他沟通情况保密。

⑤开庭调解

FINRA开庭调解往往分为两个部分:一是FINRA调解员和各方当事人都参加的“面对面调解”;二是FINRA调解员分别与各方当事人单独会面的“背靠背

调解”。

在“面对面调解”中,FINRA 调解员会先解释程序,鼓励各方当事人积极参与,提醒大家注意解决纠纷的共同目标以及和解协商的保密性,然后给每方当事人陈述的机会,并要求所有参与调解者都承诺致力于纠纷的解决。“背靠背”调解是由调解员分别与每一方当事人单独会面。虽然调解员应将该单独会面情况告知另一方当事人,但只有在当事人许可的情况下,调解员才能透露该单独会面的内容,因此,当事人能够与调解员敞开胸怀地讨论案件的解决问题。这就给予了调解员机会,以帮助当事人审视自己在案件中的强项和弱项,客观分析风险,从而提出解决争议的方案。

⑥调解结案

调解员在整个调解过程中,都应努力帮助当事人进行高效率的协商、谈判、妥协,直至当事人达成一致并且同意履行书面和解协议或者当事人认为进一步的调解努力也将会徒劳无功,并且宣布协商进入僵局或者任何一方当事人或者调解员,无论因为任何原因而退出调解程序。

如果是上述第一种情况,调解员一般会要求并帮助当事人在调解结束时签署一个谅解备忘录,其主要内容是具体的和解条件,在各方当事人都同意这些和解条件的情况下,当事人再签署并履行书面和解协议,和解协议具有终局约束力。

FINRA 调解结果,也就是当事人的和解协议,除非当事人另有约定,协议都是保密的,有利于当事人之间在和谐、自愿地解决争议之后,继续维持合作关系。

⑦调解费用

FINRA 调解只收取两部分的费用:一是立案费,二是调解员报酬及开支。

关于调解立案费,FINRA 区分直接申请调解的立案收费和在仲裁程序中另行申请调解的立案收费。直接申请调解,当事人须在呈递《提交调解协议》时直接缴纳立案费,针对不同类型当事人,有不同收费标准。

⑧法律效力

在美国,调解作为与仲裁、诉讼等并行的纠纷解决机制,对当事方具有较强约束力。在 FINRA 提供给当事人使用的《提交调解协议》格式文本中有如下条款:经下方签字的当事人同意,经调解而达成的任何和解协议都具有约束力,可强制执行。在实践中,作为全美最具影响力的证券业自律监管机构,FINRA 有权对其所辖会员实施处罚性措施,这在一定程度上促进了会员自动履行协议。当然,如果经调解未能达成最终和解,当事人还可以选择其他纠纷解决方式处理争端。

2. 英国金融调查专员制度概况

英国金融业在 1999 年以前实行分业管理,英国金融监管局(Financial Services Authority,FSA)于 1999 年设立了金融调查员服务公司(Financial Ombudsman Services,FOS),将原来由多个法定或自愿的机构提供的投诉处理服务和调查员服务整合成一个解决各种金融纠纷的综合性机构,其于 2001 年 12 月 1 日根据《金融服务与市场法》中的第 17 方案获得正式授权。

英国金融调解制度中涉及两个重要的机构:FSA 和 FOS。其中 FSA 是政府机关,负责监管金融行业的运行,相当于我国证监会。FOS 则是一个独立的公司法人,是独立的金融解纷机构,属于非营利性的担保保证有限责任公司,FOS 提供金融调解服务就,其服务目标就是公正、合理、快速解决纠纷。FSA 对具体的案件调解没有干涉权,但是 FSA 通过掌握对 FOS 的董事任命权和资金来源间接地影响 FOS 的运行。

①组织架构

FOS 是担保保证有限责任公司,具有有限责任、非营利的性质,没有股东。

FOS 的董事由 FSA 任命和免除,公司董事会实际负责公司运营,享有不受 FSA 控制的独立性。董事是非执行董事,不参与具体投诉案件,他们代表公共利益,保证调查专员的服务公正性、独立性以及高效性。董事会现有 1 名董事长及 7 名董事组成。董事会的职权包括:任命调查员和独立评审员;经过 FSA 的批准,制定自愿管辖制度的规则;经过 FSA 的批准,制定与案件费用相关的规则;通过公司年度预算和向 FSA 提出建议。

调查员和高级管理人员包括:执行团队,FOS 的执行团队负责战略性指导和管理 FOS 的运营,直接向董事会的非执行董事负责;调查员团,调查员对审裁员在之前的纠纷解决早期的非正式阶段没有解决的案件有最后决定权,调查员团设有 1 名首席调查员,由其向董事会报告;高级管理团队,主要包括案件带头人——负责管理审裁员和调查员,消费者联络部——负责处理前线消费者的询问。沟通部,财务、绩效和 IT 部,人事部以及政策和法务部。

②管辖范围[①]

FOS的管辖范围需由FSA批准,分为强制性管辖、消费者信用管辖和自愿性管辖3种。实际上,FSA与FOS彼此对于管辖范围的划分保持密切合作,以确保无论系属于强制性或自愿性管辖的消费者投诉案件,皆能获得相同的处置。

强制性管辖:适用于从事FSA批准的特定行为的公司以及虽不从事这些行为但有相关性的机构。管辖范围具体包括当公司实施以下任一行为时的作为或者不作为:受规范的行为,有土地征费保证的借款,借款(不包括严格限制的信用借款),信用卡支付行为(不包括储存卡),提供辅助银行服务的行为或者以上行为的辅助行为。

消费者信用管辖:是自2006年起颁布的《消费者信用法》新增加的一种管辖种类,适用于因FOS规定的投诉及消费者信用行为中引起的投诉,参与这一管辖的金融机构虽没有FSA的批准,但是根据1974年《消费者信用法》持有由公平交易局颁发的许可证。

自愿性管辖:自愿性管辖范围具体是指不属于强制管辖或消费者信用管辖的行为,且当公司实施以下任一行为时的作为或者不作为:有土地征费保证的借款,普通险业务,接受存款行为,借款(不含严格限制的信用借款),信用卡支付行为(不含储存卡),提供辅助银行服务的行为或者以上行为的辅助行为。

③案件处理流程

投诉,可以提出投诉的消费者包括:个人,年营业额不超过100万英镑的金融机构,年收入不超过100万英镑的公益性团体,净资产不超过100万英镑的信托公司。投诉人必须先向提供金融机构投诉,金融机构有8周来调查所投诉问题,FOS在此阶段可以在机构联络方面提供帮助。若投诉人对金融机构处理结果不满,可以向FOS请求争议问题解决,投诉人需要填写投诉表。

初步调查:如果投诉案件是常规案件,FOS将会直接告知最大可能性的结果,若被投诉人公平地对待了投诉的消费者,FOS会直接告诉投诉人;若不能用这种方法处理案件,则会首先进行初步调查,即权衡事实,互通双方当事人的看法和认识,并迅速提出双方满意的非正式解决方案。

① http://www.financial-ombudsman.org.uk/news/VJ-eeafirms-Annex A.pdf.

审裁员处理:如果非正式方法未能解决纠纷,FOS将派出审裁员处理案件,就事实进行进一步的调查和询问,审裁员将向投诉者写信告知投诉应当如何解决,通常双方都接受审裁者的意见。FOS会时刻向投诉者跟进案件的进展情况,并争取在6~9个月内解决大部分纠纷,事实上FOS的1/3的案件都是在3个月内解决的。

调查员最终裁决:若投诉人或被投诉人不接受审裁员的意见,可请求对案件进行复议。案件的复议将由调查员展开,调查员的裁决是最终的裁决,一旦裁决作出,FOS将不再审查案件,且无论调查员的级别如何,都无权推翻其他裁决。如果投诉人或者被投诉人仍然不满FOS的裁决,可向法院提起诉讼。

面对面会议:FOS通常就纠纷双方提供的信息解决问题,只有在很少的情况下才会召开双方面对面的会议。如任一方希望召开,必须在调查员接受案件时尽早以书面或口头形式对其告知,并告知其希望听证涵盖的内容,而调查员只有在认为没有双方参与就不能公正决定的时候才会同意这一要求。

④裁决的法律效力

最终在调查员发布裁决之后,通常会给予消费者1个月期限,若消费者接受最终裁决,则该裁决将对双方有效,并可由法院执行;但若消费者选择不接受,则其法律权利不受影响,仍可向法院提起诉讼。若金融机构不得不接受已生效的调查员裁决时,也可向法院提起对调查员的司法审查,但因为据《2000年金融服务与市场法》法院通常认可调查员有权作出不同于法院的裁决,所以金融机构一般较难在司法审查中推翻调查员的裁决。

⑤资金来源①

FOS资金主要来自征税和案件费用,其中资金的25%来自征税,剩下的75%来自案件费用。

征税:FOS覆盖的公司都要支付税费,由FSA监管的公司由FSA每年征税作为管理费用,现在税收从小型金融咨询公司的100英镑1年到大型银行或主要保险公司的30万英镑每年均有所不同。由英国公平贸易办公室(The Office of Fair Trading,OFT)监管的公司由OFT每5年征一次税,从公司申请标准消费信用资格

① http://www.financial-ombudsman.org.uk/faq/businesses/answers/funding_a1.html.

证时起算,现在每个由 OFT 监管的公司每 5 年需缴纳 150 英镑。案件费用:当投诉依法进入“收费阶段”时,涉及的金融机构需支付案件费用,每年 FOS 处理的前 3 个案件是不收费的,但从第 4 个投诉开始,每个案件收费 500 英镑,相当于一个普通司机或秘书的周薪,FOS 在每个投诉结束后的当月月底寄出案件费用发票。

3. 中国香港特别行政区金融专业调解制度概况

中国香港特别行政区财经事务及库务局于 2010 年 2 月向公众发布了《设立投资者教育局及金融纠纷调解中心的建议》咨询文件,并在 2010 年下半年成功建立金融纠纷调解中心。由此,中国香港特别行政区金融调解机制发展可分为:(1)传统金融纠纷解决机制,即 2008 年 10 月 31 日之前的金融纠纷处理方式;(2)最新金融纠纷解决机制,即 2008 年 10 月 31 日之后,由香港金融管理局委聘香港国际仲裁中心,就雷曼相关产品投资者与分销银行之间的争议提供调解及仲裁服务计划为先例的解纷机制;(3)未来的金融纠纷调解中心机制。作为国际金融中心之一的中国香港特别行政区,早已建立了相对完善的金融纠纷解决体系,除法院、仲裁委员会外,其主要通过证券及期货事务监察委员会、香港金融管理局、保险业监理处(保监处)、保险索偿投诉局(投诉局)、消费者委员会(消委会)、香港调解会等机构处理金融纠纷。

2010 年 2 月中国香港财经事务及库务局发表咨询文件,建议成立金融纠纷调解中心,在证券及期货事务监察委员会及其他监管机构的监管机制外,设立以调解方法解决金融机构及客户之间的纠纷的机制,以重建公众对银行的信心。2010 年 10 月金融纠纷解决中心成功设立。

①组织架构包括:调解中心以担保有限公司的形式成立,以保持调解中心独立于政府、监管机构、业界及类似的消费者组织。最高申索金额限制为 50 万港元。调解中心的权力最终源自法规。规定凡属证券及期货事务监察委员会及香港金融管理局权限以内及跟个人消费者有交易的受监管或持牌金融机构,均须成为调解中心运作的金融纠纷调解计划的成员。强制金融机构成为会员,可以确保金融纠纷调解计划广泛推行。调解中心内设董事局,并由其进行管理,成员由中国香港特别行政区政府委任,一般由 7 名至 11 名独立非执行董事组成(包括主席),负责监察调解中心的运作,并确保纠纷解决程序独立而且公正,让各持份者对调解中心严谨而有效率的管治方式有信心。董事局成员应为一般是受到推崇的社会人士,并须

具备金融服务及消费者保障的知识。

②管辖范围包括:纠纷因金融机构向个人消费者或独资经营者提供服务而引起;纠纷涉及金钱问题;纠纷涉及获香港金融管理局或证券及期货事务监察委员会发牌或受其监管的金融机构。没有经营零售业或不与个人消费者或独资经营者进行交易的机构,不纳入计划内,保险业不纳入计划内。

③金融纠纷调解计划的调解流程:

第一,初次查询或投诉——以电话、信函或电邮,或亲身等提出,由当值主任回答,并向消费者说明进一步处理方式。

第二,提出申请——消费者填妥申索表格并提交给调解中心,对金融机构提出申请。

第三,处理申请——当值主任向申索人和金融机构收集资料。金融机构会被邀请就争议事项作出响应,当值主任会决定调解中心应否接纳该个案以作调解。

第四,进行调解——双方须就委任调解员达成协议,然后召开调解会议并达成和解协议。经调解达成的和解是保密的,不得公开。

④调解费用:调解中心主要按照“用者自付”的原则向消费者及金融机构收费。查询服务免费。当消费者其后向调解中心提交针对某金融机构的申索表格时,就其所提出的每项申索收取100港元的行政费,以阻止无理缠扰性质的投诉,同时鼓励大多数真正投诉人使用有关服务。

⑤经费来源:中国香港特别行政区政府、香港金融管理局和证券及期货事务监察委员会为该中心提供成立费用及前3年的营运经费。3年后,调解中心的经费由金融业界和申请人分担,其中,申请人的承担份额为较小部分。

(二)大陆法系国家及地区的经验考察

1. 日本金融专业调解制度概况

日本的金融专业调解制度首次正式被提起是在2000年金融厅金融审议会《面向21世纪金融新体系》的报告中。2009年日本导入金融专业调解制度不仅修改了其《金融商品交易法》,还修改了其《银行法》《保险法》等与金融相关的一系列法律,创设了横跨各金融行业的ADR制度。日本金融专业调解制度最值得一提的还是其逐步实现了统合型FOS制度的方式。

（1）核心内容

基于申请，由行政部门指定纠纷解决机构并予以监督；金融机构与指定的纠纷解决机构之间事先缔结“同意实施程序基本合同”；与金融机构之间产生的纠纷，可向指定的纠纷解决机构提出解决纠纷的申请；纠纷解决委员实施解决纠纷的程序，提出和解方案；金融机构通过和解方式解决纠纷。

（2）指定与监督

在日本，由从事投诉处理与纠纷解决的指定纠纷解决机构承担核心任务，其实质是民间行业型FOS制度。具备指定条件的法人或团体在申请通过后被指定为纠纷解决机构，从事金融纠纷解决事务，指定纠纷解决机构可根据行业不同而设置，一般对其有以下要求。

第一，业务能力要求：指定纠纷解决机构须具备会计和技术方面的能力。会计能力要求，指具备确定的可使纠纷解决业务得以安全、稳定的财务收支管理体制；技术方面的能力，是指具备与解决纠纷业务相关的组织管理的经验与能力。

第二，中立、公正性：金融专业调解制度的纠纷解决程序要求确保中立性和公正性，因此，日本法规定纠纷解决委员中必须至少有1人是律师、注册司法书士或消费生活专业咨询员。

第三，确认金融机构无异议：日本法规定，指定纠纷解决机构所实施的纠纷解决业务的内容由业务规章来规定。为顺利实施指定纠纷解决机构的纠纷解决业务，在指定时应对金融机构说明业务规章的内容给予陈述意见的机会。

第四，负担金、费用：费用即金融机构承担的负担金以及消费者或金融机构在利用该制度时负担的费用。指定纠纷解决机构的运行费用主要是从金融机构征收而来的负担金，而消费者只承担一小部分。

第五，对指定纠纷解决机构的监督：为确保纠纷解决机构的中立性、公正性和实效性，日本法设置了检查监督纠纷解决机构的规定。对指定纠纷解决机构的检查监督，不考察具体投诉处理、纠纷解决的内容是否恰当，而考察其业务的实施状况是否适法、合理。

（3）金融机构的义务

日本金融专业调解制度是行业型FOS制度，对金融机构在投诉处理与纠纷解决中提出了特别要求。为使投诉处理与纠纷解决具有实效性,金融机构承担必须利用指定纠纷解决机构的义务,至少须与任一指定纠纷解决机构签订“实施程序基本合同”,且须公布指定纠纷解决机构的名称,如果金融机构不接受纠纷解决程序或其结果,则通过合同加以规制。

(4)关于投诉和纠纷的定义

日本法并未规定投诉和纠纷的详细定义,但在日本金融厅的《金融领域行业团体、自律规制机关的投诉·纠纷解决支援模型》中规定:投诉是指对商品(服务)以及营业活动等,向会员企业表达不满。纠纷是指当事人间不能解决的投诉,消费者申请按照各机关制定的纠纷解决支援规则进行解决,或者视为已经根据各机关制定的纠纷解决支援程序规则申请了纠纷解决。

(5)投诉处理、纠纷解决程序

投诉处理程序:消费者可以向指定纠纷解决机构申请处理投诉,指定纠纷解决机构在受理投诉处理申请后,给予建议,进行必要调查,并通知金融机构投诉的内容,督促其及时处理和解决。

纠纷解决程序:指定纠纷解决机构在受理纠纷解决申请时,可选任纠纷解决委员,由纠纷解决委员进行调解。金融机构亦希望与消费者之间的纠纷得到简易、快速的解决,因此,日本法并没有对金融机构提出纠纷解决申请进行特别的限制。

纠纷解决委员:纠纷解决委员,是从律师、注册司法书士、金融机构业务中有经验者、消费生活咨询员等人员中根据业务规范加以选拔。另外,日本内阁府令等也规定了纠纷解决委员的资格条件。① 但为了确保纠纷解决过程的中立性、公正性,纠纷解决委员中至少要包括1名律师、注册司法书士或是消费生活咨询员等。纠纷解决委员的人数,可根据纠纷的内容灵活设定,法律没有作出特别规定。

纠纷解决结果:根据纠纷解决委员提示的和解方案或特别调解方案以解决纠纷。

特别调解案,是以宪法上“接受裁判的权利”为基础,除消费者没有接受和解而提起诉讼或尚未撤诉以及其他和解成立的情形外,金融机构必须接受和解案。纠纷解决委员根据程序进行状况和消费者意向,判断是否提示特别调解案,该提示不

① 日本内阁府令:要求消费生活咨询员要有5年以上从业经验,并具有消费生活咨询相关资格。

是必经程序。但需要注意的是，同意纠纷解决程序和接受特别调解案，是以合同为依据，不履行并不直接导致行政处罚，但政府部门会对其进行监督。

2. 中国台湾地区金融专业调解（调处）制度概况

针对证券以及期货，台湾当局分别规定了中国台湾地区“证券交易法”以及“期货交易法”调整金融市场，除依托“消费者保护法”外，后又于2002年颁布“证券投资人及期货交易人保护法”等相关规定来保护金融投资者权益，其中一项重要的业务就是调解（调处）证券及期货交易纠纷。

（1）中国台湾地区金融专业调解制度背景

中国台湾地区关于金融的ADR方式主要为行政监管和解、仲裁以及调解（调处）方式。

①金融监管和解制度

行政和解制度是行政程序中的ADR方式之一，在美国被广泛采用。中国台湾地区采用制定相关规定明确授权的模式在行政诉讼法中对和解进行了一般规定，中国台湾地区“行政程序法”第136条规定：行政机关对于行政处分所依据之事实或法律关系，经依职权调查仍不能确定者，为有效达成行政目的，并解决争执，得与中国台湾居民和解，缔结行政契约，以代替行政处分。

②仲裁

依照中国台湾地区“仲裁法”，证券当事人可依仲裁协议或契约之仲裁条款向仲裁庭提起仲裁；但中国台湾地区“证券交易法”针对券商之间以及交易所与证券商之间的交易规定了强制仲裁条款，“证券交易法”第166条规定：依本规定所为有价证券交易所生之争议，当事人得依约定进行仲裁。但证券商与证券交易所或证券商相互间，无论当事人间有无订立仲裁契约，均应进行仲裁。争议当事人一旦违反规定另行提起诉讼，即可根据该规定请求法院驳回其诉。可见，针对证券交易所与券商之间或券商之间的争议，仲裁是主要的纠纷解决方式。

③调解（调处）

调解主要包括诉讼调解、民间调解、仲裁调解等形式。法院附设诉前调解是指在诉讼程序开始前的调解，中国台湾地区2000年修订的“民事诉讼法”专列了调解程序来规定附设诉前调解制度，其包含两种不同启动模式：一种为法律强制启动，另一种为依当事人申请启动，证券纠纷并非诉前强制调解程序的调解范围。

民间调解,包括乡镇市调解、同业公会调解、专门调解等,其中同业公会调解往往只是对同业公会内部会员所经营业务产生的纠纷进行调解。证券、期货领域的专门调解是指保护机构调解,也是一种由行政机关主导的民间调解。保护机构即指台湾当局依 2002 年颁布的“证券投资人及期货交易人保护法”规定设立的证券投资人及期货交易人保护机构,主要负责提供投资人证券及期货相关规定的咨询及申诉服务、买卖有价证券或期货交易因民事争议之调解,并为投资人提起团体诉讼或仲裁求偿,针对证券商或期货商因财务困难无法偿付的问题,设置保护基金办理偿付善意投资人;保护机构下设有“调处委员会”,负责对证券及期货交易的民事纠纷进行调解。

(2)中国台湾地区金融纠纷专业调解机构及定位

中国台湾地区并未建立完全独立的金融专业调解机构及相关制度,各行业的调解方式不同,其中以证券期货业及保险业相关制度比较重要,因此,其金融专业调解制度仅指中国台湾地区“证券投资人及期货交易保护机构”(以下简称“保护机构”)针对证券及期货交易纠纷进行的专门调解,在业务范围、效力上都存在局限性。

①中国台湾地区“保护机构”

中国台湾地区“保护机构”是由台湾当局财政主管部门“证券暨期货管理委员会”指定“证券交易所、期货交易所、财团法人台湾地区证券柜台买卖中心、证券集中保管事业、证券商业同业公会、证券投资信托暨顾问商业同业公会、期货商业同业公会、各证券金融事业以及其他经主管机关指定之证券及期货市场相关机构或事业”设立的财团法人性质的保护机构,其目的就是为“保护机构”保障证券投资人及期货交易人之权益,依据的主要规定有“证券投资人及期货交易人保护法”“证券投资人及期货交易人保护机构调处委员会组织及调处办法”“投资人争议调处要点”等。

②“调处委员会”

依据中国台湾地区“证券投资人及期货交易人保护机构调处委员会组织及调处办法”,“保护机构”为处理调处事项设置“调处委员会”,置委员 7 人至 15 人,其中 1 人为主任委员,由“保护机构”董事长兼任。机构现任委员会由 15 位委员组成,皆为各相关领域的专业人士,并分别具有证券、期货或金融机构业务,行政管理工作(任业务部门主管或荐任职以上),法官,检察官,执行律师,会计师,台湾地区境内外仲裁机构仲裁的仲裁人，台湾地区境内外知名大学法律、会计或财务等系所助理教授以上职务达5年资历者。

(3)管辖范围

保护机构调解的争议范围主要是证券投资人或期货交易人与发行人、证券商、证券服务事业、期货业、交易所、柜台买卖中心、结算机构或其他利害关系人之间，因有价证券的募集、发行、买卖或期货交易及其他相关事宜所产生的民事争议。这一规定对于争议双方有所限定，即一方为证券投资人或期货交易人，另一方必须是发行人、证券商、证券服务事业、期货业、交易所、柜台买卖中心、结算机构或其他利害关系人；且所调解的纠纷必须是因有价证券的募集、发行、买卖或期货交易或者相关事宜所产生的争议，调解范围相对较小，不包含其他金融争议纠纷，如银行、保险等均在保护机构调解的争议范围之外。

(4)调解流程

“保护机构”依当事人自愿调解纠纷，证券投资人及期货交易人申请才得以启动，争议调解具体又可分为一般争议调处程序以及小额争议事件调处程序，小额争议调处程序相较在争议金额和效率上都与一般程序有所区别，指请求金额为100万新台币以下的争议纠纷调解。

纠纷调解的流程主要如下：

填写调处申请书→选定列席协同调处人→由“保护机构”订定日期→进行调处→调处结果，具体而言：

①投资人及期货交易人书面申请调处应以书表载明调解事由、争议情形及供调处之证据等，并按相对人人数提出缮本，由“保护机构”审核有无退回或应补正事项；

②“保护机构”审核调处申请书无应退回之事由后，即询问相对人是否同意接受调处，相对人若同意调处，即应订定调处日期，并于调处日期前7日将调处通知送达双方当事人，当事人得于调处日前5日以书面申请变更日期。

③协同调处及参加调处：避免利害关系人权益受损，与调处事件有利害关系之第三人，经调处委员许可后，得参加调处程序；调处委员亦得径行通知其参加，以维护有利害关系之第三人权益；为利调处之进行，当事人双方各可推举1人至3人列席协同调处。

④调处原则上由调处委员3人径行调处,由调处委员于保护机构或其他适当处所进行,可以不公开;调处委员及列席协同调处人或经办调处事务之人,对调处事件应保守秘密;当事人于调处日不到场者,视为调处不成立,但调处委员认为成立调处仍有可能时,可以另行订下调处日;当事人或代理人在进行调处时,可以请求阅览、抄录或付费影印相关的关文书、表册和对象。

(5)调解费用

依中国台湾地区"证券投资人及期货交易人保护机构调处委员会组织及调处办法"第19条的规定,"保护机构"受理投资人申请调解的案件,可以视调解事件的情形酌收工本费或必要费用。又依照"保护中心调处收费标准"第3条的规定,调处事件,申请人在申请调解时,应当向"保护机构"缴纳工本费;每人每件1000元新台币。相对人拒绝调解时或调解不成立者,申请人缴纳之工本费应予以退还。

(6)调解的效力

经过一定的调解过程,调解成立的"保护机构"制作调处书,于调解成立之日起7日内,不待当事人请求,即将调处书送请管辖法院审核,而该调处书经管辖法院核定之后,"保护机构"于收受法院核定的调处书之日起7日内,将调处书送达于当事人;经法院核定的调处书与民事确定判决有同一效力,对当事人来说,即具有确定力、羁束力以及执行力:确定力意指当事人对于该已核定的调处书,不得以起诉、调处或其他方法予以废弃或变更;羁束力即谓当事人对于已调处成立的内容,不得有相反主张;执行力即已核定的调处书,除调处内容在性质上不适于强制执行者外,具有执行力,当事人可以持凭该项调处书向管辖地方法院民事执行处请求强制执行。

"保护机构"出具的调解书经法院核定后,原则上,当事人就同一事件不得再向法院起诉;若争议事件起诉至一审法院,但在法院判决确定前已经保护机构调处成立,并由法院核定的,视为于调处成立时当事人撤回一审法院起诉;经法院核定的调解有无效或撤销原因的,当事人可以于法院核定之调处书送达后30日内向原核定法院提起宣告调解无效或撤销调解诉讼,并可就原调解事件合并起诉或提起反诉,请求法院于宣告调解无效或撤销调解时合并裁判,并视为自申请调解时已经起诉,但有民法上无效原因的,不在此限。

(三)不同国家及地区的经验之借鉴

1. 不同模式的类型化比较

从不同国家或地区的纠纷解决情况不难看出,当今金融纠纷的解决途径越来越趋向于专业化、集中化、系统化的发展方向;与此同时,调解制度也将纠纷解决的途径从公权解决层面拓展到民间解决,收费更低廉、手续也愈加简捷,便利了越来越多的金融投资者与消费者。其共性主要表现为:

(1)专业性的增强。当今世界金融业急速发展、产品不断升级、技术性问题引发的争议层出不穷,普通的纠纷解决渠道已经不能很好地适应金融纠纷演化的速度,因此,各种模式不约而同体现出追寻金融专业技术性特点。

(2)趋向于全能的统合性。一方面,虽然各种模式并未完全涵盖金融行业的各种纠纷,但从时代背景及历史发展的走向角度分析,各机构都致力于创建统一的金融纠纷解决机制,从而涵盖银行、保险、证券等各种类型的金融争议,典型如英国、中国香港特别行政区的解纷机制,其业务范围辐射了整个金融行业。另一方面,纠纷解决的方式多样化也体现出了统合性,全能的解纷机制不止在范围上广泛,在手段上也包括了投诉、调解、裁决、仲裁等多种方式,解决结果也越来越有权威性,其"一站式"的纠纷解决策略已日渐明显。

(3)系统化的发展。各模式在实践中逐渐成熟,都形成了有完整流程的解纷体系,从受理案件或投诉、情况调查、调解处理到进行裁决,都有完备的制度规则可以遵循,而在系统性增强的同时又往往鉴于非官方解纷机构的特色而保持了程序的灵活性,比如,美国FINRA模式中对于当事人意思自治的尊重,允许其对程序加以选择,硬性规定较少。

(4)手续便捷、费用低。在具体制度的设计中,通常都考虑到高效率、低成本的运作方式,其申请手续十分便捷,一般是填写申请书,短时间内就会有所回应。针对费用问题,各种模式都将低价、合理的制定标准置于首位,例如,德国调查员机制针对消费者免费,这一举动对于广大的金融消费者更有亲和力,对案件的向非官方解决途径分流起了重要作用。

(5)消费者倾向性明显。各制度的设计均体现出对投资者和消费者保护的倾向,制定各种保护投资者的规则,以利于增强投资者的积极性,普遍采用的主要有对金融机构施以单方义务、对消费者免费或低收费等措施。

具体而言,各模式根据本国或地区的行业发展情况、法制结构、历史背景、文化传统等因素在机构性质、资金来源、组织架构、管辖范围、具体程序、法律效力、收费方式等具体设置上都存在差异,其制度细节的设计各有特色。

第一,从机制涉及的组织性质来看,大部分都采用由政府或当局授权的行业协会或新设专门机构来调解,美国 FINRA 就是最大的证券业自律组织,而英国、中国香港特别行政区、中国台湾地区则设立了专门机构,英国以非营利性的担保保证有限责任公司的形式设立金融调查员服务公司来进行金融纠纷的调解、裁决。中国香港特别行政区则以担保有限公司的形式成立纠纷解决中心,以保持该中心独立于政府、监管机构、业界及类似的消费者组织。中国台湾地区针对证券及期货交易也设立了由相关规定授权的财团法人性质的“保护机构”,涉及的业务也主要是调解和裁决。这些机构基本都得到了当地规定的相应授权,其执行机构多与行业协会相关。

第二,从资金来源渠道分析,美国 FINRA 主要是依靠证券业自律组织的会员所缴纳的费用以及在纠纷解决过程中所收取的立案费和调解员报酬与开支费用。英国金融调查员服务公司资金主要来自征税和案件费用,其中,资金的 25% 来自征税,剩下的 75% 来自案件费用。日本没有专门的调解机构,一般指定机构调解所需的费用基本都来自金融机构承担的负担金,金融消费者只承受很小的一部分。中国香港特别行政区金融纠纷解决中心则依靠政府、香港金融管理局和证券及期货事务监察委员会提供成立费用及首 3 年的营运经费,3 年后,经费应由金融业界和申请人分担,其中,申请人承担份额较小部分。我国台湾地区“保护机构”的经费则来自证券交易所、期货交易所、财团法人中国台湾地区证券柜台买卖中心、证券集中保管事业、证券商业同业公会、证券投资信托暨顾问商业同业公会、期货商业同业公会、各证券金融事业以及其他经主管机关指定的证券及期货市场相关机构或事业的共同出资,其出资比例由主管机关确定。

第三,对比不同调解机构的管辖范围,美国 FINRA 模式主要是针对证券纠纷的解决机构,其管辖范围由《调解程序规则》作出基本规定,但并未细化。英国金融调查员服务公司的管辖范围需由金融服务管理局批准,可将其分为强制性管辖、消费者信用管辖和自愿性管辖3种。中国香港特别行政区纠纷解决中心调解范围则为涉及获香港金融管理局或证券及期货事务监察委员会发牌或受其监管的金融机构向个人消费者或独资经营者提供服务而引起的金钱问题的纠纷,其涵盖了证券、保险、银行等多种类型的金融争议。中国台湾地区金融调解的范围则是证券投资人或期货交易人与发行人、证券商、证券服务事业、期货业、交易所、柜台买卖中心、结算机构或其他利害关系人之间,因有价证券之募集、发行、买卖或期货交易及其他相关事宜所产生的民事争议。

第四,不同国家及地区的调解流程都有所差异,但基本都遵循申请调解、选定调解员、确定时间地点、正式调解、调解结案的过程,其中具体的细节设计往往能对达成满意的调解结果有所助益。比如,美国FINRA模式的调解过程中,开庭调解分为FINRA调解员和各方当事人都参加的"面对面调解"以及FINRA调解员分别与各方当事人会面的"背靠背"调解两部分,两种方式各有侧重,结合运用有利于当事人达成共识。我国台湾地区将证券期货纠纷的调解程序分为普通程序及小额程序两种,针对标的金额在100万新台币以下的小额纠纷采取更快捷、简便的方式进行调解,值得借鉴。

第五,从调解结果的法律效力来看,美国调解结果对当事方具有较强约束力,经当事人同意,调解而达成的任何和解协议都具有约束力,可强制执行。而在英国调查员机制中,在最终调查员发布裁决之后,通常会给予消费者1个月期限,若消费者接受最终裁决,则该裁决将对双方有效,并可由法院执行;若消费者不接受,则其法律权利不受影响,仍可向法院提起诉讼;若金融机构不得不接受已生效的调查员裁决,也可向法院提起司法审查,但一般较难推翻调查员的裁决。我国台湾地区对达成调解的案件制作调处书,于调解成立之日起7日内,不待当事人请求,即将调处书送请管辖法院审核,而该调处书经管辖法院核定后,保护机构于收受法院核定之调处书之日起7日内,将调处书送达于当事人,经法院核定的调处书与民事确定判决有同一效力,间接承认了调解的司法执行效力。我国可以考虑参照《人民调解法》的相关规定,有条件地对调解协议进行司法确认,以确保调解协议的司法执行效力。

第六,对比调解费用的收取方式,美国FINRA调解只收取两部分的费用:一是立案费,二是调解员报酬及开支。关于调解员报酬及开支,具体数额一般由各方当事人分摊。在英国,当投诉依法进入“收费阶段”时,涉及的金融机构需支付案件费用,每年金融调查员服务公司处理的前 3 个案件不收费,但从第 4 个投诉开始,每个案件收费 500 英镑,金融调查员服务公司在每个投诉结束后的当月月底寄出案件费用发票。我国台湾地区“保护机构”受理投资人申请调解的案件,可以视调解事件的情形酌收工本费或必要费用,工本费一般为每人每件 1000 元新台币,相对人拒绝调解时或调解不成立者,申请人缴纳之工本费应予以退还。我国可考虑针对金额较小的争议调解案件不收费,普通案件按照所涉及金额大小,对消费者和金融机构按不同标准收费。

2. 借鉴:注重多元化纠纷解决机制之间的协调

借鉴境外经验,根据证券期货纠纷解决机制的行政性因素进行分类,分为纯行政型、准行政型、半官方型、纯民间型。这是从纠纷解决机制的行政性和民间性角度进行的一种分类,其主要标准是:(1)纠纷解决机制的资金来源;(2)纠纷解决机制内部的人事任免;(3)政府对纠纷解决机制的监管力度。

基于美国的经验,根据我国金融市场现状,可以考虑建立由证监会指导下的由投服中心牵头组建证券期货纠纷调解机构,该机构应定位于社会救济类型的全国性的证券期货纠纷专业调解机构,以保持调解行为的独立性、专业性、公益性、权威性及高效性。

作为引导者的中国证监会只是在政策形式意义上指导证券纠纷专业调解机构的发展方向,协调证券纠纷专业调解机构与政府其他部门的关系。投服中心具体负责证券期货纠纷调解机构的组建及运行监督,我国《证券纠纷专业调解规则》的制定及调整及证券期货纠纷专业调解的推广与宣传。

证券期货纠纷调解机构作为独立的社会团体法人,依照我国《证券纠纷专业调解规则》全面负责证券纠纷调解的全部运行流程。赋予生效的证券纠纷调解协议的准司法效力,可以由当事人申请司法机构强制执行或者行政强制执行。

为保证证券期货纠纷调解机构运行的独立性及公益性,在资金来源上一部分可以从证券业协会会员会费中提取 50% 的机构日常运行经费;另一部分由当事人预交的调解案件立案费、审理费(固定数额)中提取;不足部分可以考虑从证券投资者保护基金中提取。

三、多元化解证券期货纠纷协调对接机制之现状和问题

——以诉调对接为视角

(一)全国证券期货纠纷解决机制现状

目前,证券期货类纠纷的除仲裁程序以及司法程序以外主要有以下几种解决渠道。

1. 中国证监会及各地证监局信访制度

信访制度是一项具有中国特色的群众利益表达和权利维护的制度,中国证监会参照《国务院信访条例》要求,先后制定了《中国证券监督管理委员会信访工作规则(试行)》《关于进一步加强和完善证监会机关信访工作的意见》《关于进一步加强证券期货监管系统信访工作的意见》《关于进一步做好信访回复工作的通知》等规范性文件,2009 年中国证监会依照中办 3 号文件专门发文,部署领导干部定期接待群众来访、定期组织机关干部下访和建立矛盾纠纷排查化解制度,用以保障投资者合法权益,规范和提升了工作水平,也为证券纠纷的解决开辟了途径。在一定程度上,信访制度促使中国证监会及各地方证监局明确了职责,加强了与民间的沟通协调,提高了工作效率,避免了重大恶性群体性事件的发生,但持续上升的信访数量正严重影响着中国证监会切实执行监管职责。

2. 中国证券业协会纠纷解决机制

根据我国《证券法》第 176 条第 5 款规定:证券业协会拥有对会员之间、会员与客户之间发生的证券业务纠纷进行调解的职责;第 7 款规定:协会具有监督、检查会员行为,对违反法律、行政法规或者协会章程的,按照规定给予纪律处分的职责。

调研显示,中国证券业协会运行着一套基于自律的纠纷解决机制,受众群体基本为民间投资者。投诉方式包括电话、书面或由本人亲自提交,投诉的内容主要包括:信息不准确,对现金或证券账户的不合理关闭以及收取不合理佣金三类。协会专门开通了投诉电话,一旦有投诉提交,即会开展严格公正的调查,相关人员一律不得参与对投诉的处理,投诉结果最终都将以书面或口头形式反馈,其中若发现违法违规事件或诈骗案件,则会立刻上报中国证监会。

3. 证券、期货交易所纠纷解决机制

证券交易所针对客户投诉处理的法律依据是内部章程和投诉处理规定,一般投诉由交易所统一受理,然后分发至相关业务部门进行处理。投诉方式包括书面、上门、传真、邮件等,对象包括针对交易所工作人员的投诉、针对交易所本身的投诉,涉及信息披露不恰当、不充分,服务差,内部交易及违规行为等问题。除常规解决方式外,上海证券交易所(以下简称上证所)还开设了专门热线,由投诉协调团队接听,并招收专职人员,在上证所以外另设投诉受理点,处理方式更多的是提供信息并予以澄清,而非解决纠纷。若投诉者亲自到上证所进行投诉,为方便取证,会对整个投诉过程进行记录。必要时交易所会连同中国证监会对相关投诉予以处理。

此外,证券交易所及期货交易所已有针对会员之间发生的纠纷来进行调解的规则,例如,2007年《上海证券交易所会员管理规则》第5章第4节纠纷解决部分就规定:会员之间发生的业务纠纷,经双方协商同意,可以提请上交所予以调解。但交易所也有对客户与机构纠纷的调解,典型案例就是是对虹桥机场转债暂缓交收事件的协调处理。① 上交所在事件发生后决定对虹桥机场可转债异常交易期间发生的交易实行暂缓交收,并着手通过交易所会员开展与买入方的具体协调工作,争取买入方从公平角度出发,放弃交收或者按照债券百元面值进行交收,最后调解基

① 事件情况大致如下:2000年3月16日面值为100元的虹桥机场可转换公司债券(以下简称机场转债)在上交所首日挂牌交易。因有投资者误以为该债券已将100元面值拆细为1元面值,实行拆细交易,导致产生了1.88元的开盘价,后续投资者也以1元左右的价位进行委托申报并获成交。据统计,此次异常交易共涉及737个账户,其中卖出账户670个,多为中小投资者,买入67个;交易债券7175手,面值717.5万元。上述异常交易发生后,低价卖出债券的投资者情绪激动,要求交易所采取措施。上交所随后决定对虹桥机场可转债异常交易期间发生的交易实行暂缓交收,并着手通过交易所会员开展与买入方的具体协调工作,争取买入方从公平角度出发,放弃交收或者按照债券百元面值进行交收。截至2000年3月21日,67个买入账户中有52个账户所有人同意放弃交收或者按照百元面值进行交收,同时,机场转债的主承销商同意按百元面值发行价现行垫款给剩余账户的卖出方。

本成功，达到了良好的社会效果。

4. 金融机构内部信访投诉机制

金融机构内部的信访投诉机制，是指客户采用书信、电邮、传真、电话、来访等形式，向公司或相关部门反映情况，提出建议、意见或投诉请求。

（二）上海法院证券期货诉调对接机制的推进情况

在我国现有的司法审判层级架构下，在多元化纠纷解决机制的衔接与构建中，不同层级法院的角色与任务应在与其司法审判职能相匹配的前提下，定其位、明其责、展其能。

1. 法院系统诉调对接机制的立体多元功能初见成效

近几年来，上海市高级人民法院加快建立市级在线调解机制，中级人民法院和基层人民法院建立诉调对接中心、基层人民法院还在各街镇建立了诉调对接分中心，形成了横向到边、纵向到底的“市—区—街镇”3 级平台网络。5 成案件调撤解决。平台功能由单一的“纠纷调解”拓展为“诉前引导、委派调解、指导调解、司法确认、简案速裁、庭前准备”6 方面。2014 年以来，上海法官人均办案数量一直居全国首位，2016 年达到人均 228 件，审判质效持续走在全国前列。2017 年上海市法院诉调中心受理纠纷 269, 623 件，同比上升 15. 5%，调解成功 96, 151 件，成功率 35. 66%，同期民商事案件调撤率为 51. 41%。2017 年上海市法院共受理调解协议确认案件 4601 件，予以确认结案 4605 件，申请强制执行 1105 件。2017 年上海市法院共受理小额速裁案 79, 123 件，审结 79, 033 件。

2. 多元化诉调对接致力于从源头治理社会矛盾

上海法院与行政机关、基层组织、行业组织配合协作，形成了“党委领导、政府主导、各方参与、优势互补、调解优先、司法终局”的多元解纷格局。目前，上海市高级人民法院与上海市司法局、总工会、工商局、市妇联等 16 家单位建立劳动争议、道路交通纠纷、婚姻家庭、消费纠纷、医患纠纷、旅游纠纷、证券金融纠纷等多元化解机制，共同推进矛盾源头化解。上海市法院也积极与辖区相关单位组织建立诉调对接机制，设立社区法官工作室，多行业、多渠道的矛盾纠纷源头化解机制初步形成。

3.集合多方力量充分发挥专业调解优势

上海法院贯彻落实国家战略,在自贸区建设、投资金融、证券期货、知识产权等领域引入专业调解服务。浦东法院自贸区法庭引入调解组织11家,委托非诉调解1198件,成功调解771件,调解成功率达64%,平均调解周期29天,化解标的额达6.89亿元。银行业纠纷调解中心共受理调解496件,调解成功410件,成功率82.7%。中证投服调解1582件,调解成功1388件,成功率88%,涉案金额15亿元。2016年上海知识产权法院委托调解96件,调解成功27件,成功率28.1%。特别是从证券期货等纠纷的多元化诉调对接情况看,自2016年以来,调解成功案件数为4784件,2017年为11,507件,截至2018年6月为4646件,案件调解成功率分别为28.4%、34.4%、61.34%。

上海经贸商事调解中心与市级法院及专门法院对接,其受理上海市第一中级人民法院委托商事调解314件,总标的额逾50亿元;受理普陀法院委托商事调解112件。上海先行民商调解中心作为公益调解组织,吸纳教授、高级工程师、注册会计师、心理咨询师等专业人员致力于商事调解,以专业技术提供社会志愿服务,推动区域法治建设。上海市第二中级人民法院与上海市律协签署合作协议,以上海市30家律所作为试点,全面加强律师参与调解工作,释放了多元化解制度潜能。上海市高级人民法院与上海市银监局签署合作备忘录,开展银行业纠纷调解工作。与投服中心签订合作协议,形成了"申请便捷、程序简化、专业权威、效力保证"的资本市场多元化解新格局。投服中心受理索赔金额达8亿元的投资者与上市公司股权纠纷。上海海事法院积极作为,与中国海事仲裁委员会等建立了海事纠纷委托调解机制,委托调解121件,成功率43%,为"一带一路"、海洋强国建设等国家重大战略提供司法保障。

4.大数据助力司法与科技深度融合

上海市高级人民法院紧跟科技革命发展步伐,确定实施"一项战略、两项行动"。目前,已形成"一个平台"+"三张名片"的智能化工作格局。"一个平台"是全市统一在线调解平台,内与法院审判管理系统互通,外与诉讼服务等平台互联,集诉讼服务、立案登记、诉调对接等多项功能为一体。"三张名片"是诉讼服务中心、"12368"智能平台和律师服务平台。诉讼服务中心日均接待3680人次。智能服务平台具备诉讼咨询、信息查询等5项智能服务功能,日均服务3000余次。律师服务平台具有26项功能，向全国18万律师开放，网上立案12万件，成功率93%。

（三）专业化证券期货纠纷多元解决机制的创新举措

1. 深圳证券期货纠纷调解“四位一体”发挥多个独创优势

2013年9月深圳证监局和深圳证券交易所联合推动，深圳国际仲裁院、深圳市证券业协会、深圳市期货同业协会、深圳市投资基金同业公会等机构在现行法律框架之下，共同设立调解中心。该中心探索结合自行协商、法院诉讼、专业调解和商事仲裁“四位一体”的独创机制。从2013年9月至2018年9月，共受理的投诉3150宗，其中相当一部分的投诉没有进入正式的调解程序当中，正式受理的是690多宗，调解完结的是620宗，成功调解率80%，调解金额30.32亿元。最高人民法院和中国证监会近期出台《关于在全国部分地区开展证券期货纠纷多元化解机制试点工作的通知》，将证券调解中心纳入证券期货纠纷多元化解试点调解组织。

深圳证券调解中心的“四位一体”的独创机制，主要突出以下特点：

首先，突出调解中心的独立性。调解中心作为独立设立的事业单位，其理事会、秘书处依证券调解中心章程独立运作。调解中心的调解员们全部为来自资本市场的专业人士，他们不仅具备良好的公信力、调解能力和职业操守，而且熟悉行业规则和运作模式。

其次，突出调解的专业性。调解员的理性和专业能将纠纷双方积累的矛盾化解。调解员对行业运作熟悉，能够针对行业特点和专业问题开展纠纷调处和矛盾化解，在矛盾激化、当事人采取极端手段之前介入，调解中心实际上发挥了调节器的作用。

最后，门槛低、低成本也是调解中心受理纠纷的一大特点。若对方当事人属于深圳市证券业协会、深圳市期货同业协会、深圳市投资基金同业公会会员，且已承诺接受调解中心调解的，投资者单方面申请调解即可启动调解程序。经粗略计算，在过往办结案件中，对方当事人属前述“三会”单位的，大约占比为90%。与此同时，调解中心受理中小投资者的纠纷调解申请，不收取任何费用。

另外，调解中心还实现了调解和仲裁的“无缝对接”。当事人经调解中心达成和解协议的，可申请深圳国际仲裁院进行仲裁，按照和解协议的内容依法快速作出仲裁裁决,使和解协议的内容具有可强制执行的法律效力。非诉讼解决纠纷的途径,也节省了财政资源和司法资源。如一方当事人不履行和解协议或仲裁裁决书,另一方当事人或证券调解中心可以将相关情况告知行业自律组织或监管部门,列入诚信档案。对于拒不履行或不积极履行和解协议的会员,行业自律组织可以根据行业自律规范进行惩戒。

最高人民法院和中国证监会2016年出台了《关于在全国部分地区开展证券期货纠纷多元化解机制试点工作的通知》,将证券调解中心纳入证券期货纠纷多元化解试点调解组织。

2. 投服务中心的证券期货纠纷调解中心建设成果显现

根据中国证监会的工作安排,投服中心自2016年伊始,承担了建设全国性证券期货纠纷调解中心的任务,通过实践积累,致力于建设全国性、综合性、独立第三方专门调解机构,打造国际一流的调解机构。据初步统计,截至2018年11月末,投服中心纠纷案件登记数、受理数、成功数及投资者获赔金额均占证券系统内纠纷调解的50%以上,诉调对接案件数量已占到证券系统内全国诉调对接案件的90%。

投服中心近两年来的探索,为全国性纠纷调解机构的设立扩大了影响、积累了经验,打下了很好的实践基础。目前,投服中心已经构建全国性、全市场的调解网络,与中国基金业协会以及全国31个省、市、自治区签署了合作协议,在多数辖区已经成为纠纷调解的主渠道,调解业务广泛涉及证券、期货、基金、上市公司等资本市场各领域民事纠纷,并填补了上市公司虚假陈述纠纷调解的空白。在调解机制上,创建了小额裁决等新型特色调解机制,实现了纠纷化解便捷化、高效化和权威性,并建立了专业规范的调解制度规则和一支专业化程度较高的调解员队伍。特别值得一提的是,通过与相关法院的合作,投服中心已初步构建起诉证结合的调解效力保障机制。自2016年以来,投服中心相继完成了首单证券期货纠纷调解协议的司法确认、首单公证确认、首单诉前委派调解、首例资本市场小额速裁定纷争案等一批具有代表意义的证券期货纠纷专业调解案件。

典型案例

首例资本市场小额速裁定纷争案

2014年3月20日投资者王某购买了5万元某证券公司“某集合资产管理计

划”产品。当时，该集合资产管理计划营销宣传时明确表示“不直接投资二级市场，利用机构优势申购新股，进出费用全免”。截至2015年8月，该产品累积发放红利2万元，于是王某又陆续追加购买了5万元产品。

2014年5月9日沪深交易所分别出台了《上海市场首次公开发行股票网上按市值申购实施办法》和《深圳市场首次公开发行股票网上按市值申购实施办法》，规定采用网上按市值申购方式首次公开发行股票，投资者需持有一定市值的二级市场股票，才可以根据其持有市值对应的额度网上申购新股。2015年11月王某购买的基金净值跌至0.5元。投资者下载了产品管理报告，发现该产品在2015年一季度通过二级市场配置的股票资产占比高达63%。王某认为管理人某证券公司在持有人不知情的情况下自行决定增大二级市场投资，并严重违背营销宣传时“不直接投资二级市场”的承诺。王某认为对方存在误导性宣传，是导致其购买的10万元该资产管理计划产品遭受损失的原因，由此主张5万元的损失赔偿。

本案的争议焦点主要集中在赔偿金额上，即2万元的投资收益的归属权以及损害赔偿是否应当合并计算的问题。投服中心在调解实践中发现很多金额不大、案情较为简单的纠纷，当事人双方因各种原因迟迟不能达成调解，既占用了调解资源，又耗费了双方的时间财力，收益成本极其不对等。投服中心借鉴国际经验，针对此类案件创新性地构建了小额速裁机制。

首例资本市场虚假陈述调解案

2012年甲上市公司因披露的公司年报隐瞒重大关联交易，构成虚假陈述，被证监会行政处罚。根据最高人民法院《关于审理证券市场因虚假陈述引发的民事赔偿案件的若干规定》，投资者在甲公司虚假陈述行为实施日至揭露日之间购买甲公司证券，在虚假陈述揭露日或者更正日及以后，因卖出该证券发生亏损，或者因持续持有该证券而产生亏损的可以向甲公司索赔。在诉讼时效内，该公司有160名投资者以证券虚假陈述侵权责任纠纷为由向法院起诉，要求甲公司赔偿投资者因股价下跌损失的1500万元。

在法院立案后，希望双方在法院主持下协商调解，但甲公司坚决拒绝，于是法院将案件委托给投服中心进行调解。

上市公司虚假陈述纠纷此前都是以诉讼方式解决，但维权成本高、举证难、诉讼周期长,占用司法资源,双方耗时耗力。通过专业调解方式,可以有效平衡投资者维权救济和维护市场稳定的张力,便捷高效地实现“案结事了人和”的多赢局面。

首单资本市场调解协议司法确认案

2013 年 5 月投资者杨某在某证券公司营业部开立融资融券账户并签订了《融资融券业务合同》。2015 年 8 月 27 日因杨某账户的维持担保比例低于 140%,证券公司在通知杨某提高账户维持担保比例未果后对其账户资产进行了强制平仓。投资者杨某认为,交易所规定的维持担保比例下限也即平仓线为 130%,证券公司却将平仓线定为 140%,并且自始至终证券公司未将该比例告知自己,明显违反合同约定。因此,杨某要求证券公司营业部赔偿其 40 万元经济损失。但证券公司坚持认为,根据交易所《融资融券交易实施细则》中“客户维持担保比例不得低于 130%”的规定和双方《融资融券业务合同》中“平仓线对应的维持担保比例值由乙方确定、公布和更改”的约定,平仓线应以其官网上公布的融资融券业务维持担保比例即 140% 为准,是符合规定的,证券公司对杨某账户资产进行强制平仓也符合合同约定,拒绝了杨某的赔偿诉求。于是,双方共同向投服中心申请调解。

通过调解方式解决证券期货纠纷,具有申请便捷、程序简便、方式灵活、成本低等优势,但调解协议本身不具有强制执行力。在实践中,很多纠纷案件因为当事人害怕反复反悔的情况发生,双方当事人难以达成和解。为此,我国《民事诉讼法》第 194 条专门规定了调解协议的司法确认制度。最高人民法院和中国证券监督管理委员会发布的《关于在全国部分地区开展证券期货纠纷多元化解机制试点工作的通知》(法〔2016〕149 号)中也明确提出“经试点调解组织主持调解达成的调解协议,具有民事合同性质。经调解员和调解组织签字盖章后,当事人可以申请有管辖权的人民法院确认其效力”。不过,此前关于司法确认实施的具体规定主要见于人民调解和诉讼调解相关司法解释,专业调解的司法确认缺乏有针对性的操作依据,相应的案例鲜见于实践。投服中心在上述纠纷案例中,加强与人民法院的协调,明确了司法确认的管辖法院,探索专业调解司法确认的程序流程,成功推动完成了资本市场首单调解协议的司法确认,标志着证券期货纠纷调解司法确认机制的实际开启。

(四)现有多元化诉调对接机制存在的问题

从诉调对接到多元化纠纷解决机制,诉讼程序与非诉讼程序的交错适用理论已经在世界各国得到认同,“德、日等大陆法系国家兴起的交错适用论认为,应当突破诉讼案件与非讼案件之间的传统分类方法及标准,以具体民事案件的不同价值追求为标准,将各种程序法理妥适地运用于具体的案件中”。[①] 在我国历史文化和司法实践的发展过程中,调解作为一种非诉讼程序,在民事纠纷解决中一直发挥着重要作用。

近年来,中小投资者合法权益受损现象时有发生,矛盾纠纷数量呈现不断上升的趋势。与此形成对照的是,投资者维权渠道不畅,维权难的问题非常突出。从总体来看,证券期货纠纷的多元化解决存在以下急需解决的问题。首先,投资者通过诉讼解决纠纷存在门槛高、成本高、耗时长的问题,有限的司法资源也难以满足纠纷解决的需要;其次,现有仲裁渠道对中小投资者缺乏足够吸引力,通过仲裁解决的纠纷比例很低;最后,投资者习惯采用的向监管部门投诉解决纠纷的方式也面临监管资源有限的问题,并且监管部门直接处理民事纠纷于法无据,以行政手段解决民事纠纷很难有效满足投资者的诉求。

从构建证券期货纠纷诉调对接机制的角度看,应着重从理论到实践厘清以下几方面问题。

1. 诉讼与调解关系尚需完善

衔接与构建多元化纠纷解决机制,首先要做好的就是诉与非诉的关系协调,即处理好诉讼与调解的关系。

(1)诉讼主导调解

诉与非诉之衔接,诉讼应主导调解。这里的主导并不是主次之分,而是指在多元化纠纷解决机制构建的过程中,人民法院应该承担起组织者、协调者、管理者、推动者的角色定位。人民法院作为审判机关,其履行司法审判职能的最终目的是定分止争,维护社会和谐稳定。因此,对其辖区范围内的纠纷解决,人民法院应发挥

① 汤维建、王鸿雁:《我国非讼程序的立法问题及解决建议》,载《广东行政学院学报》2008 年第 1 期。

组织联动各类非讼纠纷解决机构,协调各类行业、专业调解机构,发挥调解等非诉讼纠纷解决程序的自愿、灵活、专业优势。人民法院应立足自身的司法审判流程,建立诉与非诉的沟通、协调平台,实现对辖区诉讼与非诉讼程序的有效衔接与管理。

(2)调解补充诉讼

在司法实践中,两造对立的司法审判程序难免会引发双方当事人的对立情绪,司法审判虽可以达到"案结"目的,但裁判未必能实现纠纷"事了",而调解等非诉程序恰恰可以弥补诉讼程序柔性的不足。调解等非诉讼程序应以分流司法案件压力,提升司法审判效能为目标,凡是具备调解前提条件的各类纠纷,均可由各类调解组织先行调解。在纠纷进入立案、诉讼阶段亦可以进行调解,以缩短诉讼流程,降低诉讼成本。双方当事人在自愿基础上,灵活协调纠纷,通过不断的协商达至利益的最佳平衡状态。因此,调解等非诉讼程序作为诉讼程序的有益补充,通过将调解与诉讼的有机结合,构建多元化纠纷解决机制。

2. 具体形式与内容存在不足

(1)诉调对接机制中的地方各级法院的功能定位尚需完善

多元化纠纷解决机制构建是个系统工程,不同层级法院的角色定位应基于其司法审判职能的不同而有所侧重。纠纷多元化解决机制是整合社会资源、提升司法能效的重要举措,具有重要现实意义。

①高级人民法院宏观决策规范指导

就审判工作职能而言,高级人民法院在建设多元化纠纷解决机制方面的角色,应主要承担宏观决策职能,基于辖区与各类调解组织的横向合作联系,进行统筹工作。研究出台政策性指导意见,部署开展面上工作,检查督促工作进展和落地。目前,上海市高级人民法院已经与中国人民银行上海分行、中国银保监会上海监管局等建立了金融消费纠纷、保险纠纷诉调对接机制。通过前期的推动,该项机制运转良好。

②中级人民法院搭建平台承上启下

中级人民法院在构建多元化纠纷解决机制的角色,从其自身职能出发,应致力于建设多元化纠纷解决机制平台,横纵相连,承上启下。一方面,中级人民法院传达贯彻上级法院的相关决策规范,统筹辖区各基层法院在多元化纠纷解决机制建设中的功能设置,立足各辖区法院司工作实际,有所侧重地加以指导,成为辖区多元化纠纷解决机制构建的信息交流中转站和组织协调枢纽。另一方面,中级人民法院应承担横向联系辖区各类调解组织、行业协会等社会资源,不断整合社会力量的功能,突出中级人民法院与各行业调解组织的互动协作,促进案件审判类型化与纠纷调解的行业化、专业化对接。目前,上海市第二中级人民法院正在积极推进的涵盖银行、证券、保险等全部金融纠纷的多元化解决机制就是中级人民法院层面探索建立多元化纠纷解决机制平台的有益探索,是上海法院创新司法工作方式的积极尝试并已初显成效。在一起证券期货理财纠纷中,上海市第二中级人民法院借助投服中心与行政监管部门的工作优势,在审理该案过程中委托投服中心的调解员调解,最终当事人达成了诉讼外解决纠纷的合意,法院再以出具法律文书形式对其效力予以确认,成功通过诉调对接方式解决纠纷。

③基层人民法院拓宽渠道全面推进

在基层人民法院层面,应以诉调对接中心工作为依托,积极推进多元化纠纷解决机制建设。基层人民法院承担着绝大部分一审案件的审理,直接面对纠纷当事人,面临着案多人少的司法审判压力。以诉调对接中心为多元化纠纷解决机制运行的机构基础,可以保障人力、物力、财力,提高多元化纠纷解决机制建设的效率,提升纠纷当事人对多元纠纷解决机制的信赖。一方面,基层人民法院不断完善诉调对接中心职能,可以从纠纷调解逐步扩展到小额速裁、司法确认、审前准备等工作职责,全面推进诉讼与非诉程序对接,完善机制建设。另一方面,基层人民法院在多元化纠纷解决机制构建中,可探索建立纠纷调解就地解决机制,司法审判与行业调解对接机制以及刑事和解、行政调解机制,不断创新多元化纠纷解决机制的应用方式和适用范围,形成诉讼纠纷解决替代机制。上海法院自 2009 年上海市高级人民法院党组提出在上海市各基层法院统一建立"诉调对接中心"、构建和完善以诉调对接中心为载体的多元化纠纷解决机制的要求以来,依法妥善处理和化解了大量社会矛盾,为缓解人民法院日益繁重的审判压力、促进社会和谐稳定作出了突出贡献。

(2)充分结合法院审判权运行机制改革方向

①法官助理在诉调对接制度中的作用有待进一步发挥

在此次司法改革的制度设计中设置法官助理岗位,突出了以审判为中心、提升审判质效的司法改革导向,充分发挥法官助理在诉调对接制度中的作用,有助于实现为法官减负增能、培养后备法官的法官助理制度初衷。

明确法官助理是法官的助理,在法官的指导下开展诉调对接工作,全面提升辅助审判的能力。从审判权的角度考虑,法官有三项权力不能授权法官助理行使:一是开庭权,二是文书署名权,三是案件决定权。前两项权力是形式上的审判权,第三项权利是实质上的审判权。其余的工作内容,法官可以授权法官助理开展。因此,法官助理全面投入诉调对接工作中,这既是司法改革制度设计的题中应有之义,也是多元化纠纷解决机制构建的必然要求。在立案前调解中,法官助理可以直接代表法院主持立案前调解,以减少法官调解接待压力;在立案后的诉讼调解,法官助理参与诉调对接工作更多地体现在庭前工作中。法官助理通过准备庭前会议材料,梳理案件争议焦点,进而估量案件纠纷调解的可能性、摸排调解的切入点。针对那些具有庭前或者庭后调解、和解可能的案件,法官助理及时组织开展庭前调解、和解工作。双方经调解、和解达成一致意见的,可以由法官助理当场草拟裁判文书,确定双方权利义务关系,经法官审核后予以确认。这样既锻炼了法官助理全面深入审理案件的能力,又分流了法官的办案压力。最重要的是,由法官助理开展诉调对接工作,因调解程序的灵活性和法官助理身份较之法官的柔和性,可以促使案件当事人放松情绪,为和解、调解拓展心理空间,进而推动诉调对接制度落地,实现诉和非诉的有效衔接。

②积极推进二审案件中的委托调解

二审案件的委托调解是指案件已经立案,人民法院把案件委托给调解组织或者特邀调解员进行调解并达成调解协议,即“委托调解”达成调解协议,以及立案后审判组织指派调解。二审案件经过一审审理程序,可能已经经过调解,如何在二审程序中适时调解、有效衔接诉与非诉,考验着中级人民法院多元化纠纷解决制度设计的智慧和法官(调解员)审时度势的能力。

以减少案件讼累为突破口,积极促成二审案件的委托调解。在二审审理中,通过委派经验丰富的专职调解人员,在上诉人的诉请基础上,充分向其释明二审诉讼的风险,解释一审裁决的恰当性,促使其同意接受调解。当然,亦要注意尊重当事人的意思自治,避免当事人误解法院在拖延诉讼。

有效衔接二审案件调解与诉讼程序,最大程度尊重调解的灵活性和自治性。

第一,依照诉讼程序思路,衔接诉与非诉可以有两种处理方式:一是当事人达成调解后申请撤诉;二是当事人达成调解协议,申请法院审查后制作调解书,依照诉讼流程的终结程序方式。第二,依照多元化纠纷解决机制的司法确认路径,二审案件司法确认必须由调解组织所在地的基层法院申请确认,因此,便存在诉讼程序中的案件管辖权的下移问题。但从多元化纠纷解决机制所要达到的鼓励纠纷的非诉讼化解决,支持当事人意思自治角度出发,就诉讼案件分流的目标而言,此规定无疑是人为设置了障碍。如果由中级人民法院管辖该类“委托调解”的司法确认,既能实现多元化纠纷解决机制的实践意义,又可为当事人提供更多的选择,节约司法资源。

③充分发挥律师在诉讼中的和解作用

在多元化纠纷解决机制构建中,要鼓励律师参与调解、和解工作。充分发挥律师的代理作用,一方面,可以提升司法审判以及诉调对接的效率;另一方面,发挥律师居中信息沟通的中介作用,可以缓解纠纷当事人的对立情绪,理性商讨,为调解提供更大空间。因此,中级人民法院在探索多元化纠纷解决机制的构建中,要充分重视整合律师等社会力量参与调解。

建章立制,完善硬件设施,为律师参与调解、和解提供保障。法院通过与律协签订合作备忘录,依法保障律师参加调解的权利,鼓励律师主动自愿参与调解、和解、矛盾化解工作。加强物质保障,在法庭区域设置专门的律师调解室,提供相应的配套服务,支持律师适时开展当事人的调解、和解工作,并在职权范围内提供必要的指导。支持律师助理(实习律师)参与诉讼纠纷解决。保障律师助理、实习律师在协助律师开展工作中的合法权益,为其提供必要的便利。经律师授权,律师助理可以辅助律师参与案件调解、和解工作,可以为纠纷解决提供合理化建议或意见。建立律师参与调解、和解案件的执行保障机制,经律师组织、参与,最终达成调解、和解的案件,鼓励双方当事人自觉履行;对于未能自觉履行的,法院通过建立执行绿色通道,可以依职权移送优先执行。设立律师参与的特邀调解员制度,充分发挥律师专业特长。对于业务能力突出且善于调解、和解工作的律师,可以聘请其作为法院特邀调解员。

(3)法院对非讼调解的司法确认有待进一步完善

诉调对接的实质是“诉讼与非诉讼相互对接,具体形式表现为人民法院与社会调解组织在职能上良性互动、在作用上优势互补”。[①] 在现有的司法体制下,对于诉讼与调解的有效衔接,人民法院的职能主要体现在做好司法审查和司法确认。2009年最高人民法院颁布的《诉讼与非诉讼衔接机制意见》规定,由行政机关、人民调解组织、商事调解组织、行业调解组织或者其他具有调解职能的组织调解达成的具有民事合同性质的协议,当事人可以申请有管辖权的人民法院确认其效力。

人民法院的司法审查和司法确认,实际是一种具有法律强制力的保障机制,其目的是通过对非诉讼程序纠纷解决提供一种司法认可的可能,来促使当事人自行履行调解协议,充分尊重调解当事人意思自治、诚实守信,弘扬社会的公序良俗,彰显司法权威。做好衔接工作,就要明确司法确认的受理范围、管辖法院,司法审查边界、费用的收取、司法审查人员配备、机构设置等具体操作流程。在目前的法律体系中,已经对以上问题作出了初步规定。如最高人民法院《关于人民调解协议司法确认程序的若干规定》(以下简称《人民调解协议司法确认程序若干规定》)第2条明确了申请司法确认的管辖法院,第4条规定了不予受理的司法确认申请范围,我国《民事诉讼法》第194条规定了当事人申请司法确认的期限、管辖法院。最高人民法院《关于适用〈中华人民共和国民事诉讼法〉的解释》(以下简称《民诉法司法解释》)第357条、第360条亦明确了司法确认的不予受理范围。

司法确认制度最直接的动因在于通过提升调解协议的效力来促进公众适用调解机制解决纠纷的积极性,进而减少流入诉讼途径的案件数量,提升纠纷解决的和谐化程度。因此,司法确认是诉与调衔接的重要制度连接点,完善法院非诉调解的司法确认机制,从目前的法律规定和司法审判实践看,急需解决法院非诉调解的司法确认的管辖权问题。

①申请司法确认调解协议的具体情形

从多元化纠纷解决机制视角来看,申请司法确认的调解协议可以分为以下4类:

一是当事人的纠纷在诉讼外接受各种调解组织调解并达成协议,并申请法院申请确认,即“诉外调解”(非诉调解)的司法确认;

二是立案前人民法院委派有关调解组织进行调解达成协议,当事人申请法院

---

① 国庆:《试论民事诉讼诉调对接机制及其完善》,载《河南广播电视大学学报》2011年第3期。

确认,即“诉前调解”(委派调解)的司法确认;

三是立案后人民法院把案件委托给调解组织或者特邀调解员进行调解并达成调解协议,当事人申请法院确认,即“委托调解”的司法确认;

四是立案后,由审判组织指派法院专职调解员对当事人的纠纷进行调解并达成调解协议,当事人申请法院确认,即“诉中调解”的司法确认。

以上四种不同类型的调解协议司法确认,协议达成的阶段、路径有所不同。后三类调解协议与第一类调解协议不同,其已进入法院的诉讼流程中,或者说达成调解协议的渠道是通过法院的委派、委托、指派;而第一类调解协议则完全是外置于法院流程,是当事人完全自主启动达成调解协议。因此,应区分不同情形,从便利当事人和便于法院司法实务操作的角度来进一步明确法院管辖。对于第一类诉外调解协议的司法确认,从便利当事人的角度选择司法确认管辖法院比较可取;而对于后三类调解协议,司法确认的管辖法院确定应遵循调解协议启动的源头来确定管辖,即以启动调解协议的法院管辖,以真正实现司法确认便利化的程序性要求,减少程序性消耗。

②现有法律对调解协议的司法确认权规定

2011 年 3 月 12 日最高人民法院颁布的《人民调解协议司法确认程序若干规定》第 2 条规定:当事人申请确认调解协议的,由主持调解的人民调解委员会所在地基层人民法院或者它派出的法庭管辖。人民法院在立案前委派人民调解委员会调解并达成调解协议,当事人申请司法确认的,由委派的人民法院管辖。从上述规定第 2 款理解,如中级人民法院作为委托和委派调解的法院,按照“从哪里来,到哪里去”或“谁委托(委派),谁负责”的原则,由委托(委派)法院管辖此类确认案件,则中级人民法院也可以作为委托、委派调解案件司法确认的管辖法院。但 2012 年 8 月 31 日我国修订实施的《民事诉讼法》第 194 条规定:调解协议的司法确认由调解组织所在地基层人民法院管辖。依据该条规定,中级人民法院是否具备司法确认管辖权存有疑问。我国《民事诉讼法》第 194 条没有区分当事人申请司法确认的调解协议的类别,一律由调解组织所在地基层法院管辖,我国《民诉法司法解释》第 353 条也规定由调解组织所在地基层人民法院或者人民法庭管辖。

在实践中,如对于当事人到中级人民法院起诉的一审案件,当事人选择调解等非诉讼方式解决纠纷,达成调解协议,如按上述法律规定,不区分调解协议类型,一律由调解组织基层法院管辖,可能会造成司法实务操作上的不便,而背离司法确认制度的初衷。

③把握适用范围并做好司法确认

如何理解我国《民事诉讼法》第194条规定,是否只有基层人民法院才能受理,中级人民法院是否也可以,或者说中级人民法院在何种情形下可以管辖何种司法确认案件。从法理上讲,不同层级法院均有一审案件的审判权,而对一审案件进行立案前调解、诉前调解、诉中调解等均为现行法律所允许。目前,司法确认的管辖法院为调解组织所在地的基层人民法院,主要是基于大量纠纷的一审审判由基层人民法院完成,另外也是基于便利当事人的考虑。但在目前的司法实践中,中级人民法院审理的一审案件呈大幅上升趋势,案件审理法院层级承上移态势,这客观上促使我们要适时调整司法确认的管辖法院。在不违背级别管辖、专属管辖的前提下,从便利多元化纠纷解决机制的衔接角度看,中级人民法院也可以管辖司法确认案件。

按照我国《民诉法司法解释》的相关规定,法院对调解协议的审查采取的是形式审查和有限的实体审查相结合的方式,即书面审查和到庭审查相结合的方式。虽然调解协议被定位于民事合同性质,但显然法院对申请司法确认的调解协议的审查不能等同于对一般民事合同的审查。因为司法确认作为一种特别程序,它不同于一级审判程序,它本质上是国家公权力对调解协议的确认,但这种确认并不是目的。公权力对当事人意思自治的干预应持一种谨慎态度。就多元化纠纷解决机制本身建构的目的而言,就是要打通诉与非诉程序,给予纠纷当事人更多的选择,引导当事人更多地选择非诉程序,以一种非对立的、协商的、灵活的自治方式来解决矛盾。因此,司法确认应从更多地体现对调解当事人意思自治的尊重,基于合法性、自愿性、不违背法律强制性规定的角度把握司法审查的边界。

(五)证券期货纠纷诉调对接机制的进一步构建

1. 证券期货纠纷专业调解机制的集中模式

(1)不同类型的调解机构

①纯粹民间调解机构

民间调解,是指民间自发成立的调解机构,通常广泛应用在城乡基层社区的民事纠纷的解决过程中，民间模式的典型形式包括社区调解、消费者组织、商会、行业协会等提供的调解服务，既有公益性也有营利性的。如果选择这种模式作为制度的形式基础，那么证券期货调解则只是作为非正式的民间组织或活动而存在，调解机构可以由已获取相关专业资格的人士（如律师、证券从业人员等）自行设立，其形式可以采用公司的企业制度或者会员制，其资金经费主要来自民间，调解由当事人双方自愿申请提起。从调解结构的设立情况来看，允许同一地域存在多个调解机构，但应当适用同一调解规则和程序，通过机构间的竞争来保证制度执行中的优胜劣汰。

②“半官方”调解机构

“半官方”调解是指在金融主管机关指导下，由行业协会、商会、证券、期货交易所、金融机构等共同出资成立的保护基金公司或者其他类似性质的机构，负责处理相关金融纠纷。此种方式依托现有证券行业协会或投资者保护基金公司在各地的分支机构，按地域分别受理相关金融纠纷。因此，在各地应当有统一的纠纷调解机构，在调解的权威性方面要优于纯粹民间的模式，比较容易取得当事人的信任，并有利于提升调解效力。

③行政主导调解机构

行政主导调解，即在中国证监会法律部门包括其派出机构当中专门设立证券期货纠纷调解机构。此种模式在经费来源、调解效力确定等方面是最具优势的，但在现有机构人员配备方面会存在很大的压力。具体根据本课题组去上海证监局的调研，上海证监局承担了大量的上访投诉活动。除专门设置信访办公室外，还在每个处室都设置了专门的干部人员来处理投诉。大量的监管人力和力量的投入，使原本的监管能力和监管水平必然受到影响。并且，在金融纠纷调解的实际效果并非显然能够预见的情况下，会有一定的机构声誉等风险问题。本来是民事纠纷的问题，因为监管部门的处理、调解不当，可能使矛盾转向监管部门。所以，从长远来看，我们不主张此种模式。

（2）现阶段宜采“集中式”“半官方”调解机构模式

从机构设置、物质组织保障、调解效力等多重因素考虑，我国现阶段构建证券期货专业调解制度应当选择“半官方”调解模式为宜。在“半官方”模式下，金融监管机构需要制定各地使用的统一调解规则、对调解业务进行具体指导，并负责与司法部门及法院进行协调,处理好证券期货调解与行政调解、仲裁、诉讼等其他纠纷解决机制之间的衔接关系。

在调解机构的选择方面,按照现有机构的情况,宜采用全国性的集中化的专业调解机构。

首先,基于证券期货纠纷的涉众性特点,建设全国性的证券期货专业调解机构,可以很好地涵盖全国各地的投资者的维权需求,降低投资者维权成本。此外,鉴于目前我国金融案件的司法审判仍然要遵循民事诉讼法的一般管辖规定,在一定区域内实施集中管辖。因此,作为证券期货专业调解机构的设立也应该考虑与司法资源配置的协调问题。

其次,在金融交易要素市场的集中化设置的模式下,证券期货纠纷的集中调解具有客观基础与现实可能。无论是从国际金融市场的发展现状以及我国当前及今后的金融市场的发展趋势看,金融市场交易的集中化已经成为主流。金融交易要素市场(包括交易所、交易系统、交易平台)结合互联网大数据系统的发展,一方面,使金融交易资源的配置更加集中;另一方面,借助互联网技术、普惠金融政策的推进,金融消费投资成为普通百姓消费生活的重要组成部分。集中化设置证券期货纠纷调解机构,与这些金融交易要素市场的设置相匹配,一方面,有利于及时跟进金融交易市场动向,掌握市场发展动态;另一方面,通过集中化的全国性专业调解机构的数据分析可以与交易要素市场及时沟通,化解潜在的系统性风险,更加有利于金融市场的稳定健康发展。

集中化设置的全国性证券期货纠纷调解机构,以集中设置为主导,在全国设置分支机构,依靠点面结合的全国调解机构网络,实现纠纷的就地解决与纠纷趋势的大数据控制,有利于证券期货纠纷解决的专业与高效。因此,我们建议选择现有的证券行业协会或者全国性投资者保护机构为基础构建证券期货纠纷专业调解。而在这两者之间选择,考虑的因素一方面是利益代表,另一方面也需考虑现有组织情况。从利益代表角度讲,证券行业协会应当代表金融机构利益,从会员制度及其行业协会收费等因素考虑都支持前述判断。而证券投资者保护机构主要是为保护投资者,特别是中小投资者利益而设立,因此,更加符合中国证券期货专业调解制度保护投资者的设立宗旨,显然较为适合充当调解机构。

2. 证券期货纠纷专业调解机构的功能定位

最高人民法院与中国证监会在2018年11月发布的《关于全面推进证券期货纠纷多元化解机制建设的意见》中指出，证券期货调解组织是指由证券期货监管机构、行业组织等设立或实际管理的调解机构，应当具有规范的组织形式、固定的办公场所及调解场地、专业的调解人员和健全的调解工作制度。中国证监会负责证券期货调解组织的认定和管理工作，定期商最高人民法院后公布。

可见，由证券投资者保护机构在现有的调解机构设置基础上，集中建立我国证券期货纠纷调解中心具备了比较扎实的客观条件与政策支持。全国证券期货纠纷调解中心是资本市场纠纷解决体系的核心组成部分，事关资本市场各方主体的切身利益及权利义务。要在遵循依法调解的前提下，严格做到主体法定、职权法定、程序法定、证据充分，以不断提升调解中心的公信力。因此，本课题组建议在中国证监会的指导下，由投服中心牵头组建证全国证券期货纠纷调解中心，作为常设机构专门负责证券期货类纠纷调解工作，并依托投服中心建立业务工作机构系统。

一是调解中心的法律定位，调解中心应当是资本市场中统管纠纷调解的第三方机构，其独立性、专业性、客观性的定位，是保证其有效发挥作用的前提与基础。就机构性质而言，可将调解中心界定为中国证监会所管理的公益单位，以保证调解中心在中国证监会指导下对证券期货纠纷的专属管辖权，并避免采取公司形式可能导致的利益冲突。

二是完善中心调解的法律依据。法律依据是调解中心得以成立、运营、工作的基本前提。目前，对于在资本市场中成立专业的调解机构尚无专门法律、行政法规或者部门规章。按照基本法理和我国《立法法》的规定，上述文件难以称为“法律依据”。首先，建议由我国《证券法》以专节或者专条的形式对全国证券期货纠纷调解机构进行原则性规定，使其“于法有据”，并授权国务院或者中国证监会予以细化规定；其次，建议中国证监会根据我国《证券法》的授权，牵头制定有关调解中心设立、运行及监管的部门规章；最后，由调解中心根据具体情况制定更加细化的业务细则规定。

三是理顺与相关行政监管机构、自律监管机构及其他调解机构之间的关系。首先，必须建立有效的衔接机制。在案件调解过程中，发现违法违规行为的，应当将相关线索或者情况尽快移交稽查局、处罚委、交易所、相关协会，由其对线索进行分析稽查、对违法违规的会员进行处罚或者按其他程序予以处理;其次,要建立调解中心协同参与资本市场治理的法律机制;最后,要建立联合诚信褒奖与失信惩戒机制。调解中心要通过与交易所、中证监测、工商、税务、司法等系统的信息联网,打造资本市场 24 小时全天候、360 度全方位的资本市场诚信建设体系。

未来全国证券期货纠纷调解中心建设目标应致力于成为全国市场纠纷调解承办中心、人才中心、质量中心、协作中心、创新中心、宣传中心,真正建立“申请便捷、程序简便、高效权威、效力保障”的新型调解工作机制,成为国内权威、国际一流的市场纠纷处理和投资者保护机构。

具体而言,调解中心应本着“申请便捷、程序简便”的要求,通过开通运行在线纠纷受理平台、纠纷受理热线电话、建立与中国证监会“12386”热线投诉直转通道、建立与监管部门大要案转办机制等措施,全方位受理市场各类纠纷案件,提高纠纷案件承接能力,成为市场纠纷调解的主要承接和办理平台,成为市场纠纷化解的主要渠道和依托;建设一支专业权威的专兼职调解员队伍,完善调解规则制度,提高纠纷调解的公信力、吸引力,形成比较健全的质控机制;与行政自律监管和公证仲裁司法机关双向衔接,丰富调解协议效力保证的方式途径;进一步强化机制和方式创新,体现向中小投资者的倾斜,逐步树立有市场影响力的鲜明品牌特色;探索远程调解、视频调解等现代化手段与调解的结合运用,试行引进投资者和市场人士观察团机制。

四、证券期货纠纷诉调对接机制的功能目标与具体措施

证券期货纠纷具有涉众广、类案多、专业强等特点，受政策规范性强，立法滞后性较明显，因此相对于烦冗的诉讼程序而言，更适宜交由熟悉市场业务和监管政策的专业组织进行调解，如此可同时发挥专业优势和行业监管优势，有利于高效便捷地化解纠纷，减少纠纷产生的源头性问题，维护广大投资者的合法权益。然而目前，此类纠纷仍主要通过诉讼方式解决，一方面导致法院案件积压，司法资源重复性消耗；另一方面又使专业调解组织难以全面施展拳脚。因此，建立证券期货纠纷诉调对接机制的现实目标是对集中涌向法院的证券期货纠纷进行“过滤”和“导流”，将适宜调解的纠纷引导到专业调解组织，同时，进一步发挥司法对专业调解工作的指导、促进、服务和保障功能，切实提高专业调解在证券期货纠纷多元化纠纷解决体系中的比重。

（一）增加证券期货纠纷专业调解的数量

1. 扩大“诉转调”的通路

一是明确涉及投资者权益保护的证券期货纠纷属于可以开展诉前调解的范围。最高人民法院《关于进一步贯彻“调解优先、调判结合”工作原则的若干意见》，明确要做好几类民事案件的调解工作，其中包括涉及民生和群体利益、需要政府和相关部门配合的案件，可能影响社会和谐稳定的群体性案件、集团诉讼案件等，因此，涉及投资者权益保护的证券期货纠纷属于应当积极以调解方式化解的范围。上海市高级人民法院发布的《关于加强立案和诉调对接中心衔接工作的意见》规定

了 9 类民事纠纷可以开展先行调解，其中包括“属于与上海法院建立对接工作机制的旅游、医疗等行业类纠纷”。课题组认为，证券期货纠纷可以纳入行业类纠纷，在上海法院与相关专业调解组织建立对接后，开展诉前调解工作。

二是增加诉中委托调解的数量。最高人民法院发布的《关于人民法院进一步深化多元化纠纷解决机制改革的意见》中指出要健全委派、委托调解程序。委派调解是指法院在登记立案前将纠纷引导至其他调解组织进行的调解，委托调解是法院在登记立案后或者审理过程中，将纠纷引导至其他调解组织进行的调解。在实践中，诉前委派调解较常见，但诉中委托调解的数量仍有待提高，其中既有技术层面的原因，也有诉讼参与主体心理层面的原因。就技术层面而言，诉前调解多由立案庭或诉调对接中心独立负责，经过多年建设已形成较完善的工作机制，从诉前引导、委派调解到调解不成转为诉讼立案，均有规范化、制度化的操作流程；但诉中调解是在案件分配给各审判业务庭之后方启动调解程序，不仅需要不同庭室之间的衔接与配合，也需要在案件办理系统中增加“诉转调”的专门程序，涉及流程对接、案卷递转、审限管理等多方面的工作。就心理层面而言，一方面，已经经历了较长诉讼周期的当事人可能会担心将案件送出去调解会拖延时间。另一方面，已经对案情和双方诉求有充分了解的法官也可能对委托调解心存顾虑。如果案件有调解可能，那么法官自然会积极促进双方进行调解。法官的中立形象、专业素养以及“调判结合”的原则，有效保障了司法调解的成功率。如果法官出面调解未能成功，其出于审理程序连贯性和审理期限等考虑，会更倾向于径行判决，而非再委托院外组织进行调解。因此，要增加诉中委托调解的数量，需要建立相应的制度保障，减少当事人的顾虑，减轻法官的思想负担，为自愿选择诉中委托调解的当事人给予一定的优惠激励。

2. 强制调解与单方承诺调解

美国、英国、德国、日本等国家以及我国台湾地区均不同程度地规定了强制调解制度。强制调解是指针对特定类型民事纠纷，不以当事人双方自愿为前提，使调解成为诉讼立案的前置程序或裁判前置阶段的一种特殊的民事调解制度。其强制性主要表现在两个层面：一是调解环节的启动具有强制性，不以当事人是否具有调解意愿为准；二是对不履行调解义务的当事人采取罚款等强制性制裁措施。由于强制调解具有上述两个强制性因素，与传统调解差异显著，曾一度引起广泛讨论。

不可否认，对于一些更宜以非诉方式解决的纠纷而言，强制调解在节约司法资源、高效化解纠纷、缓解社会矛盾方面优势明显，又未过多地干预当事人的自由意愿，因此具有较大的制度价值。因此，目前的主流观点认为我国应当在民事诉讼制度中引入强制调解制度。但是，我国尚未在法律层面规范强制调解，欲以此方式化解证券期货纠纷则面临法律依据缺失的问题。通说认为2003年发布的最高人民法院《关于适用简易程序审理民事案件的若干规定》（以下简称《简易程序规定》）中第14条[①]关于6类纠纷应当先行调解的表述即属于强制调解。课题组对此持不同意见。首先，《民事诉讼法》于2012年修订时，草案第一稿第25项曾规定："当事人起诉到人民法院的民事纠纷，适宜调解的，先行调解。"但我国最终修订的《民事诉讼法》第122条则在上述文字后增加了一句但书，即"但当事人拒绝调解的除外"。可见我国《民事诉讼法》所规定的"先行调解"以当事人不拒绝调解为前提，仍属于自愿调解而非强制调解。"先行调解应以当事人自愿为前提"这一立法本意表露无遗。我国《简易程序规定》发布早于《民事诉讼法》，且属于《民事诉讼法》的下位法，因此对于其中"应当先行调解"的解读不应违反《民事诉讼法》的规定。其次，《简易程序规定》第14条规定的调解时间为开庭审理时，意味着将调解置于庭审程序中，调解主体为法院，调解程序为诉讼中调解，这与强制调解作为一个独立的程序，与审判程序相分离，大量交由法院外的调解组织承担的特征不符。再次，《简易程序规定》第14条针对的仅为婚姻家庭纠纷、继承纠纷、劳务合同纠纷、交通事故和工伤事故引起的权利义务关系较为明确的损害赔偿纠纷、宅基地和相邻关系纠纷、合伙协议纠纷、诉讼标的额较小的民事纠纷，且仅适用于简易程序。因此，专业性较强的证券期货纠纷显然不属于其列举的应当先行调解的范畴。最后，《简易程序规定》并未对先行调解辅以强制性保障措施，缺乏强制保障的先行调解难以称为真正意义上的强制调解。综上所述，课题组认为，《简易程序规定》第14条并非强制调解的法律依据，应当将其视为法院内部为实现调解优先目标而对案件审理程序作出的自律性要求。此外，需要注意的是，强制调解制度并非一纸立法就能实现，还必须辅以完备的社会调解体系，需要大量的调解组织以容纳从诉讼中分离而

---

① 最高人民法院《关于适用简易程序审理民事案件的若干规定》第14条规定，婚姻家庭纠纷、继承纠纷、劳务合同纠纷、交通事故和工伤事故引起的权利义务关系较为明确的损害赔偿纠纷、宅基地和相邻关系纠纷、合伙协议纠纷、诉讼标的额较小的民事纠纷，在开庭审理时应当先行调解。

来的大量纠纷,亦需要大批高素质的调解员提供优质的调解服务。尤其是专业性较强的证券期货纠纷,对调解组织的专业能力和调解质效提出了更高的要求。

课题组认为,在目前缺乏法律依据的情况下,尚不宜直接引入强制调解制度来化解证券期货纠纷,仍应坚持以当事人自愿为前提启动调解程序。但鉴于证券期货纠纷的一方当事人多为上市公司和证券期货经营机构,统一受证券行政监管和行业自律监管,因此,在调解意愿的表达上可以采取事前委托、批量委托等便捷方式,即由上市公司和经营机构与行业内的专业调解组织达成协议,允诺将未来可能涉诉的证券期货纠纷交由该调解组织调解,上市公司和经营机构一旦涉诉,法院仅需征求对方当事人的同意,即可将案件交由该调解机构调解。目前,投服中心已经开始与各地证监局及相关证券类金融机构签订此类协议。此外,证券期货行业的监管部门还可以通过行政手段引导或要求上市公司和经营机构在投资者申请调解时予以配合,顺利启动调解程序,加快调解进程。

3. 利用经济杠杆予以奖惩激励

为鼓励当事人以调解方式了结纠纷,我国《诉讼费用交纳办法》已经对调解、撤诉结案的受理费作出了减半收取的规定。因此,对于当事人自愿将诉讼案件导向专业调解组织的情形,设置的相应优惠措施应当与之结合,以收取预交诉讼费用减半后的半价为限。考虑受理费的减免应当与诉讼成本和司法资源的投入程度相适应,还应当根据不同的诉讼阶段以及结案的不同方式就受理费的减免作阶梯式规定。具体而言,在法庭审理前经专业调解组织达成和解协议而申请撤诉的,可以免予收取受理费,对达成调解协议并要求法院制作民事调解书的,案件受理费可以按照规定标准的1/4(全额诉讼费的1/8)收取;在法庭审理后经专业调解组织达成和解协议而申请撤诉的,按照规定标准的1/4收取,要求法院制作民事调解书的,按照规定标准减半收取(全额诉讼费的1/4)。

同时,对于承诺接受调解后无正当理由拒绝参加调解,在调解组织提出合理可行的调解方案后拒绝接受(此情形适用于法院先行做出示范性判决后再由调解组织调解的同类纠纷,关于示范性判决的论述详见后文),或者拒不履行已经达成的调解协议的当事人应当有所惩戒。最高人民法院《关于人民法院进一步深化多元化纠纷解决机制改革的意见》第38条第2款规定:"一方当事人无正当理由不参与调解或者不履行调解协议、故意拖延诉讼的,人民法院可以酌情增加其诉讼费用的负担部分。”诉讼费用除案件受理费外，还有当事人因诉讼而支出的其他费用，例如，因交通、住宿、就餐、误工、证人出庭作证、律师代理而发生的必要费用等。

（二）提高证券期货纠纷专业调解的质量

1. 严格选任和培训专业调解员

从事证券期货纠纷调解的人员除具备调解基本技能外，还应当熟悉证券期货业务和金融法律知识。专业调解组织应当注重提升调解员的专业素养，选派具有法律专长的人员参与个案调解，与人民法院合作开展调解员的培训，借鉴司法调解的成熟经验。

2. 以示范判决引导调解

最高人民法院发布的《关于人民法院进一步深化多元化纠纷解决机制改革的意见》第13条要求建立示范判决机制。示范判决的目的是为涉众证券诉讼的处理树立裁判样板。涉众诉讼是指诉讼标的同类及一方当事人众多的诉讼，虚假陈述、内幕交易、操纵市场等证券期货纠纷即为典型的涉众证券纠纷。对于涉众纠纷的解决，根据《关于进一步贯彻“调解优先、调判结合”工作原则的若干意见》的意见，应当积极调解结案，因此涉众证券纠纷也是证券期货专业调解的重要对象。在涉众证券案件调解过程中，如果当事人无法就事实或者处理结果达成合意，则调解将陷入僵局。从投资者诉大智慧公司证券虚假陈述责任纠纷案件的委派调解中可以看出，在法院尚未对实施日、揭露日和基准日作出认定前，当事人接受专业调解的意愿并不强烈。此时，应当发挥示范性判决的引导作用，由法院先就具备共通事实、证据或者法律争点的案件作出示范判决，之后其他案件可以参照示范判决的结果进行调解。目前，上海法院已经尝试在涉众证券纠纷审理中引入示范判决机制，首例示范判决案件正在审理过程中。

3. 探索建立法律适用辅助机制引导调解

法律是规范人们行为的准绳，是判断民事法律行为效力的标准，也是在当事人之间分配权利义务的依据。调解的过程实质是双方对权利义务的再谈判、再分配，当事人基于对法律的理解而产生权利预期，基于现实条件而调整预期，最终权衡利弊，达成彼此均能接受的折中方案。因此，法律的规定和评价是影响当事人调解策略的重要因素。司法调解之所以具有较高的成功率,除依靠法官个人的工作能力和调解经验外,十分重要的就是司法调解伴随着诉讼程序推进而展开,以判决为备位。随着案情日益明朗,双方当事人经过法庭充分交锋和法官依法释明法律后,逐渐对案件走势有了更清晰地预判,这会促使理性的当事人调整诉讼策略,考虑调解方案,涉诉之初坚持不同意调解的态度可能由此转变,调解谈判中明显不合理的诉求可能由此趋向合理。由于专业调解与司法调解在程序上相对独立,在分属上各成体系,当事人难以预见纠纷若诉诸法律将会产生何种结果,可能会不甘于接受调解方案。此时,如果可以由法院以权威第三方的身份出具法律适用意见,释明法律适用标准,将有利于当事人正确认识法律风险,促成调解。需要注意的是,法律适用意见仅就法律适用问题进行释明,原则上不涉及事实认定,亦不作假设性裁判。此外,也可由专业调解组织与知名律所、法律服务机构签订合作协议,由后者为当事人出具法律意见书,此亦可有效辅助当事人判断法律风险。

(三)确保证券期货调解协议的履行

1.建立调解中财产保全制度

调解的目的是高效便捷地实现权利救济,调解协议能否实际履行事关当事人的切身利益。由于我国传统的人民调解以家事纠纷、小额财产纠纷、相邻关系纠纷、劳动争议类纠纷为主,纠纷的标的较小且当事人之间较为熟悉,具有较强的人情牵绊,因此,调解协议的履行通常不存在障碍。但在商事调解中,纠纷标的额一般较为可观,当事人之间亦不存在较密切的社会联系,因此,为确保经过多方努力达成的调解协议不因当事人或其他原因陷入履行困难,防止当事人假意调解,借机转移财产、逃避责任,有必要建立调解中财产保全制度。目前,我国并未对人民调解中的财产保全作出规定,可能会使当事人对调解心存顾虑,因此,应当允许当事人在调解过程中向法院申请财产保全。如果当事人直接向调解组织提交调解申请,可以向调解组织所在地的人民法院申请保全,如果由法院委派、委托调解,当事人可以向委派、委托的人民法院申请保全。需要注意的是,财产保全系司法强制执行的保障,如果调解协议由当事人自动履行完毕,或者当事人申请人民法院对调解协议进行司法确认但被驳回,则相应的财产保全措施应当撤销。

2. 完善调解协议司法确认制度

2011 年《人民调解协议司法确认程序的若干规定》第 2 条规定，司法确认由主持调解的人民调解委员会所在地基层人民法院或者它派出的法庭管辖。同时又规定，人民法院在立案前委派人民调解委员会调解并达成调解协议，当事人申请司法确认的，由委派的人民法院管辖。人民法院立案后委托他人调解达成的协议的司法确认，由委托的人民法院管辖。由此可见，调解协议的司法确认分为两类：一类是对法院委派、委托调解而达成的调解协议进行司法确认，由委派、委托法院管辖；另一类是对当事人自行向调解组织申请调解而达成的调解协议进行司法确认，由调解组织所在地基层法院管辖。2018 年 11 月 30 日最高人民法院发布《关于全面推进证券期货纠纷多元化解机制建设的意见》，其中第 12 条继续明确委派调解达成的调解协议由委派法院确认，第 11 条对一般调解协议的司法确认作出规定，明确当事人可以申请有管辖权的人民法院确认其效力，且规定当事人申请确认调解协议的案件，按照我国《民事诉讼法》第 15 章第 6 节和相关司法解释的规定执行。而《民事诉讼法》第 15 章第 6 节则规定，申请司法确认调解协议向调解组织所在地基层人民法院提出。因此，上述意见基本沿袭了 2011 年《人民调解协议司法确认程序的若干规定》第 2 条的规定。

金融案件中常见大标的案件，且特定类型金融案件适用专属管辖规定，这使很多金融案件的初审法院为中级人民法院。例如，根据最高人民法院发布的《关于审理证券市场因虚假陈述引发的民事赔偿案件的若干规定》《关于审理期货纠纷案件若干问题的规定》《关于对与证券交易所监管职能相关的诉讼案件管辖与受理问题的规定》《关于中国证券登记结算有限责任公司履行职能相关的诉讼案件指定管辖问题的通知》《关于审理期货纠纷案件若干问题的规定(二)》等司法解释，虚假陈述证券赔偿纠纷和期货纠纷、以证券交易所、期货交易所、中国证券登记计算有限责任公司等金融市场基础设施为被告或者第三人因其履行职能引发的一审民事、行政案件，由相关辖区的中级人民法院管辖。对于应当由中级人民法院审理的金融案件，基层人民法院不具备管辖权，相应的不具备司法确认审查调解协议的能力，也无力应对数量巨大的调解协议司法确认申请，由其管辖此类纠纷的司法确认显属不妥。

目前，最高人民法院的司法解释关于委派调解和委托调解司法确认的管辖规定是明确的。委派调解和委托调解的法院作为对所涉纠纷具有管辖权的法院,具备相应司法确认审查能力,对司法确认当然具有管辖权。对于自行向调解组织申请调解而达成的调解协议的司法确认,课题组认为应当充分考虑到金融纠纷的特殊性,以受理法院是否对所涉金融纠纷具有审理上的管辖权来判断其是否具有司法确认上的管辖权。课题组注意到,最高人民法院曾于 2009 年发布《关于建立健全诉讼与非诉讼相衔接的矛盾纠纷解决机制的若干意见》,其第 21 条规定经调解组织达成的调解协议,当事人可以申请有管辖权的人民法院确认其效力,当事人可以在书面调解协议中选择当事人住所地、调解协议履行地、调解协议签订地、标的物所在地的基层法院管辖,但不得违反法律对专属管辖的规定,当事人没有约定的,由当事人住所地或者调解协议履行地的基层人民法院管辖。该规定考虑了案件实体审理的管辖权,并允许当事人在一定范围进行选择,兼顾了实体公正与程序效率,但并未在 2011 年《人民调解协议司法确认程序的若干规定》中加以延续,实为憾事。在实践中,不少法院按照上述若干意见,对司法确认的管辖法院作了较为宽泛的规定,例如,广东省高级人民法院《关于非诉讼调解协议司法确认的指导意见》规定当事人住所地、调解协议签订地、调解协议履行地、标的物所在地、非诉讼调解组织所在地的人民法院对司法确认均有管辖权,但不得违反专属管辖、级别管辖的规定。江苏省高级人民法院《关于调解协议司法确认程序若干问题的意见试行》规定当事人可以在书面调解协议中选择当事人住所地、调解协议履行地、调解协议签订地、标的物所在地的基层人民法院管辖,但不得违反法律对专属管辖的规定。《上海法院关于民事调解协议司法确认程序的实施细则》仅笼统规定双方当事人可共同向人民法院申请司法确认,但未对司法确认的具体管辖法院予以明确,建议参考其他省份的实践作出适当扩张规定,允许当事人在书面调解协议中选择当事人住所地、调解协议签订地、调解协议履行地、标的物所在地、非诉讼调解组织所在地的人民法院对司法确认均有管辖权,但不得违反专属管辖、级别管辖的规定,若当事人未约定或选择的,则由调解组织所在地对系争纠纷由管辖权的人民法院进行司法确认。建议投服中心等专业调解组织在调解申请书等文件中提示当事人选择以上地区的人民法院进行司法确认。

3. 建立调解协议督促履行和辅助履行机制

调解协议获得强制执行效力后,若一方不履行,则另一方可以申请强制执行。

但调解协议的自动履行才更能体现调解的非诉讼特性，体现当事人的诚实信用，因此，调解组织应当鼓励和督促当事人主动履行调解协议。一是建立调解保证金制度，由当事人一方或双方向调解组织交纳保证金，若无正当理由拒绝参加调解的，调解组织可以扣除保证金，若根据调解协议需承担赔偿责任的，调解组织可先将保证金划付给对方。二是建立先行赔付制度，对于事实清楚，过错明显的一方当事人，先进行部分比例赔付。三是建立第三方资金监管制度，对于调解协议达成后，双方互付履行义务的，可由调解组织提供第三方资金监管服务。

（四）证券期货纠纷诉调对接机制的综合保障和持续发展

1. 组织保障

诉调对接工作是一项系统工程，需要建议统一的运作平台。最高人民法院院长周强在2015年全国法院多元化纠纷解决机制改革工作推进会上的讲话提出，要建设功能强大、资源充足的诉讼对接平台，实现诉调对接工作的规模化、系统化和常态化。目前，上海市三级人民法院均成立了诉调对接中心，作为多元化纠纷解决机制工作的专门负责部门和工作平台，该中心一方面负责法院内部诉调分流、诉讼程序与非诉程序转化的操作和管理；另一方面与院外的各调解组织衔接，统一对外委派或委托调解、指导调解、司法确认等。证券期货专业调解组织亦可设立相应工作平台或设置专人专岗负责与法院的诉调对接平台进行对接。

2. 制度保障

一是建章立制。证券期货案件诉调对接机制涉及诉讼程序与非讼程序的分离和衔接，涉及法院与专业调解组织之间的分工与协作，因此，需要制定专门的规章制度，确保对接机制顺畅运行。相关的规章制度应当对诉调对接案件的范围、流程、期限、结果等作出具体规范。

二是人员交流和培训常态化，建立联席会议制度，相互沟通信息，通报各方涉及诉调对接工作的情况，及时掌握证券期货纠纷的变化动向，落实诉调对接的具体措施。定期开展业务双向培训和交流，由资深法官和资深调解员介绍工作经验，探讨证券期货纠纷化解相关问题，法院定期邀请专业调解人员旁听证券期货纠纷庭审，反馈在调解协议司法确认审查过程中发现的问题。

三是定期回顾总结对接机制运行情况,法院和专业调解组织应各自做好证券期货纠纷诉调对接的统计、考核和总结工作,定期联合召开总结会,回顾诉调对接工作阶段成果,发布典型调解案例,表彰优秀调解员,总结行之有效的工作机制和经验,部署下阶段的主要目标和任务。

3. 技术保障

一是借助可视化管理技术,确保诉调对接工作可视可控。法院为调解案件编立专门案号,控制调解时限,到期自动转入审判系统,全程留痕。专门调解组织应当对接收的案件独立编号,将调解员、调解进程、调解结果等信息输入调解管理系统,做到调解进程全留痕。法院的调解管理系统、审判流程管理系统应当无缝衔接,同时匹配衔接调解组织的台账系统,便于数据交换、统计分析。

二是借助"互联网 + 技术",不断改进完善证券期货纠纷的调解工具。《关于人民法院进一步深化多元化纠纷解决机制改革的意见》明确提出"创新在线纠纷解决方式"。为"互联网 + 调解"的发展提供了方向指引和制度保障。"互联网 + 调解"的主要特点为便捷性、虚拟性、技术性。便捷性反映在其摆脱时间、空间、成本等因素的束缚,使异地远程调解得以实现。虚拟性反映在以网络信息技术工具为载体,参与主体均需要网络身份识别。技术性反映在平台所需的互联网技术,以及参与主体所需的互联网技能。"互联网 + 调解"在降低成本的同时,也带来了新问题,例如,调解主体身份识别、对网络软硬件的依赖、用户体现度、网络信息安全等。要解决上述问题,一方面,需要互联网技术的进一步普及和发展;另一方面,需要调解组织积极向技术靠拢,向技术要质效。首先,与互联网技术体进行密切合作,以行政监管部门为主导,勾连互联网与调解组织、司法机关等纠纷解决方式,实现互联网调解平台的资源整合。其次,完善互联网调解的组织网络,建立线上、线下互联互通、无缝对接的调解体系。再次,加快互联网调解员的队伍建设,扩充网上调解员数据库,加强调解员的互联网技能培训。最后,加快技术革新和硬件设施的更新迭代,改善用户体验,以质优价廉便捷的服务推动互联网调解的普及。

结　论

本课题通过对境外证券期货纠纷诉调对接机制的经验进行考察和借鉴，分析了我国在相关机制建设上取得的成果和存在的不足，提出证券期货纠纷诉调对接机制框架设计，目标是要在明确证券期货纠纷专业调解机构的功能定位的基础上，建立我国证券期货纠纷专业调解机制的集中模式。在具体措施上，首先，要增加证券期货纠纷专业调解的数量，进一步扩大“诉转调”的通路，建立强制调解与单方承诺调解机制，要善于利用经济杠杆予以奖惩激励。其次，要提高专业调解的质量，进一步严格选任和培训专业调解员，推行示范判决引导调解，发挥法律适用意见书的引导作用。关键要确保证券期货调解协议的履行。建立调解中财产保全制度，完善调解协议司法确认制度，建立调解协议督促履行和辅助履行机制。最后，要做好诉调对接机制的综合保障和持续发展工作。

参考文献

一、学术著作类

1. 范愉、李浩:《纠纷解决——理论、制度与技能》,清华大学出版社 2010 年版。

2. 范愉、史长青、邱星美:《调解制度与调解人行为规范:比较与借鉴》,清华大学出版社 2010 年版。

3. 宋朝武:《调解立法研究》,中国政法大学出版社 2008 年版。

4. 张海棠:《证券、期货纠纷》,法律出版社 2010 年版。

5. 赵万一:《证券市场投资者利益保护法律制度研究》,法律出版社 2012 年版。

二、学术论文类

1. 陈岱松、魏华文:《论中国证券纠纷仲裁法律制度之构建》,载《财贸研究》2009 年第 4 期。

2. 李有星、王卓晖:《证券纠纷调解机制的修改与完善》,载黄红方、徐明主编:《证券法苑》(第 12 卷),法律出版社 2014 年版。

3. 祖传夫:《证券纠纷行业调解与多元化解决机制的衔接问题探析》,载《中国证券》2012 年第 7 期。

4. 王亚新:《诉调对接和调解协议的司法审查》,载《法律适用》2010 年第 6 期。

5. 中国证券业协会证券调解专业委员会:《建立证券行业纠纷解决对接机制》,

载《中国证券报》2013 年 12 月 18 日。

6. 蔡宗琪:《证券业协会:通过纠纷调解机制解决证券纠纷》,载《中国证券报》2012 年 12 月 14 日。

7. 张炳、孙效敏:《美国金融业监管局调解制度评析及启示》,载《兰州学刊》2014 年第 12 期。

8. 刘晓春:《美国证券调解机制及其价值评析》,载北京大学金融法研究中心编:《金融法苑》,中国金融出版社 2009 年版(总第 79 辑)。

9. 祖传夫、叶茂、陈世清:《证券纠纷行业调解与多元化解决机制的衔接问题探析》,载中国证券业协会编:《创新与发展:中国证券业 2012 年论文集》,中国财政经济出版社 2013 年版。

10. 程程:《金融纠纷非诉讼解决机制对我国的启示——以德国私人银行调解专员制度为例》,载《中国管理信息化》2015 年 5 月刊。

11. 何敏:《证券纠纷的非诉讼解决机制——调解制度探析》,载《中国证券期货》2012 年第 10 期。

12. 邢会强:《金融消费纠纷多元化解决机制的构建与对北京的建议》,载《法学杂志》2011 年第 2 期。

三、外文文献类

1. Barbara Black & Jill I. Gross,"Making It up as they Go Along:The Role of Law in Securities Arbitration",23 *Cardozo. Rev*. 991. 1037,2002.

2. Andrea Kupfer Schneider,"The Intersection of Disute Systems Design and Transitional Justice",13 *Harv. Nego. L. Rev*. 329,2008.

3. Karl J. Mackieetal. *The ADR Practice Guide:Commercial Dispute Resolution*,3d *ed*,Bloomsbury Professional,2007.

四、网　站　类

1. 中国证监会网站:http://www. csrc. gov. cn。

2. 中国证券网:http://www.cnstock.com。

3. 中华网财经频道:http://www.china.com.cn/economic/node 5001716.htm。

4. 新浪网财经频道:http://finance.sina.com.cn/。

附件：证券期货纠纷诉调对接机制实施细则建议稿

一、总　　则

第一条　为进一步推进和规范证券期货纠纷多元化解决机制，加强诉讼与非诉讼纠纷解决机制的衔接，维护当事人的合法权益，实现矛盾纠纷的及时有效化解，根据《中华人民共和国民事诉讼法》、《最高人民法院关于人民法院进一步深化多元化纠纷解决机制改革的意见》、《最高人民法院关于人民法院特邀调解的规定》、《最高人民法院、中国证券监督管理委员会关于全面推进证券期货纠纷多元化解机制建设的意见》，由上海市高级人民法院和中证中小投资者服务中心（以下简称投服中心）联合制定本实施细则。

第二条　证券期货纠纷多元化解决机制是商事多元化纠纷解决机制的重要组成部分，法院应当通过程序衔接、案件分流、司法审查确认等环节，发挥对投服中心专业调解工作的引领、推动和保障作用。

第三条　凡属于上海法院案件受理范围，且适合通过专业调解组织调解的证券期货纠纷，适用本实施意见的规定。

二、组织架构

第四条　上海三级人民法院的诉调对接中心将投服中心纳入本院特邀调解组织名册，投服中心应当设立专门机构与法院诉调对接中心进行对接。

第五条　上海法院的诉调对接中心负责对诉至法院的证券期货纠纷进行适当

分流,根据案件具体情况和当事人意愿引导当事人选择非诉讼方式解决纠纷;开展证券期货纠纷的委派调解、委托调解;加强对投服中心调解工作的指导;落实诉讼与非诉讼纠纷解决方式在程序安排、法律指导等方面的有机衔接;依据当事人申请,对经由投服中心调解达成的调解协议依法进行司法确认。

第六条 上海法院可以在立案前委派或者在立案后委托投服中心依法调解,促使当事人在平等协商基础上达成调解协议,解决纠纷。

第七条 投服中心应当向上海市高级人民法院诉调对接中心推荐本组织中适合调解员从事特邀调解工作,经上海市高级人民法院审核,在名册中列明,视为上海市高级人民法院特邀调解员,可以承担上海法院委派或者委托调解工作。上海法院为特邀调解员颁发证书并建立名册。名册信息由上海市高级人民法院在公示栏、官方网站等平台公开,方便当事人查询。上海市高级人民法院建立的名册,辖区法院可以使用。

第八条 上海法院诉调对接中心可以在证券期货案件分流过程中,根据案件具体情况向当事人推荐投服中心进行调解,或者由双方当事人在诉调对接中心提供的特邀调解组织及特邀调解员名册中协商确定特邀调解员;协商不成的,由特邀调解组织或者上海法院指定。

第九条 上海法院审判管理办公室负责诉调对接案件的审判管理工作;建立诉讼与非诉讼程序分流与衔接的流程管理机制;完善诉调对接案件管理制度,将委派调解、委托调解、专职调解和司法确认等内容纳入法院审判、执行管理系统;完善案件查询统计功能,实现案件全程留痕。

第十条 根据“互联网+”战略要求,通过构建纠纷解决申请、调解员确定、调解过程、调解文书生成等互联网运行新制度,探索搭建纵向贯通、横向集成、共享共用的在线纠纷调解系统。

三、流程管理

第十一条 上海法院受理证券期货案件前,起诉人同意接受委派调解的,诉调对接中心根据当事人意愿和调解组织、调解员确定程序,可将案件交由投服中心进行调解。

委派调解未达成调解协议的,投服中心应当将当事人的起诉状等材料移送委派法院;当事人坚持诉讼的,委派法院应当依法立案。

委派调解达成调解协议,投服中心应当将该结果书面告知委派法院。当事人请求司法确认的,由委派法院依法受理。

第十二条 案件经上海法院受理后,当事人同意接受委托调解的,诉调对接中心应当自行或者接受审判庭移交,根据当事人意愿和调解组织、调解员确定程序,可将案件交由投服中心调解。

委托调解后,当事人申请撤回诉讼,经委托法院审查符合法律规定的,予以准许。

委托调解未达成调解协议的,应当及时转入审判程序审理。

委托调解达成调解协议的,投服中心应当向委托法院提交调解协议,经委托法院审查,符合法律规定的,应当制作民事调解书结案。

委托调解部分达成调解的,投服中心应当向委托法院提交该部分调解协议,经委托法院审查符合法律规定的,应当制作民事调解书结案;未达成调解部分,应当及时转入审判程序审理。

第十三条 委派调解的案件,调解期限为 30 日;委托调解的案件,调解期限为 15 日。双方当事人同意延长调解期限的,不受此限。

延长的调解期限不计入审理期限,但不计入审理期限的调解期限最长不超过两个月。

第十四条 委派调解的案件,委派法院通过诉调字号予以登记;委托调解的案件,委托法院应在案件审理流程中设置特定信息模块予以登记。

四、机制建设

第十五条 金融证券期货从业主体诉前以书面形式承诺接受投服中心调解的,上海法院在该主体涉诉时,仅征得对方当事人同意,即可以委派或委托投服中心调节。

第十六条 在证券期货系列案件委派或者委托调解过程中,当事人无法就事实或者处理结果达成合意的,上海法院可以选择其中具备共通事实、证据或者法律争点的案件作出示范判决。该系列案件中的非示范案件可以生效示范判决为基础进行调解。

诉讼标的是同一种类,当事人一方人数为10人以上的,上海法院可以选择其中的代表性案件作为示范案件。代表性案件中有支持诉讼案件的,优先选择支持诉讼案件作为示范案件。

第十七条 在证券期货案件委派或者委托调解过程中,当事人对纠纷涉及的法律规定不确定或者理解分歧,导致调解受阻的,投服中心可以请求委派或委托调解的法院出具法律意见书,就当事人争议的特定法律规定进行释明。上述法律意见书不涉及具体证据和事实认定,不能作为法院对具体纠纷解决的观点性意见。

第十八条 投服中心可以书面形式固定当事人在调解过程中无争议的事实,经当事人确认后,递交委派或者委托法院。委派或者委托法院可以将该事实作为后续诉讼中当事人无争议的事实予以认定,但下列情形除外:

(一)有客观证据证明该事实系虚构或者不真实的事实;

(二)该事实系当事人为达成调解协议或者和解协议作出妥协而认可的主观陈述,且当事人不同意将该事实作为对其不利的根据用于后续诉讼。

第十九条 经委派调解或者法庭审理前委托调解,当事人因达成和解协议而申请撤诉,委派或者委托法院予以准许的,案件受理费免予收取;当事人达成调解协议,委派或者委托法院制作民事调解书结案的,案件受理费按照规定标准的1/4收取。

经法庭审理后委托调解,当事人因达成和解协议而申请撤诉,委托法院予以准许的,案件受理费按照规定标准的1/4收取;当事人达成调解协议,委托法院制作民事调解书结案的,案件受理费按照规定标准减半收取。

第二十条 因一方当事人存在下列情形导致调解不成的,对方当事人要求其赔偿由此导致后续诉讼中增加的交通、住宿、就餐、误工、证人出庭作证、律师代理等必要费用的,委派或委托法院可予支持:

(一)当事人承诺接受调解后,无正当理由不参加调解或者拒绝调解,致使调解无法进行的;

(二)非示范案件当事人拒绝接受依照示范判决提出的调解方案,且在后续诉讼中不能获得更有利的判决结果。

第二十一条 当事人起诉时申请财产保全,又同意委派调解的,委派法院按照诉前财产保全程序进行审查,委派法院准许保全申请并作出保全措施的,当事人应当在调解失败后30日内向委派法院起诉,或者在达成调解协议30日内向委派法院申请确认调解协议。若当事人未在上述期限内起诉或申请司法确认,则委派法院应当解除财产保全。经委托调解的证券期货纠纷,由委托法院按照诉中财产保全程序进行审查。

五、调解司法审查

第二十二条 经上海法院委派调解或者委托调解,当事人达成调解协议后,向法院申请司法确认或者请求制作调解书的,投服中心应向委派或委托法院提交与调解协议相关的证明材料及当事人信息,有委派或者委托法院依法审查。

根据审查需要,委派或委托法院可以通知双方当事人、利害关系人到庭接受询问。

第二十三条 委托调解中,当事人各方同意在调解协议上签章即发生法律效力而无须出具调解书的,由委托法院依法审查。

第二十四条 由投服中心调解达成的其他调解协议,当事人可以协议向住所地、调解协议签订地、调解协议履行地、标的物所在地、调解组织所在地的上海法院申请司法确认,但不得违反专属管辖、级别管辖的规定。

当事人未约定的,可向投服中心所在地的对所涉纠纷有管辖权的人民法院申请司法确认。

六、工 作 保 障

第二十五条 上海市高级人民法院设立定期例会制度就证券期货案件的适法统一及相关司法政策向投服中心等特邀调解组织进行通报。

上海市高级人民法院每年举办一次调解流程管理专题培训,投服中心特邀调解员的报名组织工作由投服中心负责进行。

上海市高级人民法院对投服中心等特邀调解组织进行年度考核,以调解案件数量、调解成功率、平均调解周期等作为指标,进行评估。

第二十六条 投服中心特邀调解员不得有下列行为:

(一)强迫调解;

(二)违法调解;

(三)接受当事人请托或收受财物;

(四)泄露调解过程或调解协议内容;

(五)其他违反调解员职业道德的行为。

当事人发现存在上述情形的,可以向委派或委托法院投诉。经审查属实的,委派或者委托法院应当通报投服中心等特邀调解组织要求纠正,并上报上海市高级人民法院,作出警告、通报、除名等相应处理。

图书在版编目(CIP)数据

纠纷调解案例评析. 2019年 / 郭文英主编. -- 北京：法律出版社, 2019

ISBN 978-7-5197-4051-1

Ⅰ. ①纠… Ⅱ. ①郭… Ⅲ. ①证券交易-经济纠纷-案例-中国②期货交易-经济纠纷-案例-中国 Ⅳ. ①D922.287.5

中国版本图书馆CIP数据核字(2019)第250603号

纠纷调解案例评析(2019年)
JIUFEN TIAOJIE ANLI PINGXI (2019 NIAN)

郭文英 主编

策划编辑 陈 妮
责任编辑 陈 妮
装帧设计 李 瞻

出版 法律出版社
总发行 中国法律图书有限公司
经销 新华书店
印刷 固安华明印业有限公司
责任校对 马 丽
责任印制 吕亚莉

编辑统筹 法治与经济出版分社
开本 787毫米×1092毫米 1/16
印张 14
字数 250千
版本 2019年12月第1版
印次 2019年12月第1次印刷

法律出版社/北京市丰台区莲花池西里7号(100073)
网址/www.lawpress.com.cn
投稿邮箱/info@lawpress.com.cn
举报维权邮箱/jbwq@lawpress.com.cn
销售热线/400-660-8393
咨询电话/010-63939796

中国法律图书有限公司/北京市丰台区莲花池西里7号(100073)
全国各地中法图分、子公司销售电话：
统一销售客服/400-660-8393/6393
第一法律书店/010-83938432/8433
西安分公司/029-85330678
重庆分公司/023-67453036
上海分公司/021-62071639/1636
深圳分公司/0755-83072995

书号:ISBN 978-7-5197-4051-1
定价:68.00元
(如有缺页或倒装,中国法律图书有限公司负责退换)